Consumidor
Como elaborar o seu perfil

OUTROS TÍTULOS DA SÉRIE

Criatividade e Inovação – Como adaptar-se às mudanças
Lygia Carvalho Rocha

Gestão de Projetos – Como estruturar logicamente as ações futuras
Guilherme Pereira Lima

Técnicas de Reunião – Como promover encontros produtivos
Leonardo Ribeiro Fuerth

Negociação – Como estabelecer diálogos convincentes
Jorge Dalledonne

Visão Totalizante – Como promover leituras estratégicas do ambiente
Jorge Dalledonne

Inovação Tecnológica – Como garantir a modernidade do negócio
Ronald Carreteiro

Relacionamento Interpessoal – Como preservar o sujeito coletivo
Maria do Carmo Nacif de Carvalho

Processos com Resultados – A busca da melhoria continuada
Antonio Carlos Orofino

Faces da Decisão – Abordagem sistêmica do processo decisório
Maria José Lara de Bretas Pereira e João Gabriel Marques Fonseca

Série Gestão Estratégica

Consumidor
Como elaborar o seu perfil

LYGIA CARVALHO ROCHA
Socióloga
Mestre em Marketing
Autora de Livros Especializados

A autora e a editora empenharam-se para citar adequadamente e dar o devido crédito a todos os detentores dos direitos autorais de qualquer material utilizado neste livro, dispondo-se a possíveis acertos caso, inadvertidamente, a identificação de algum deles tenha sido omitida.

Não é responsabilidade da editora nem da autora eventuais danos ou perdas a pessoas ou bens que tenham origem no uso desta publicação.

Direitos exclusivos para a língua portuguesa
Copyright © 2009 by
LTC — Livros Técnicos e Científicos Editora S.A.
Uma editora integrante do GEN | Grupo Editorial Nacional

Reservados todos os direitos. É proibida a duplicação ou reprodução deste volume, no todo ou em parte, sob quaisquer formas ou por quaisquer meios (eletrônico, mecânico, gravação, fotocópia, distribuição na internet ou outros), sem permissão expressa da Editora.

Travessa do Ouvidor, 11
Rio de Janeiro, RJ — CEP 20040-040
Tel.: 21-3970-9480
Fax: 21-2221-3202
ltc@grupogen.com.br
www.ltceditora.com.br

Editoração Eletrônica: ANTHARES

CIP-BRASIL. CATALOGAÇÃO-NA-FONTE
SINDICATO NACIONAL DOS EDITORES DE LIVROS, RJ.

R574c

Rocha, Lygia Carvalho
Consumidor : como elaborar o seu perfil / Lygia Carvalho Rocha. - Rio de Janeiro : LTC, 2009.
(Gestão estratégica)

Anexo
Inclui bibliografia
ISBN 978-85-216-1667-2

1. Comportamento do consumidor. 2. Comportamento do consumidor - Avaliação. I. Título. II. Série.

08-5294.   CDD: 658.8342
                                            CDU: 366.1

Série Gestão Estratégica

APRESENTAÇÃO

Quando idealizamos o desenvolvimento da **Série Gestão Estratégica**, estávamos movidos por um conjunto de constatações extraídas da realidade brasileira, suficientemente consistentes para evidenciar a existência de lacuna no desenvolvimento de novos gestores.

Já há muitos anos militamos junto ao mundo acadêmico e ao sistema produtivo.

Nossas observações foram objeto de registros nos livros que escrevemos, nos artigos veiculados em mídias diversas, nas palestras, congressos e seminários, assim como nas salas de aulas, quando ministrando cursos.

Ratificamos nossas percepções junto aos muitos profissionais que nos cercam e que durante todo o tempo de existência da revista *DECIDIR*, detentora do Prêmio Belmiro Siqueira, veicularam suas idéias nos muitos artigos publicados.

Um pensamento comum conduziu para a articulação lógica de um conjunto de competências que, além de indispensáveis ao desenvolvimento do gestor, garante-lhe um exercício profissional envolvido na necessária fundamentação.

Em cada um dos dez títulos da série existe uma história de vida, rica o suficiente para a construção de uma orientação permeada pela vivência de quem propõe.

Merecer a confiança da LTC representou para todos os envolvidos um coroamento para os bons momentos de dedicação na elaboração dos textos.

Nossa esperança reside na construção de novos profissionais de gestão, comprometidos em agregar, a cada momento profissional, práticas comprovadamente bem-sucedidas.

Conscientes que muitos são os passos da caminhada de um gestor, guardamos a esperança de que a **Série Gestão Estratégica** ofereça confiança para iniciar a trajetória.

Eraldo Montenegro
Coordenador

NOTA DA AUTORA

Este livro foi desenvolvido com o intuito de oferecer uma nova metodologia para analisar o comportamento do consumidor.

A maioria dos teóricos costuma analisar as bases do comportamento do consumidor em uma linha mais psicológica. O consumo, porém, é uma atividade social, e por essa razão tem que ser examinado dentro de um contexto em que também sejam percebidas as manifestações culturais e sociais presentes na sociedade em que vive, que são incorporadas à sua personalidade, assim como as suas percepções e atitudes, de modo a compreendê-lo melhor para prever as suas tendências comportamentais.

O livro considera que o comportamento do consumidor engloba aspectos racionais, emocionais e comportamentais e é decorrente de sua estrutura psíquica, que, influenciada por fatores do contexto social e da cultura em que vive, vai motivá-lo a adotar atitudes e comportamentos e a desenvolver um envolvimento com os produtos e serviços.

A identidade das pessoas forma-se a partir de suas manifestações artísticas, religiosas e de linguagem, das suas atividades profissionais, de lazer e sociais, dos seus padrões de aprendizagem, beleza e sexuais e dos seus hábitos de vestuário, alimentação, moradia, transporte e consumo. Dessa maneira, as tendências do consumo podem ser antevistas pela análise dos costumes, manifestações, atividades, padrões e hábitos dos consumidores.

O livro propõe um modelo, que foi definido operacionalmente por um construto de três dimensões, o perfil cultural, o comportamento social e o perfil psicológico, como geradores do comportamento de consumo e do envolvimento do consumidor.

A metodologia utilizada constou de extensa pesquisa bibliográfica, observação participante e entrevistas em profundidade com alguns consumidores para identificar uma tipologia bastante variada de consumidores.

O livro se diferencia da bibliografia pesquisada, uma vez que analisa o consumo através do contexto sociocultural do comportamento humano, inter-relacionando-o com a sua personalidade e atitude e correlacionando-o com perfis de consumo e relacionamento.

O modelo de análise foi exemplificado por vários movimentos culturais, sociais, psicológicos e pessoais ao longo do tempo, e testado em um tipo de consumidor específico – as pessoas da faixa etária entre 50 e 65 anos –, e mostrou-se bastante útil para a construção de um perfil dos consumidores. Permite, inclusive, ampliar a variedade dos tipos de consumidores e criar uma tipologia para as empresas, assim como estruturar uma base de dados para o relacionamento com os consumidores.

Os resultados obtidos permitiram inclusive a criação de um teste para que os estudiosos de marketing e as pessoas que trabalham com o desenvolvimento de produtos e serviços e a elaboração de estratégias e campanhas publicitárias e de vendas identifiquem e classifiquem os consumidores e empresas mais adequados para os seus produtos/serviços.

UM PREFÁCIO INÚTIL
(COMO TODO PREFÁCIO)

Todo prefácio é inútil e este não será exceção.

Eu digo inútil porque um prefácio é, antes de mais nada, uma apresentação altamente suspeita, já que é feita a pedido do autor e o que se espera é que ela seja a mais elogiosa possível e todo leitor sabe disso.

Não há registro da existência de um prefácio que não louve a obra prefaciada com um bom número de adjetivos simpáticos. Pedir a alguém para escrever um prefácio é uma homenagem e uma demonstração de respeito e admiração. Portanto, espera-se retribuição à altura.

Exatamente por isso, o índice de leitura de um prefácio é mínimo. Em primeiro lugar pelo motivo já exposto. Em segundo, porque após comprar um livro, o leitor não quer mais nada a não ser ler seu conteúdo. Ninguém jamais comprou qualquer livro para ler o prefácio, por mais importante que seja o prefaciador. E depois de decidir-se a gastar uns cobres num livro, nada mais excitante do que ir direto ao seu texto, sem perder tempo com prólogos.

Mas, leitor, saiba que este prefaciador, escolhido pela generosidade da autora, será limpidamente sincero nas suas palavras de apresentação. Tudo que aqui estará escrito foi cuidadosamente pensado e sentido. Por este motivo, se por distração ou engano, você se detiver neste texto de apresentação, saiba que foi feito com o coração, com a honestidade de um monge.

Há alguns dias a Lygia Carvalho Rocha, pelas mãos de uma amiga em comum apresentou-me um livro que pretendia analisar o comportamento do consumidor através de uma nova metodologia. Era uma obra alentada, profunda, que abordava o consumidor por um ângulo não habitual, um mergulho nas motivações do consumo, um estudo seríssimo baseado em pesquisa bibliográfica, observação participante e entrevistas em profundidade, conforme suas próprias palavras. Um risco tremendo, no qual a autora corajosamente ousou ir mais fundo do que a maioria dos trabalhos semelhantes à disposição dos estudiosos e profissionais da área.

Ser responsável por um prefácio — já disse — é uma honra. No mínimo significa que o autor considera essa pessoa possuidora de credibilidade suficiente para servir de avalista. Se espera também do prefaciador que tenha lido a obra com um mínimo de atenção. Algumas vezes, confesso, é a pior parte, já que redigir alguns elogios não é tarefa das mais difíceis, principalmente para quem tem como ofício escrever sobre qualquer coisa. Mas ler o livro inteiro pode ser uma experiência cansativa ou — no mínimo — frustrante.

Pois pode crer, meu amigo, não foi este o caso. Nem de longe.

Acredite em mim. O trabalho de Lygia é fenomenal. Uma visão extremamente útil para quem quer conhecer melhor a relação das pessoas com o consumo. *Consumidor — como elaborar o seu perfil* é um livro que oferece motivos de sobra para refletirmos sobre as razões das escolhas que fazemos e o que elas significam.

No livro de Lygia o consumidor é tratado como o ser humano complexo que é. Todo cabedal de conhecimento do comportamento social foi utilizado para procurar explicar as mais íntimas razões do consumo. E o que é mais surpreendente: resultou num trabalho de fácil compreensão, escrito numa linguagem direta, sem academicismos criptográficos. Dá para entender tudinho, por mais sofisticada que seja a tese, por mais elaborado que seja o embasamento teórico.

Evidentemente não acredito que seja um trabalho que se destine à grande maioria dos nossos profissionais de propaganda e marketing nem à massa de estudantes e professores das fábricas de diplomas que se estabeleceram em todas as esquinas, destinadas a fornecer tinturas de conhecimento aos incautos. Trata-se de um livro para quem esteja disposto a ir um pouco adiante do raciocínio esquemático e simplista da média dos livros sobre o assunto.

É uma arma poderosa nas mãos de um profissional. Há no texto motivos de sobra para se refletir. E mesmo que se tenha, como eu, dezenas de anos de experiência, Lygia me gratificou com idéias que jamais me ocorreram. Li o livro durante uma temporada particularmente ocupada de minha vida, quando o tempo fugia das minhas mãos e mal conseguia passar os olhos pelos jornais. Pois foi num *resort* durante uma convenção que comecei a ler o manuscrito. E acabei passando uma noite em claro, no prazer das descobertas que a autora nos proporciona.

Uma vantagem de *Consumidor — como elaborar o seu perfil* é a ordenação lógica, facilitando a consulta posterior. Prevejo que muitas apresentações e planejamentos que farei de agora em diante utilizarão conceitos expostos no livro. Espero ter a necessária honestidade de citar a fonte.

Como se pode perceber, este prefácio é uma introdução, como se eu tivesse sido encarregado de dizer: "leitor, este é o Livro". "Livro, este é seu leitor". Procurei me ater a isso.

Não me furtarei, no entanto, a contar um pensamento que me ocorre. Toda vez que apresentei pessoas que sabia de antemão que seriam amigas (ou amantes, quem sabe?) deixei aos apresentados a tarefa de se conhecerem melhor. Sempre achei que eles não precisavam de mim para se gostarem.

É o que faço agora.

Lula Vieira

AGRADECIMENTOS

Aos meus filhos, Fernando e Joana, paixões maiores e fontes de eterno aprendizado.

Aos meus pais, Marcus e Hilda, incentivadores insaciáveis das minhas curiosidades.

Ao Fernando, uma pessoa especial que entrou na minha vida e com a qual sei que sempre posso contar.

Ao meu amigo Nivalber, pelas suas preciosas colaborações durante todo o trabalho.

A todos os meus amigos, colaboradores e estimuladores incansáveis dos meus sonhos.

A todos que fizeram ou fazem parte da minha vida, professores dos meus conhecimentos.

Enfim, a todos que acreditam em mim.

Comentários e Sugestões

Apesar dos melhores esforços do coordenador, da autora, do editor e dos revisores, é inevitável que surjam erros no texto. Assim, são bem-vindas as comunicações de usuários sobre correções ou sugestões referentes ao conteúdo ou ao nível pedagógico que auxiliem o aprimoramento de edições futuras. Encorajamos os comentários dos leitores que podem ser encaminhados à LTC — Livros Técnicos e Científicos Editora S.A., editora integrante do GEN | Grupo Editorial Nacional, no endereço: Travessa do Ouvidor, 11 — Rio de Janeiro, RJ — CEP 20040-040 ou ao endereço eletrônico ltc@grupogen.com.br.

SUMÁRIO

Introdução 1

CAPÍTULO 1 *Visão Geral* 5

1.1 O processo de construção da identidade do consumidor 7
1.2 A metodologia utilizada para aferir o comportamento do consumidor 8

CAPÍTULO 2 *As Dimensões do Consumo* 11

2.1 A dimensão situacional do consumo (as situações) 13
2.2 A dimensão física do consumo (os objetos) 16
2.3 A dimensão pessoal do consumo (os consumidores) 18

CAPÍTULO 3 *As Atitudes e o Envolvimento dos Consumidores* 21

3.1 As atitudes dos consumidores 22
3.2 O envolvimento dos consumidores 25

CAPÍTULO 4 *A Construção do Perfil dos Consumidores* 29

4.1 Perfil cultural – Manifestações artísticas, religiosas e de linguagem 30
4.2 Comportamento social – Atividades profissionais, de lazer e sociais 41
4.3 Perfil psicológico – Padrões de aprendizagem, de beleza e sexuais 50
4.4 Comportamento pessoal – Hábitos de vestuário, alimentação, moradia, transporte e consumo 60

CAPÍTULO 5 *As Formas de Expressão dos Consumidores* 77

5.1 Movimentos culturais – Protestantes, burgueses, existencialistas, evangélicos 78
5.2 Movimentos sociais – *Hippies*, punks, estudantes, patricinhas & mauricinhos 82
5.3 Movimentos psicológicos – Boêmios, *beatniks*, motociclistas, zen 87
5.4 Movimentos pessoais – Roqueiros, *yuppies*, *darks*, marombeiros 90

CAPÍTULO 6 *Perfis e Comportamentos de Consumidores e Empresas* 95

6.1 O perfil psicológico dos consumidores 95
6.2 O perfil sociocultural dos consumidores 113
6.3 O perfil pessoal dos consumidores 132
6.4 O perfil de consumo 136

6.5 O perfil de relacionamento   161
6.6 O perfil das empresas   171

CAPÍTULO 7   *O Relacionamento com os Consumidores*   *193*

7.1 O processo de aquisição de informação dos consumidores   194
7.2 O processo de avaliação dos produtos dos consumidores   195
7.3 O processo de decisão de compra dos consumidores   197
7.4 O relacionamento com os consumidores   198

CAPÍTULO 8   *Um Exemplo de Análise de Comportamento dos Consumidores*   *201*

8.1 Os *baby boomers*   202
8.2 A construção do perfil dos *baby boomers*   203
8.3 O envolvimento dos *baby boomers*   211
8.4 Perspectivas de consumo dos *baby boomers*   215

Conclusão   *217*

Bibliografia   *221*

ANEXO: *Teste de Identificação do Perfil dos Consumidores e Empresas*   *225*

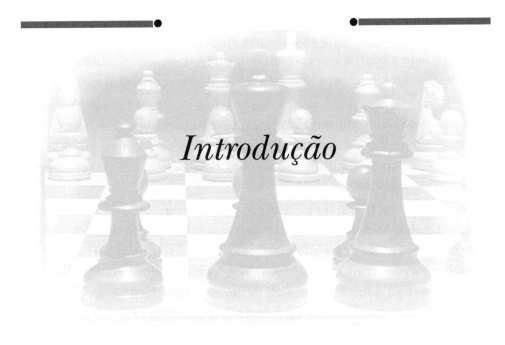

Introdução

> *"O futuro tem muitos nomes.*
> *Para os fracos, é o inatingível.*
> *Para os temerosos, o desconhecido.*
> *Para os valentes, é a oportunidade."*
> Victor Hugo

A concepção de um produto/serviço exige das empresas um conhecimento profundo do consumidor para a obtenção de sucesso na sociedade contemporânea. Os consumidores vêm adotando comportamentos mais elaborados quando utilizam produtos e serviços para satisfazer os seus desejos e necessidades, em função da quantidade de opções disponíveis, das suas atitudes e do envolvimento com eles.

De modo a fornecer dados confiáveis para auxiliar no desenvolvimento de um produto/serviço, na segmentação do mercado, na comunicação publicitária e nas campanhas de vendas, este livro se propõe a construir um modelo de perfil do consumidor e apresentar uma tipologia de comportamentos.

Nas últimas décadas houve uma mudança substancial no estilo de vida das pessoas e no seu comportamento, em especial o de consumo, devido principalmente à introdução de inovações tecnológicas. Essas mudanças não-previstas serviram para mostrar que os consumidores não podem ser explicados apenas por suas características psicológicas, mas que todo o contexto social em que estão inseridos modifica as suas atitudes e o envolvimento que estabelecem com os produtos e locais de compra.

O consumo é um ato social, movido, portanto, não só por motivações psicológicas mas por valores culturais, avaliações sociais e predisposições pessoais, que são influenciados pelo local e época em que acontece e pelas características dos objetos.

Todos os povos têm uma identidade própria, diferente da dos demais, formada pelas características das respectivas culturas, que sinalizam para os outros a sua proveniência. Como exemplo citamos o "charme" e o "mau humor" dos franceses, a "frieza" e a "reserva" dos ingleses, a "dureza" e a "objetividade" dos alemães, o "nacionalismo" e o "etnocentrismo" dos americanos e o "jeitinho" e as "brincadeiras" dos brasileiros.

Mesmo dentro de um país como o Brasil, reconhecemos várias identidades, como a "malandragem" do carioca, a "pressa" do paulista, a "calma" do baiano e o "machismo" do gaúcho (as aspas foram utilizadas para designar expressões do senso comum, sem conotação discriminatória, e não traduzem o pensamento da autora).

As pessoas vão formando a sua identidade durante a vida, adquirindo características através da educação transmitida principalmente pela família e escola e pelo contato com os grupos de referência como parentes, vizinhos, colegas de escola/trabalho, associações de classe e igreja. Elas se expressam através da língua, tom de voz, olhares, movimentos corporais e faciais, gestos, maneira de andar e consumo. Um bom exemplo é dado pelo modo como uma mãe chama o seu filho – "meu filhinho", "Edu", ou "Eduardo José", ou seja, usa diminutivos e apelidos para expressar carinho ou o nome completo e um tom de voz exaltado para expressar zanga.

O consumidor cria a sua identidade quando adiciona as suas características psicológicas, as influências dos ambientes econômico, tecnológico, político, social e cultural que recebe através das mensagens transmitidas pelos meios de comunicação. As informações que recebem da mídia fornecem a base para os consumidores avaliarem os produtos e decidirem sobre a sua compra e a manutenção de relacionamento com as lojas e produtores.

Dessa forma, o consumo também depende da cultura e da sociedade em que está inserido na medida em que elas influenciam a personalidade, as crenças e atitudes dos consumidores, assim como da situação em que acontece e do objeto que o estimula. Seu perfil, portanto, para ser mais fiel, tem que abarcar diversos ângulos, como as manifestações artísticas, religiosas e de linguagem, as atividades profissionais, de lazer e sociais e os padrões de aprendizagem, de beleza e sexuais. São todos esses fatores que vão influenciar os hábitos de vestuário, alimentação, moradia, transporte e consumo.

Como estão em evolução constante, cada vez mais os comportamentos dos consumidores se sofisticam em função dessa gama de informações a que estão expostos e da quantidade de variáveis que os influenciam, tornando ainda mais complexas a criação de produtos que satisfaçam as suas necessidades e desejos e as maneiras de abordá-los.

CAPÍTULO 1

Visão Geral

> "As pessoas apropriam-se das coisas de acordo com as práticas sociais. Os bens são acessórios rituais, indicam categorias sociais e podem ser usados para discriminar posições e valores, identidades e participações. Os bens não são simples mensagens, mas constituem o próprio sistema de informação."
> Don Slater

A compra de um produto é determinada por vários outros fatores além do econômico, de forma tão ou mais marcante que a renda, como a cultura e as normas sociais do local em que a pessoa vive, a tecnologia utilizada na sua fabricação e, principalmente, a personalidade, os sentimentos, as motivações e disposições do consumidor.

Ao interagir com o meio ambiente, o homem vai adquirindo e condensando opiniões e atitudes que serão o resultado da maneira como a sua personalidade capta as experiências passadas e os valores transmitidos pela família, escola, igreja e grupos de referência, que vão delinear o seu comportamento, particularmente como consumidor.

Inicia-se então o processo de construção da identidade de uma pessoa, que se dará a partir da influência dos elementos culturais e sociais aos quais está exposta durante a sua vida quando a sua personalidade está em formação. As pessoas se expressam de diversas maneiras, revelando-se para os outros não só através da fala, mas também da aparência física, lugares que freqüentam, roupas que vestem, alimentos que ingerem, lugar em que moram, transporte que utilizam e jeito como se comportam.

A identidade de uma pessoa é, portanto, criada por vários sistemas, como a língua, a moda, a gastronomia, a arquitetura e a locomoção. Por causa desses fatores, uma época histórica pode ser revelada através dos costumes, manifestações artísticas e religiosas, língua, atividades dos habitantes, aprendizagem, padrões de beleza e sexuais, vestuário, alimentação, arquitetura das cidades, transporte e hábitos de consumo.

O modelo sugerido para construção do comportamento do consumidor será definido pelas dimensões situacional, física e, em especial, pela pessoal em que se dá o consumo. A formação da sua identidade acontece a partir do seu envolvimento com os objetos, nos seus elementos cognitivos, afetivos e comportamentais, que incorporam seus valores culturais, avaliações sociais, motivações psicológicas e comportamentos pessoais, relacionando-os com as diversas formas de se expressar como consumidor.

Assim, o consumidor é visto como resultado do relacionamento de sua personalidade e sentimentos com os seus valores culturais, sociais, psicológicos e pessoais que formam o padrão de avaliação que vai influenciar a escolha de pessoas, idéias e objetos, ou seja, o comportamento de consumo.

O homem realiza trocas utilitárias, simbólicas ou hedônicas com outros homens ou instituições para satisfazer suas necessidades, que vão influenciar seu comportamento. O estudo da natureza da troca e dos processos nela envolvidos permite encontrar as necessidades existentes e antecipar as futuras e buscar os significados culturais, sociais e psicológicos das experiências, sentimentos e comportamentos das pessoas.

O envolvimento do consumidor é considerado uma variável motivacional com conseqüências no comportamento de compra, na medida em que ele desenvolve uma estrutura psíquica que o motiva a adotar atitudes e comportamentos. Ao combinar situações, objetos e pessoas, provê uma ligação entre a personalidade, os sentimentos, os valores e os comportamentos, delineando a identidade das pessoas como consumidoras.

1.1 O PROCESSO DE CONSTRUÇÃO DA IDENTIDADE DO CONSUMIDOR

Para a percepção da identidade do consumidor é necessário o conhecimento das condições ativadoras, como as suas atitudes e envolvimento e os atributos dos produtos que levaram a determinados comportamentos. A identidade das pessoas começa a ser criada durante o processo de socialização através da educação dada pela família e pela escola, da identificação que vai criando com os outros e da escolha dos padrões e estilos de vida. Ela se forma no seio da família, no ambiente escolar e no convívio com os grupos de referência e vai afetar desde a escolha dos amigos, objetos, estilo e padrões até o processo de priorização dos objetivos de vida.

As pessoas que vivem em sociedade adquirem uma série de comportamentos que expressam os valores e as crenças dos grupos com os quais convivem e das instituições que freqüentam. Os produtos são produzidos para preencher necessidades societárias e divulgar os símbolos culturais com o intuito de disseminar as crenças e valores da sociedade. Ao consumir, o homem está adotando aqueles nos quais acredita para atingir os objetivos que deseja alcançar, e isso vai afetar o comportamento de todo seu grupo social, na medida em que torna o produto desejável por todos.

Os padrões culturais dos indivíduos vão sendo assimilados pelo consumo dos produtos e ideologias da cultura que os produz. Na tentativa de se diferenciar dos demais, passam a desejar produtos mais sofisticados que ganham novos significados, conotativos e simbólicos, que são os atributos intangíveis.

Nesse momento, começam a ser criados produtos em dois pólos bem diferentes, chamados de alta cultura e cultura popular. Os da alta cultura representam alto nível de qualidade, são caros, carregados de valores simbólicos, incutindo em seus consumidores prestígio social e diferenciação, e por isso são percebidos como elitistas e consumidos pelas classes altas. Os produtos da cultura popular são avaliados pelo seu valor utilitário e funcional e são percebidos como comuns, baratos e consumidos pela massa.

De modo geral, os indivíduos avaliam os outros pelos produtos que consomem. Segundo Solomon, a probabilidade de desempenhar com sucesso um papel aumenta quando há um paralelo entre os símbolos materiais – os produtos – e os símbolos culturais – os valores –, uma vez que os objetos representam as instituições que os geraram, com suas normas e valores culturais.

A cultura, portanto, determina a estrutura de consumo dos indivíduos ao grupá-los em classes sociais, já que estas vão impor padrões baseados em prestígio, status e estilos de vida com o intuito de manter os seus sistemas de valores. Enquanto na classe alta há diversidade nos padrões de consumo, na classe média há preocupação com símbolos de status, e na classe baixa procura-se apenas a gratificação imediata.

Os estilos de vida aprendidos pelos indivíduos através da cultura, classes sociais, grupos de referência e família são um derivativo dos valores sociais internalizados pelas pessoas combinados com a sua personalidade. São construtos com os quais as pessoas interpretam e controlam o ambiente e resultam em padrões de comportamento e estruturas de atitude mantidas para minimizar incompatibilidades na vida das pessoas.

Os indivíduos ordenam o meio social através dos seus valores, que também determinam tanto os grupamentos de pessoas com valores semelhantes como os seus modos de comportamento na sociedade. Os valores estão intimamente relacionados com as atitudes e vão determinar os comportamentos das pessoas.

Os principais sistemas que formam a identidade das pessoas ao longo da vida são as manifestações culturais, as atividades sociais, os padrões psicológicos e os hábitos pessoais. Os consumidores, portanto, formam sua identidade a partir da combinação do seu perfil cultural – manifestações artísticas, religiosas e linguagem –, com seu comportamento social – atividades profissionais, sociais e de lazer –, com seu perfil psicológico – padrões de aprendizagem, beleza e sexual – e, principalmente, com seu comportamento pessoal – hábitos de vestuário, alimentação, moradia, transporte e consumo.

1.2 A METODOLOGIA UTILIZADA PARA AFERIR O COMPORTAMENTO DO CONSUMIDOR

A metodologia utilizada para a construção do modelo constou de uma extensa pesquisa bibliográfica, tendo como suporte a observação participante de situações de consumo e a realização de entrevistas em profundidade com alguns consumidores e com vendedores e prestadores de serviço e de atendimento.

A descrição qualitativa propiciada pelo uso de observação participante mostra-se o método mais adequado tanto para a formulação de conceitos como para a construção de um modelo que será testado por uma pesquisa explanatória, quando o problema se refere às interações humanas, em que o fenômeno é observado na vida diária das pessoas investigadas e o pesquisador vive de forma semelhante ao universo estudado.

Nas entrevistas em profundidade realizadas para esclarecer dúvidas sobre as motivações dos comportamentos observados, foram abordados o tipo de educação que receberam dos pais e o que deram aos filhos, os seus comportamentos e consumo na infância, juventude e atual, e o relacionamento que mantêm com os pais, filhos e amigos.

O teste do modelo foi feito na Zona Sul do Rio de Janeiro, no universo de pessoas na faixa etária de 50 aos 65 anos, responsáveis por aproximadamente 2/5 das aquisições mundiais, e sugere a validação do modelo proposto. A pesquisadora acredita que os resultados em outras cidades do Brasil sejam semelhantes, o que fica sujeito a pesquisas posteriores.

Em um segundo momento, foram abordados o tipo de arte que apreciam, os rituais religiosos que freqüentam e a linguagem que usam para traçar o perfil cultural; as atividades profissionais, de lazer e sociais que desempenham para delinear o comportamento social; os padrões de aprendizagem, de beleza e sexuais para traçar o perfil psicológico e os hábitos de vestuário, alimentação, moradia, transporte e consumo, de modo a se analisar sua coerência com o seu comportamento de compra.

CAPÍTULO 2

As Dimensões do Consumo

> "Os objetos têm uma função imaginária que representa a estrutura social e reflete a ordem social de produção. Os objetos constituem um sistema de referência paralelo a outros sistemas como o cultural, o gestual, o ritual e a linguagem."
> Jean Baudrillard

O comportamento dos consumidores é afetado por fatores de natureza política, econômica, tecnológica, ambiental, cultural, social, pessoal e psicológica, assim como mercadológicas como produto, preço, promoção e ponto de distribuição. Além do mais, toda compra apresenta três dimensões – a situação em que ocorre, o produto consumido e a pessoa que consome. A inter-relação dessas dimensões vai gerar comportamentos distintos, na medida em que os consumidores sofrem tanto a influência das contingências em que ocorrem como dos atributos e benefícios dos objetos e da sua personalidade, com suas motivações, predisposições e valores.

A dimensão situacional refere-se tanto a características demográficas – gênero, idade, ciclo de vida familiar – e socioeconômicas – educação, renda, estilo de vida – dos consumidores quanto ao momento e à situação física em que ocorre a compra.

A dimensão física apresenta os produtos como representantes da estrutura social e da cultura em que se inserem, tendo, além do aspecto funcional, um aspecto simbólico – que adapta o indivíduo à sociedade em que vive – e um hedônico – que proporciona prazer.

A dimensão pessoal refere-se às atitudes e ao envolvimento das pessoas com os atributos dos produtos nos três elementos que a compõem, ou seja, os aspectos cognitivos – as avaliações e os valores, afetivos os sentimentos e as motivações, e os comportamentais – as disposições e os comportamentos.

Os elementos cognitivos das atitudes – os valores e avaliações – são as atividades culturais e sociais dos consumidores e são adquiridos por sua personalidade e posição social no processo de socialização; são ainda responsáveis pela seleção e manutenção dos objetivos em direção aos quais se esforçam. Os valores podem ser centrais ou duradouros quando transmitidos por instituições, ou específicos ou situacionais quando relacionados a um contexto ou estágio de vida. Vão formar o seu perfil cultural – que se manifesta através da arte, religião e linguagem – e seu comportamento social – manifesto através das atividades profissionais, de lazer e sociais que desempenha.

Os elementos afetivos – os sentimentos e as motivações – são a força motora que integra e organiza os desejos dos consumidores direcionando-os aos objetivos por eles almejados, como os de filiação, aquisição, prestígio, poder e altruísta, e vão formar o seu perfil psicológico, que se manifesta pelos padrões de aprendizagem, de beleza e sexuais.

Os elementos comportamentais – as disposições – são os padrões de respostas dos consumidores influenciados pelas oportunidades, hereditariedade e experiências pessoais com os vários meios de satisfação de desejos. Eles podem estar relacionados ao desempenho de papéis, às relações com outros indivíduos e às expressões de estilo e vão formar o comportamento de consumo dos indivíduos, que se manifesta através de hábitos de vestuário, alimentação, moradia, transporte e consumo.

Para melhor projetar um produto ou criar campanhas publicitárias e de vendas, as empresas devem procurar entender como esses fatores vão afetar os seus clientes, pois eles atuam de forma distinta nos diferentes países, devido às diferenças culturais, sociais e psicológicas. De forma geral, as pessoas consomem para exibir aos outros a sua condição econômica, seu estilo de vida e sua personalidade, procurando se integrar ao seu grupo social ao sinalizar semelhanças de comportamento, como o uso dos mesmos produtos e marcas. Mais do que "ser", as pessoas precisam "ter a aparência de ser" o que desejam.

As pessoas podem até consumir um produto que talvez não comprassem naquele momento devido às suas condições financeiras ou à situação econômica do país ou a uma política governamental. Como exemplo, podemos citar o estímulo do governo brasileiro à compra de eletrodomésticos pelos consumidores das classes de renda mais baixas ao reduzir os juros para o parcelamento da dívida.

2.1 A DIMENSÃO SITUACIONAL DO CONSUMO (AS SITUAÇÕES)

Para desenvolver e divulgar um produto, as empresas têm que conhecer as situações de compra, uma vez que os consumidores também são estimulados ou desestimulados por vários tipos de situação na sua cadeia de consumo.

O consumo de um produto pode representar a compra da solução de um problema de descontentamento com a situação atual, assim como a prevenção contra um problema potencial, a não-aceitação social ou a manutenção rotineira do interesse por um produto já em fase de esgotamento. Pode ser a exploração de novos produtos que representam uma novidade, a reavaliação de um produto no qual o consumidor percebe desvantagens, a procura por soluções alternativas já que está insatisfeito com as marcas disponíveis no mercado, ou apenas a busca da sensação de prazer e de diversão.

O conhecimento da cadeia de consumo permite que as organizações analisem onde estão mais preparadas para se diferenciar da concorrência. De forma geral, a cadeia de consumo pode ser dividida em cinco etapas, e as empresas devem montar estratégias para estimular a venda em todas elas. Na primeira etapa da cadeia, que é a da consciência do consumidor da necessidade do produto, as organizações devem fazer propaganda na mídia e nos pontos-de-venda e distribuir folhetos explicativos sobre o uso e os benefícios do produto.

Em seguida, na busca de solução, que vai da seleção de alternativas, passando pelo pedido até o financiamento, as empresas devem estimular a compra através da exposição das mercadorias, demonstração de suas funcionalidades e experimentação pelos clientes. Nessa fase, devem disponibilizar etiquetas com os preços dos produtos e atendimento personalizado, já que pesquisas de mercado demonstraram que o índice de efetivação de uma compra aumenta pelo menos 50% quando o cliente é assistido pessoalmente. Também devem ampliar o funcionamento das lojas para atender as pessoas que não podem fazer compras no horário comercial, assim como dispor de boas condições de financiamento e de um grande número de caixas para a efetivação do pagamento.

Um bom exemplo de estratégia adotada por várias empresas, a partir da observação da desistência da compra de vários clientes por causa do tempo de permanência na fila para o pagamento dos produtos foi a colocação de mercadorias como revistas, refrigerantes, chocolates, lâminas de barbear e pilhas junto aos caixas para ao mesmo tempo distrair os consumidores e estimular as compras por impulso.

Uma terceira etapa, pertinente somente às compras de maior porte, é a da entrega do produto, que vai do pagamento, transporte, armazenamento e recebimento até a sua instalação no ambiente do comprador. Nessa fase, as organizações devem cumprir o prazo combinado, facilitar os pagamentos, evitar causar danos ao produto no transporte ou local de instalação e estimular o pessoal de atendimento a ter um relacionamento gentil e educado, explicando o funcionamento do produto e ouvindo as solicitações dos clientes.

Na etapa que vai do uso do produto, passando pelos serviços de atendimento ao cliente e conserto até a sua devolução, a organização deve fornecer instruções claras e resumidas de uso e manter um serviço de atendimento ao cliente (SAC) com pessoas cordiais e bem-informadas. Deve dispor de uma equipe para a manutenção dos produtos de modo a facilitar a sua troca ou mesmo devolução ou para fornecer uma lista de empresas autorizadas a consertá-los. Os consumidores que não são bem atendidos nessa etapa de pós-venda muitas vezes desistem de comprar de novo na loja.

A última etapa, de descarte do produto, não era acompanhada pelas empresas, pois a situação se passava na casa do cliente após a utilização do produto. Hoje em dia, devido à preocupação com a ecologia, existem ações como campanhas para o descarte através de lixo seletivo, no caso de produtos que afetem o meio ambiente, como pilhas e materiais tóxicos. As empresas também podem oferecer a possibilidade de reposição do conteúdo do produto com a utilização do recipiente para completar os vidros de perfumes e xampus e os cartuchos de tintas das impressoras de computador.

Há outros tipos de compra bastante comuns hoje em dia com etapas bem diferentes, que são as compras através da visita de representantes, por telefone, catálogo ou Internet. Essas variantes já foram criadas pelas empresas para solucionar problemas dos consumidores como falta de tempo, dificuldade de locomoção e impossibilidade de abandonar o local de moradia ou de trabalho nos horários comerciais.

As compras com utilização de representantes de vendas são utilizadas para produtos de beleza, como Avon e Natura, de produtos dietéticos como Herbalife, e de produtos de limpeza como a Amway. Nesse caso, são fundamentais a boa aparência, simpatia e gentileza dos representantes, a explicação bem clara, com demonstração dos benefícios dos produtos, e a disponibilidade de alguns artigos para a compra imediata.

Nos demais casos de compra – por telefone, catálogo ou Internet –, as organizações devem procurar manter um estoque dos produtos mais pedidos para reduzir o tempo de entrega, que deve ser combinado com o consumidor e respeitado. Nas compras por telefone e pela Internet, as empresas também devem fazer publicidade dos telefones de contato e dos sites, disponibilizar linhas suficientes a fim de evitar uma espera superior a dois minutos e ter atendentes gentis que ouçam o cliente.

As empresas também devem disponibilizar um sistema de informações com as preferências e o estilo dos clientes para que os atendentes possam dialogar e fazer ofertas aderentes aos seus desejos, pois quanto maior o conhecimento sobre os consumidores, maior a eficácia da estratégia. O tom de voz, a dicção, as inflexões e as iniciativas e disposição dos atendentes para resolver os problemas são importantes para conquistar os clientes.

Nas compras por catálogo, as organizações devem pesquisar os maiores consumidores e os similares dos seus concorrentes de modo a enviar um catálogo com as vantagens dos seus produtos. No caso das empresas que também vendem em lojas, os produtos devem ser disponibilizados em estoque para que os clientes possam comprá-los pessoalmente. A apresentação visual do catálogo deve utilizar fotos com demonstração do uso dos produtos e, no caso de roupas, com a utilização de modelos com medidas próximas às das pessoas comuns para não afastar os consumidores.

Nas compras pela Internet, as empresas devem disponibilizar um site dinâmico e amigável com o cliente, com informações úteis sobre os produtos e preços, e um serviço para esclarecimento das dúvidas. As organizações devem se preocupar com o posicionamento das ofertas no site e a disponibilidade dos produtos porque, no caso da Internet, o público pode ser muito maior do que o planejado, já que a rede é mundial. As empresas também devem montar uma estrutura interna de monitoração para rastrear os pedidos e as entregas dos produtos, quando requisitado pelos clientes.

2.2 A DIMENSÃO FÍSICA DO CONSUMO (OS OBJETOS)

Os consumidores são envolvidos por diversos fatores físicos na compra de um produto, desde a situação econômica do país ou do comprador até sua disponibilidade no momento adequado, e as empresas devem procurar entender esses estímulos para o desenvolvimento de produtos e campanhas publicitárias e de vendas.

A situação econômica de um país estimula ou retrai o consumo das pessoas. Quem não se lembra do consumo desenfreado de bens supérfluos pelas classes mais baixas na época do Plano Cruzado no Brasil? As pessoas consumiam produtos que nunca tiveram condições de comprar anteriormente, procurando imitar as classes sociais mais elevadas devido aos preços baixos, ao parcelamento da dívida e, principalmente, porque sabiam que dificilmente teriam condições de comprar esses bens em outra ocasião.

A situação política também causa retração ou estimula o consumo. Em épocas pré-guerra, as pessoas fazem estoque de produtos de primeira necessidade não-perecíveis com medo de que desapareçam do mercado. As inovações tecnológicas também estimulam o consumo porque, à medida que um grupo de pessoas adota as novidades, os produtos se tornam cada vez mais baratos devido à rapidez da obsolescência dessas inovações e à concorrência entre os fabricantes.

Os movimentos de defesa da ecologia também interferem no consumo ao modificar os processos de produção das empresas que poluem o ar e a água, como o término da fabricação dos produtos que afetam a camada de ozônio da atmosfera. Também os movimentos culturais podem desestimular o consumo, como na época da Revolução Chinesa em que os chineses foram proibidos de consumir produtos que não fossem de origem local em razão da política governamental de estímulo aos valores locais.

Os movimentos sociais também influenciam, uma vez que a sociedade condena a compra de bens fabricados por empresas com uma política social inadequada, como aconteceu com o boicote da sociedade brasileira à empresa de lingerie De Millus por falta de ética, devido à sua política de revista das funcionárias à saída do expediente. Alguns fatores psicológicos também afetam o consumo e são inclusive usados na publicidade ao colocar celebridades consumindo um produto para estimular os consumidores a comprar.

Os estímulos mercadológicos mais eficazes são produtos com características e benefícios aderentes aos desejos do consumidor e preço adequado à sua situação econômica. Outros são a realização de uma promoção tornando um produto acessível a uma faixa de renda, a sua disponibilidade nos pontos-de-venda no local e momento adequados às necessidades do consumidor e a filosofia de relacionamento com oferta de descontos para os clientes especiais.

Quanto às características, os produtos podem ser classificados de acordo com o seu uso – forma recomendada para utilização – ou as suas funções – utilidade que os indivíduos dão aos objetos. Um bom exemplo é o do consumo da Coca-Cola como refrigerante, no seu uso normal, ou nas funções de remédio para curar enjôo prescrito por alguns médicos, ou como produto de limpeza consagrado pelo uso popular.

Os produtos também podem ser classificados segundo os seus atributos em tangíveis – funções utilitárias concretas e aparentes como os valores funcionais e de risco – ou intangíveis – representações abstratas, como os valores simbólicos e hedônicos. No exemplo da Coca-Cola, tangível seria o consumo pelo gosto do refrigerante e intangível, o consumo dos valores americanos ao considerá-la um ícone do *"American way of life"*.

Os benefícios dos produtos podem ser diretos, quando provenientes da sua utilização, ou indiretos, quando resultantes da satisfação do consumidor pela impressão causada no seu grupo de referência. No caso da Coca-Cola seria direta a satisfação com o sabor do refrigerante e indireta a demonstração de admirar os valores americanos.

2.3 A DIMENSÃO PESSOAL DO CONSUMO (OS CONSUMIDORES)

Os consumidores também são afetados por fatores pessoais tais como as suas atitudes em relação ao produto, o seu envolvimento com a compra e o comportamento resultante. As atitudes são formadas por elementos cognitivos ou referentes ao seu conhecimento, afetivos ou ligados aos seus sentimentos, e comportamentais ou que estimulam uma ação em relação à situação.

Entre os elementos cognitivos, os padrões de avaliação que mais influenciam a escolha das pessoas são os seus valores. Os valores centrais são crenças duradouras ligadas à personalidade que dificilmente mudam, pois são conhecimentos adquiridos em criança. Definem a identidade de origem e, por isso mesmo, dependem mais da cultura de proveniência das pessoas do que do local em que foram criadas. Assim, um brasileiro criado nos Estados Unidos vai conservar vários valores e sentimentos de brasilidade.

Os valores situacionais concernem a uma situação específica, sendo frutos da experiência anterior e estando relacionados a um contexto – ciclo de vida, ocasião. Como estão ligados às variáveis demográficas e socioeconômicas modificam-se com freqüência segundo o sucesso ou insucesso e o prazer proporcionado por essas experiências.

As crenças adquiridas quando uma pessoa mora fora do seu país de origem e tem que adotar determinados padrões locais, ou para ser aceita naquela sociedade ou porque aquela comunidade só funciona de um determinado jeito, são situacionais. Um bom exemplo são os hábitos de alimentação – os norte-americanos têm café-da-manhã substancial, e almoço e jantar com comidas ligeiras, enquanto os brasileiros têm café-da-manhã ligeiro, e almoço e jantar substanciais. Quando as pessoas se identificam com alguns valores situacionais, incorporam-nos aos seus valores centrais, como quando brasileiros voltam de longa estada nos Estados Unidos e adotam os hábitos alimentares desse país.

Os consumidores também são afetados pelos sentimentos e motivações, que são os elementos afetivos que os levam a consumir um produto, e que podem ser expectativas, necessidades, desejos ou carências. As expectativas são esperanças fundamentadas em experiências anteriores ou em promessas e por isso são esperadas, mas não são faladas porque parecem óbvias. As necessidades representam a ausência de aspectos indispensáveis dos quais têm consciência de que podem ser atendidos, são faladas e esperadas, e variam conforme a personalidade e os valores do consumidor e a situação em que ocorrem.

Para que obtenham sucesso, os produtos têm que atender tanto às expectativas quanto às necessidades dos clientes, o que torna fundamental o conhecimento desses fatores. No entanto, isso não traz nenhuma diferenciação em relação aos seus concorrentes.

Os desejos são aspirações e vontades de obter aspectos dispensáveis de um produto, são a força motora que direciona o comportamento das pessoas a um objetivo e são falados, mas não são esperados. Já as carências são ausências e privações de aspectos dispensáveis de um produto que não são necessitados e dos quais os clientes não têm consciência e não são faladas, nem esperadas pelos consumidores, mas são determinadas pelos produtores. O não-atendimento de ambos não causa insatisfação nos consumidores, apenas frustração, no caso dos desejos.

Tanto os desejos como as carências representam os diferenciais entre as empresas no atendimento aos clientes, particularmente no caso das carências, que não são expressas, já que muitas vezes são sonhos, mas causam uma profunda satisfação porque surpreendem os clientes, como a colocação de bandeja porta-copos em alguns automóveis.

As atitudes dos consumidores também são afetadas por elementos comportamentais, que são as maneiras de agir relacionadas à presença ou à influência dos outros, que são adquiridas por hereditariedade, oportunidade ou experiências anteriores, assim como pelas predisposições, que são reações a estímulos, estados de espírito, tendências, propensões, determinações e temperamentos acerca dos produtos.

O envolvimento do consumidor com os produtos está relacionado com as suas experiências e referências pessoais conscientes adquiridas dos seus familiares pela educação, que ligam um estímulo à sua própria personalidade e valores pessoais, influenciando todas as suas atitudes e comportamentos. Muitas vezes consomem produtos apenas por causa de uma embalagem bonita ou de uma oferta casada, como, por exemplo, a compra de requeijão devido ao copo da embalagem ou um bronzeador que oferece uma bolsinha de praia.

A compra de produtos é induzida por comportamentos, que são respostas a determinados estímulos sociais como a participação em um grupo social. Um exemplo comum em países em que as pessoas gostam de futebol é o uso da camiseta de um clube para ir ao estádio assistir a um jogo, quando vão acompanhadas pelos amigos que são torcedores desse time, devido ao sentimento de pertencimento e aceitação pelo grupo social.

CAPÍTULO 3

As Atitudes e o Envolvimento dos Consumidores

> *"O consumo é uma atividade de manipulação sistemática dos signos, em que o que é consumido não são os objetos, mas a própria relação, as necessidades, os sentimentos, a cultura e o saber contidos no objeto."*
> Jean Baudrillard

As empresas precisam compreender as motivações e os padrões de compra das pessoas, ou seja, o que as leva a consumir determinados produtos, o que eles representam e as situações de compra mais apropriadas para desenvolverem produtos e estabelecerem um relacionamento duradouro. Os consumidores guiam seus comportamentos pelas manifestações da cultura na qual estão inseridos, pelas suas origens, por seu estágio do ciclo de vida e motivações de compra.

Seus padrões de compra, em geral, são semelhantes aos dos grupos sociais a que pertencem ou a que querem pertencer, e na maioria das vezes compram produtos não só pela utilidade, mas pelo prazer que proporcionam ou pelo que representam em termos de status social, o que pode ser observado pelos modismos de produtos e marcas. No Brasil, várias modas surgiram a partir de roupas e gírias usadas nas novelas de televisão, que passaram a explorar comercialmente esses eventos surgidos de forma casual. Outro exemplo foi a vitória do ator Arnold Schwarzenneger nas eleições para o governo da Califórnia, em que os cidadãos confundiram o candidato com os papéis representados pelo ator no cinema e escolheram um "super-herói" para resolver os difíceis problemas desse estado norte-americano.

As situações de compra variam não só conforme o momento como também de acordo com o estágio do ciclo de vida de uma pessoa. Um mesmo produto – iogurte – tem diferentes significados segundo a escolha da criança pela embalagem, dos adolescentes pelo sabor, dos jovens pelo número de calorias e dos idosos pelo teor de vitaminas e cálcio. A criança é estimulada pelo prazer visual porque é forçada pela mãe a consumir; já os adolescentes consomem pelo sabor porque têm muita fome nessa fase; os jovens contam as calorias devido à preocupação com a forma física e o padrão de beleza vigente entre os amigos; e os idosos porque necessitam de complementos alimentares para evitar a osteoporose.

Ao vislumbrar essas motivações, os fabricantes de iogurte percebem pelo menos quatro públicos com apelos bem diferentes para se direcionar. No caso da criança e dos adolescentes o foco é no prazer – visual e do paladar; dos jovens, é no simbólico; e dos idosos, é no utilitário. Observa-se, assim, a importância do conhecimento do valor percebido pelo cliente não só para o desenvolvimento como para a elaboração de campanhas publicitárias e de vendas, principalmente de produtos com pouca diferenciação, em que as empresas tem de trabalhar basicamente com a linguagem de venda e os serviços de suporte.

3.1 AS ATITUDES DOS CONSUMIDORES

As atitudes das pessoas são decorrentes dos seus valores, que podem ser culturais, sociais, pessoais e psicológicos, e são suas primeiras fontes de diferenciação. Os valores culturais são percepções e comportamentos específicos de uma cultura, subcultura ou classe social adquiridos através da família e da escola que só fazem sentido nelas mesmas e as ajudam a se comunicar, se reconhecer e se avaliar como membros.

Os valores culturais, transmitidos pela família, são centrais e vão marcar a vida das pessoas, constituindo a base da sua formação, não importando o país em que morem. No entanto, com o contato com outras culturas elas incorporam elementos da cultura onde vivem para serem assimilados pela subcultura local e vão formando seus próprios valores pessoais, misturando elementos das duas culturas, a de origem e a da moradia.

O ser humano tem necessidade de pertencer a um grupo social, pois é ele que estabelece os padrões de consumo dos seus membros, fornecendo-lhes uma identidade. Todas as comunidades adotam um estilo de vida que se torna mais aparente no vestuário que usam para se diferenciarem das demais. Assim, os *hippies* vestiam-se com roupas indianas, enquanto os "motociclistas" usavam roupas de couro e as "patricinhas", roupas de grife. A partir da observação dos hábitos de cada grupo, o mercado pode direcionar-se para esses nichos.

O conhecimento da cultura local de uma região é fundamental para o sucesso de uma empresa. Pode-se prever o insucesso de vender carne bovina na Índia, onde a vaca é um animal sagrado, ou carne de cachorro na França, onde os cães são tratados como pessoas da família. Várias organizações faliram ao tentar impor a sua cultura de origem aos funcionários locais porque valores centrais das pessoas, como os culturais, só conseguem ser modificados de forma gradual, algum tempo depois da implementação de inovações que mudaram a cultura local, uma vez que representam a sua própria identidade.

Dentro de uma mesma cultura coexistem subculturas bastante diferentes, como no Brasil em que as pessoas são vagarosas e de fala mansa nas regiões Norte e Nordeste e apressados e de fala rápida no Sul e Sudeste, têm cultura mais liberal no litoral leste e recatada no interior do Centro-Oeste. Também há diferenças substanciais entre as classes sociais que partilham valores, interesses e comportamentos semelhantes internamente. Há uma tendência de os estratos mais baixos imitarem os mais altos aos quais aspiram chegar, daí o sucesso de livros e filmes em que personagens pobres se casam com milionários.

Os valores sociais são adquiridos através da família, da escola e de outros grupos sociais dos quais as pessoas fazem parte, como igreja e vizinhança – os grupos de referência – e que vão influenciá-las em um determinado momento. A família é a unidade mais primária da tomada de decisão, uma vez que sua influência é recebida de modo involuntário e inconsciente. Através dela tomam o primeiro contato com o mundo e formam os seus valores mais centrais, assim como sua personalidade, crenças e estilo de vida.

A influência dos grupos de referência é consciente e buscada através de um processo de identificação da personalidade das pessoas com a de outros participantes dos grupos sociais a que pertencem ou a que querem pertencer, com valores e comportamentos semelhantes aos seus. Esses valores transmitidos são situacionais, já que concernem a um momento específico de vida, mas podem transformar-se em centrais quando são adotados, o que pode ser observado em pessoas que estudam no exterior e adotam alguns padrões de comportamento locais como hábitos culturais, de vestuário e alimentação.

Em cada grupo social de que participam, as pessoas representam diferentes papéis, e seu consumo vai variar de acordo com a posição que ocupam. Normalmente, os líderes dos grupos são os formadores de opinião e vão direcionar todos os padrões de consumo dos seus seguidores, que difundem as idéias para a manutenção do grupo. Muitas vezes a liderança é tão forte que transforma grupos de condomínio ou escola em grupos teatrais – TAPA – ou conjuntos de música – Kid Abelha –, que foram formados na PUC/RJ, ou da bossa nova, que surgiu em roda de amigos na casa da cantora Nara Leão.

Os valores psicológicos são formados pela motivação, percepção, aprendizagem e crenças das pessoas e vão ser influenciados pelos estímulos recebidos das pessoas com as quais convivem e condizentes com os estímulos ambientais. Muitos valores são centrais, sofrendo poucas transformações durante a vida, como os esportistas que, em geral, são mais dinâmicos que os intelectuais, que são mais introspectivos.

As motivações impulsionam os consumidores para o uso de um produto e podem ser de utilidade, simbologia ou prazer que a sua compra proporciona. Elas variam muito em função da imagem que as pessoas querem passar para os outros e das atividades que praticam, refletindo os seus interesses e opiniões. Os profissionais do mercado de capitais, por exemplo, costumam jogar tênis e golfe porque é nas quadras de tênis e campos de golfe que são feitos grandes negócios.

Os valores pessoais também são formados ao longo da vida através da personalidade, ocupações, ciclos e estilo de vida das pessoas e, por isso mesmo, são circunstanciais e adquiridos por influência dos grupos de referência. De acordo com o estágio em que se encontram e do estilo de vida que querem levar, adotam um padrão de consumo em função do papel que desempenham e do status que querem demonstrar. Em todos os estágios são influenciadas pelos meios de comunicação social.

A significação social dos produtos vai depender da identificação do consumidor com eles e dos valores e posições sociais que representam.

Um mesmo objeto pode ter utilidade e simbologia diferentes para cada pessoa, já que o ser humano varia de acordo com seu processo de aprendizagem dos valores inerentes à cultura, classe social e grupos de referência em que se insere e da função que vai desempenhar.

O processo de aquisição das atitudes dá-se pela personalidade, socialização, filiação a um grupo e pela classe social através da pressão para adaptação às normas sociais e aceitação pelo grupo.

3.2 O ENVOLVIMENTO DOS CONSUMIDORES

A atitude de um consumidor é a sua predisposição para atividades cognitivas – seus valores e avaliações –, afetivas – suas motivações e sentimentos – e comportamentais – suas disposições. É influenciada também, juntamente com o seu comportamento, pelo envolvimento que ele desenvolve com um produto. Diz-se existir envolvimento quando um objeto social é relacionado à personalidade e aos valores, sentimentos e comportamentos de uma pessoa, afetando a quantidade e o tipo de esforço que ela coloca na compra de um produto.

O nível de envolvimento é, portanto, afetado pelas áreas pessoal – interesses e necessidades que motivam em direção a um objeto –, física – características e atributos do objeto que o diferenciam e despertam interesse – e situacional – situação em que ocorre algo que temporariamente aumenta o interesse pelo objeto. Ele pode ser duradouro – quando reflete um conceito permanente relacionado aos valores centrais das pessoas – ou situacional – quando se refere a uma situação específica, assim como pode ser racional – quando há uma otimização da relação custo/benefício do produto – ou emocional – quando está relacionado a um prazer propiciado pela compra.

Assim como o envolvimento, as necessidades dos consumidores representam as suas carências e também vão se diferenciar de acordo com a sua personalidade e atitudes e com a situação em que ocorrem, sendo estabelecidas em termos de benefícios dos produtos. Para Maslow, as primeiras necessidades do homem são as fisiológicas, depois as de segurança e de afeto, seguidas pelas de realização social, prestígio e auto-estima.

As motivações – elemento afetivo do envolvimento – iniciam e mantêm os desejos do consumidor que resultam da interação da sua personalidade com a cultura em que se insere, integrando percepções, pensamentos, sentimentos e hábitos em direção a um objetivo. Organizam-se em torno do seu ego e dos grupos de referência com os quais se identifica e cujos padrões de avaliação adota, e aparecem em função de estados fisiológicos momentâneos, como um comportamento social, situação de aprendizagem, por simbologia ou oportunidade, e modificam-se continuamente em função das experiências.

A satisfação de um desejo tem como efeito imediato a emergência de outro, além da melhora da auto-estima, enquanto a frustração proveniente do impedimento de realização de um objetivo pode levar uma pessoa a mudanças cognitivas e novas maneiras de satisfação ou a mudanças de personalidade e de adaptação ao seu meio social.

As disposições – elemento comportamental do envolvimento – são as reações ao meio físico e social e aos desejos dos consumidores e podem ser estratégicas ou de longo prazo, como prestígio e aceitação social, e táticas ou de curto prazo, como brincar. Como o seu comportamento é determinado por suas motivações e valores, qualquer mudança em um desses elementos acarreta modificações.

Os valores – elemento cognitivo do envolvimento – são as medidas pelas quais o consumidor ordena o meio social e são responsáveis pela seleção e manutenção dos objetivos em direção aos quais ele se esforça. São aprendidos cultural e socialmente e adquiridos diferentemente por cada um, já que estão intimamente relacionados à personalidade e à cultura em que se inserem e podem ser globais ou situacionais.

Os valores globais dos consumidores orientam suas avaliações e pautam o seu comportamento geral, refletindo um conceito permanente e central em suas vidas, uma vez que são transmitidos por instituições e têm estabilidade. Já os situacionais têm menor duração porque são fruto da sua experiência anterior, estando sujeitos à avaliação constante, uma vez que se modificam segundo seus estágios de vida ou o prazer que proporcionam.

Os consumidores precisam ter algum envolvimento com os objetos para que possam se decidir por comprá-los, uma vez que fazem uma interligação deles com a sua personalidade, valores e experiências anteriores. No próprio ato da compra inter-relacionam suas atitudes com os produtos que consomem de tal forma que os percebem não somente por suas utilidades, mas também pelo que representam em termos de status e prazer que proporcionam. Essa inter-relação leva à conclusão de que o consumo das pessoas é afetado tanto por aspectos racionais como pelos sentimentos que o produto provoca e pelos comportamentos das compras anteriores.

O envolvimento do consumidor também é influenciado pelo seu processo de assimilação cultural, uma vez que os produtos são produzidos com o intuito de disseminar as crenças e valores e padronizar o comportamento de um grupo social ao tornar o produto desejável por todo um segmento. Como as pessoas costumam avaliar os outros pelos produtos que consomem, pode-se dizer que há um paralelo entre os símbolos materiais – os produtos – e os símbolos culturais – os valores.

Por outro lado, o envolvimento do consumidor vai influenciar tanto os seus processos de aquisição de informação quanto de avaliação dos produtos, decisão de compra e relacionamento com os consumidores, uma vez que eles selecionam informações congruentes com as suas atitudes na avaliação que fazem para a decisão de comprar. Os consumidores percebem como relevantes apenas as informações e atributos que traduzem as suas crenças e valores, só comprando e mantendo relacionamento com empresas que despertem o seu interesse e criem com eles uma relação personalizada.

Os elementos mais relevantes usados na avaliação do produto vão definir o tipo de envolvimento do consumidor, que pode ser racional, emocional, comportamental ou misto. Já o número de elementos utilizados na avaliação e sua profundidade determinam o grau de envolvimento, ou seja, quanto maiores a intensidade da satisfação e o compromisso com um produto, maior o envolvimento do consumidor com ele e maior a sua fidelidade.

CAPÍTULO 4

A Construção do Perfil dos Consumidores

*"O melhor movimento feminino é o dos quadris.
Eu tenho a cabeça para os negócios
e o corpo para o pecado."*
Personagem do filme de Mike Nichols,
Uma Secretária de Futuro.

A identidade dos consumidores começa a se formar no processo de assimilação cultural, através da educação recebida da família e da escola, e vai afetar desde a escolha de objetos até a dos objetivos de vida. Ela é construída a partir da junção da personalidade e das motivações com as influências culturais e sociais adquiridas pela socialização e experiências passadas, assim como das dimensões em que se manifestam. Resulta da organização das características cognitivas, afetivas e comportamentais e de como se manifestam em relação aos outros, e vai ser coerente com estímulos ambientais.

A família e a escola transmitem os valores culturais e sociais, que são reforçados pelos grupos sociais com os quais as pessoas convivem, influenciando as atitudes dos consumidores na consolidação dos padrões de consumo e estilos de vida que vão adotar. O sistema de produção cultural cria produtos para preencher necessidades societárias e disseminar os valores culturais, que vão ser centrais para os consumidores. As manifestações artísticas, religiosas e de linguagem da época em que vivem são as principais expressões culturais formadoras de identidade.

Os valores sociais dos consumidores dependem da situação que estão vivendo e vão sendo assimilados paulatinamente pelo consumo das ideologias e produtos da cultura que os produzem, que pode ser subdividida em alta cultura e cultura popular. Enquanto os produtos da alta cultura são consumidos pelas classes altas, percebidos como elitistas e caros, e incutem prestígio social e diferenciação, pois são carregados de valores simbólicos, os da cultura popular são consumidos pela massa, percebidos como comuns e avaliados basicamente por seu valor utilitário e funcional. As atividades profissionais, de lazer e sociais da época são as principais expressões sociais formadoras de identidade.

Os valores psicológicos dos consumidores vão balizar o seu comportamento afetivo, são mutáveis e, portanto, circunstanciais, já que são formados por suas percepções, aprendizado, crenças e sentimentos. Seus padrões de aprendizagem, de beleza e sexuais são as principais expressões psicológicas formadoras da sua identidade.

Os valores pessoais dos consumidores são formados por sua personalidade, ocupação, ciclo e estilo de vida, e também são circunstanciais. São adquiridos por influência dos grupos de referência, pela identificação com seus valores, e descrevem a maneira de viver das diferentes culturas que as distinguem das demais. Os seus hábitos de vestuário, alimentação, moradia, transporte e consumo são as principais expressões pessoais formadoras dessa identidade.

Os consumidores revelam seu caráter e suas crenças por meio da sua aparência pessoal, linguagem corporal, voz, comunicação e ações no ambiente em que vivem, ou seja, no modo como se apresentam, falam e agem, particularmente na frente dos outros. A descoberta de sua identidade supõe a análise conjunta de sua aparência, linguagem, personalidade, conduta e crenças que emergem dos seus traços.

4.1 PERFIL CULTURAL – MANIFESTAÇÕES ARTÍSTICAS, RELIGIOSAS E DE LINGUAGEM

Os valores culturais dos consumidores constituem a primeira diferenciação e são preferências e comportamentos adquiridos através da família e da escola, provenientes das culturas, subculturas e classes sociais.

São regionais e específicos, e, na maioria das vezes, só fazem sentido na própria cultura, por isso muitas se dividem em várias subculturas bem diferentes, como a americana – em texana, californiana e nova-iorquina –, a italiana – em romana, veneziana e milanesa – e a brasileira – em baiana, carioca, paulista etc.

Normalmente, não se modificam ao longo do tempo, já que se referem a posturas ideológicas centrais como o papel da família, a escolha religiosa e o modo de ser. Por meio de formas de consumo específicas, as pessoas produzem e reproduzem culturas, relações sociais e a sociedade, demonstrando, por ações, as suas atitudes e crenças em uma ordem social e a sua identidade como membro de uma cultura.

Este tópico se propõe a traçar a formação do perfil cultural dos consumidores a partir de formas de expressão relacionadas a valores culturais, como as manifestações artísticas, religiosas e de linguagem e a sua evolução em decorrência dos movimentos políticos e sociais que ocorreram ao longo dos anos.

4.1.1 As Manifestações Artísticas

As artes organizam a visão que o ser humano tem do mundo em que vive expressando os sentimentos e pensamentos de uma época, uma vez que relacionam realidade e desejo, ou seja, um mundo visível e um invisível representados em planos distintos. Os artistas percebem o mundo a sua volta e elaboram plástica e sensorialmente a essência do que perceberam, fornecendo os elementos que vão definir o consumo da época. Aqui apresentamos um resumo dos principais movimentos.

As primeiras manifestações artísticas representavam animais e figuras humanas, inicialmente de uma forma rígida e estática, e depois de maneira mais dinâmica, e foram usadas como meios de comunicação. Tinham objetivos religiosos e usavam materiais da natureza, como madeira, osso, conchas e sementes. Durante praticamente toda a Antiguidade, as artes estiveram associadas aos rituais religiosos.

A pintura, a escultura e a arquitetura, especialmente dos egípcios e babilônios, buscavam trazer os valores do divino para o mundo mortal. No Egito, as artes dirigiam-se à elite e buscavam transmitir sentimentos de eternidade e grandiosidade através de figuras que misturavam homem e animais, enquanto na Assíria apareceram as primeiras esculturas em movimento em metal e ferro.

Os gregos buscavam o ideal de beleza na perfeição da Natureza e foram responsáveis pelo conceito de arte que permeou a produção ocidental durante mais de dois mil anos, o da unidade lógica integrando arquitetura, pintura e escultura, usando formas harmônicas e grandiosas, já que os templos eram feitos para os deuses e não para o povo.

Em Roma, as pinturas e esculturas tinham relevo, narravam histórias e usavam mosaicos nos pisos que retratavam paisagens, figuras humanas e mitológicas de forma a dar perspectiva e aumentar os limites do recinto. As construções usavam arcos, cúpulas e colunas para ter maior amplitude e tinham pátio interno para aeração e iluminação. Eles desenvolveram anfiteatros, termas, aquedutos para distribuir água nas cidades, pontes e estádios, construções tipicamente voltadas para a reunião e o bem-estar das pessoas.

Em Bizâncio, a arte também era mística, simbólica e luxuosa, e a arquitetura tinha os mesmos propósitos romanos, já que construíram aquedutos, cisternas, teatros, hipódromos, ginásios e palácios decorados com mosaicos narrativos.

A arte dos muçulmanos usava formas geométricas, ouro, madeira, tapeçaria e vidro para proporcionar equilíbrio emocional, e as construções também voltavam-se para as pessoas, porque usavam minaretes para chamar os fiéis e púlpitos para a leitura do Alcorão. Fizeram ainda estradas para a ligação das cidades e encanamentos para a distribuição de água.

Durante a Idade Média, as artes estavam comprometidas com o cristianismo porque a Igreja tinha dinheiro para remunerar os artistas, e eram usadas para a comunicação das idéias religiosas, voltadas para o social, com dominância da emoção sobre a razão. Aos poucos, os vitrais passaram a retratar, além de motivos religiosos, cenas de nobres e burgueses, e a arquitetura a usar plantas em forma de cruz para separar as classes sociais e abóbadas gigantescas para representar a grandiosidade de Deus e o poderio econômico dos burgueses que financiavam as igrejas.

O Renascimento marcou o início da Idade Moderna e reinterpretou o classicismo grego com mais liberdade e realismo, equilibrando razão e emoção e linhas, formas e cores. A primeira fase foi mística e visionária e a segunda, humanista e representativa das novas forças sociais – burguesia e proletariado. As construções tinham mais luxo e preocupação com o homem e se inspiravam na natureza, vista como criação de Deus.

Já o Barroco foi um estilo determinado pela Igreja que procurava atingir as pessoas pelo sentimento, e surgiu da euforia da burguesia pelo luxo, daí a importância da luz e das curvas. Representou o momento da Inquisição, Absolutismo e formação do Estado Moderno, quando havia uma vida espiritual rica e um grande desenvolvimento da ciência. O Rococó, que o sucedeu, foi um estilo decorativo, palaciano e artificial, com uso de tons pastel e dourado, já que os artistas trabalhavam a serviço da corte e da burguesia.

O Romantismo repudiou as regras estabelecidas, pois surgiu em uma época de rebeldia e inconformismo. Marcou a literatura e a música devido à idealização da realidade, exaltação do sentimentalismo, subjetivismo, nacionalismo, pessimismo e visão do mundo centrada no indivíduo. Os escritores trocaram o mecenato aristocrático pelos editores, e o romance se tornou o gênero narrativo preferencial, renegando as formas rígidas de métrica e criando leitores entre os burgueses que não compreendiam valores literários, mas apreciavam a emoção. Ao mesmo tempo, foi contra o avanço da modernidade devido à excessiva racionalização e mecanização.

O Realismo surgiu junto com as lutas sociais de oposição ao capitalismo, reagindo contra as idealizações românticas e tendo por motivação as teorias científicas e filosóficas da época. Os escritores retratavam a sociedade no seu cotidiano de falsidade e a impotência do homem comum diante dos poderosos, substituindo a visão subjetiva pela objetiva e estimulando a mudança das instituições e dos comportamentos humanos. Em lugar de heróis, surgiam pessoas comuns com problemas provocados pela industrialização.

O Impressionismo foi um modo eminentemente visual de conceber o mundo, representando uma revolução perceptual e um novo humanismo, com primazia da sensibilidade dos artistas, que retratavam a realidade pela impressão visual que causava.

Na arquitetura, como efeito direto da mecanização e crescimento urbano, surgiram em uma época de frivolidades, no final do século XIX, os estilos *Art Nouveau* – linearidade, assimetria e exploração de novos materiais – e *Art Déco* – formas geométricas –, espelhando uma maior liberdade das mulheres. Também surgiu um novo conceito de construção do movimento da Bauhaus, que privilegiava a funcionalidade tanto na forma quanto no espaço no processo construtivo e nos materiais utilizados. As construções passaram a ser feitas em função das necessidades dos homens, daí surgirem os edifícios para baratear custos, já que acomodavam muitas famílias.

Já a Arte Moderna relacionava-se com as vanguardas artísticas que pregavam uma nova forma de lidar com a estética, repudiando as regras e retratando as mudanças tecnológicas e de pensamento que aconteciam na sociedade humana. Dentre os vários movimentos, destacaram-se o Expressionismo – crítica social e deformação da imagem para salientar a razão; o Dadaísmo – ênfase no ilógico com oposição ao equilíbrio e negação do sentido da vida; e o Cubismo – que repensa o espaço bidimensional e usa o tridimensional.

O Surrealismo foi definido pelos artistas como uma nova era, mais complexa e preocupada com o ser humano e seu subconsciente. Influenciado por Freud e suas teorias, combinava o representativo e o psicológico, rejeitava a razão e valores burgueses como pátria, família e religião, e usava o humor para libertar o homem de uma existência utilitária.

O Construtivismo estava intimamente ligado à ideologia marxista, colocando a função social de transformação da arte, exaltando a atividade coletiva e utilizando novos materiais, cores primárias, fotomontagem e tipografia. A arte participava da reconstrução do modo de vida e da consciência do povo para satisfazer necessidades materiais e organizar e sistematizar os sentimentos do proletariado revolucionário.

Já a *Pop Art* tentava diminuir a lacuna entre a baixa e a alta cultura usando elementos da mídia não para criticar o consumismo ou a cultura de massa, mas para se comunicar com o público através de signos e símbolos da vida cotidiana, como histórias em quadrinhos, publicidade, imagens televisivas e ícones do *American way of life*. Através da linguagem comercial e do desenho simplificado criou-se uma nova concepção de arte baseada em formas alternativas como os cartazes, desenhos e colagens para anúncios publicitários.

Os movimentos artísticos mais modernos passaram a misturar todas as formas de expressão. O Minimalismo preocupava-se com a expressão tanto nas artes visuais quanto na música com um número limitado de elementos e sem se submeter à limitação entre os campos da pintura, escultura, música ou literatura, propondo um jogo de volumes, formas, sons ou palavras reduzido às configurações essenciais e às suas funções.

Já a Arte Conceitual defendia a superioridade das idéias veiculadas, deixando em plano secundário os meios usados para criar a arte, recorrendo ao uso de fotografias, mapas e textos escritos. Por outro lado, o Hiper-realismo, ou realismo fotográfico, buscava reproduzir as imagens com abundância de detalhes, tornando-as quase idênticas a uma fotografia ou cena da realidade.

Nas artes cênicas, o *Happening* incorporava, de forma planejada, elementos espontâneos ou improvisados com o público que nunca se repetiam da mesma maneira a cada nova apresentação, enquanto a *Performance* era mais elaborada, possuía um roteiro previamente definido e não envolvia necessariamente a participação dos espectadores, podendo ser reproduzida em outros momentos ou locais.

Observa-se que os consumidores passaram por uma série de mudanças que pregavam a renovação radical das formas tradicionais de arte e vida social. Cada vez mais o que importa não são os fatos, mas as suas interpretações, por isso tanto a arte quanto a arquitetura simplificaram e valorizaram as formas populares, reduzindo as barreiras entre os gêneros. Os artistas passaram a criar imagens conceituais nas quais demonstram as suas preocupações sociais e defendem a função lúdica da arte fazendo exposições interativas.

Na arquitetura, há uma ênfase na funcionalidade e simplicidade das construções, mesclando a praticidade com a melhoria das estruturas. No cinema, aparecem os filmes com temática política e social, e na música, especialmente na popular, houve uma mudança radical com a criação de vários estilos e mistura de diferentes tendências, com melodias curtas, harmonias dissonantes e uso de polirritmias no jazz e no rock´n´roll.

4.1.2 As Manifestações Religiosas

A religião vai dar a base das culturas fundamentando as atitudes das pessoas e sedimentando valores importantes da vida cotidiana, e sempre caminhou em paralelo com o avanço cultural e tecnológico da humanidade. Está ligada às estruturas sociais e psicológicas das pessoas, na medida em que é a relação que o homem estabelece com o poder sobre-humano expressa em emoções, crenças e ações.

Os religiosos expressam idéias sobre o surgimento da humanidade e do mundo e o sentido da vida nas cerimônias através dos mitos, que são explicações metafóricas para questões fundamentais da vida como a criação do mundo e que são passados através dos ritos, arte e linguagem. A crença que prevalece na maioria das grandes religiões ocidentais é o monoteísmo, ou a convicção na existência de um único deus. Em geral, as religiões que possuem diversos deuses dividem as funções de cada um deles, do tipo caça, pesca...

Apesar das diferenças, a maioria das religiões acredita que o homem foi criado por Deus, e muitas mostram um dualismo entre o corpo temporal e a alma divina dos homens. Na religião muçulmana e no judaísmo, o homem cumpre suas obrigações religiosas submetendo-se aos mandamentos de Deus; já nas religiões africanas e indianas segue as regras tribais estabelecidas pelos ancestrais, enquanto na China alcança uma harmonia com as forças básicas da existência.

As cerimônias religiosas desempenham um importante papel em todas as religiões. Os cultos promovem o contato com o sagrado e, por isso, costumam ser liderados por pessoas predeterminadas e realizados em lugares especiais, como templos, mesquitas, igrejas, sinagogas e terreiros. Nelas são feitas orações coletivas que obedecem a um padrão definido, com rezas e cantos ou a narração de mitos sagrados, a fim de estabelecer um clima de magia e apelar ao sentimento das pessoas.

Todas as religiões têm cerimônias para celebrar os ritos de passagem existentes nas sociedades, associados às grandes mudanças da condição humana, que são as transições do nascimento, puberdade, casamento e morte. Tais ritos simbolizam uma iniciação, começando na construção da identidade, passando pela iniciação nas tradições culturais, na continuação da família, até chegar à vida eterna.

Um aspecto importante em todas as religiões é a irmandade entre os seus seguidores, que formam comunidades. Em todas as sociedades, as estruturas sociais, políticas e econômicas estão bastante relacionadas com a estrutura religiosa, e em muitas o chefe religioso é também o chefe político.

Segundo Gaarder, Hellern e Notaker, as manifestações religiosas podem ser primais – politeístas encontradas nos povos tribais da África, Ásia e América, que acreditavam que várias forças, deuses e espíritos controlavam a vida cotidiana; nacionais – também politeístas, em que vários deuses são organizados em hierarquia e funções especializadas, como a grega, egípcia e assíria; e as universais – monoteístas, conectam o indivíduo com Deus, e foram criadas por profetas como Jesus, Moisés, Maomé e Buda.

As religiões ocidentais com maior número de adeptos são o catolicismo e o protestantismo, enquanto as orientais são o hinduísmo e o budismo. Enquanto nas religiões ocidentais Deus é o criador todo-poderoso e há um abismo entre Ele e o ser humano, nas orientais o divino está presente em tudo e o homem pode alcançar a união com o divino mediante a iluminação e o conhecimento.

No hinduísmo, a divindade é uma força que permeia os homens, animais, plantas e objetos; as pessoas têm responsabilidade para com a família, casta e comunidade, e o que fazem é mais importante do que aquilo em que acreditam. O budismo cresceu dentro do hinduísmo como um caminho individual para a salvação. O ser humano é escravizado por uma série de renascimentos, e o que vai libertá-lo da série de reencarnações para alcançar o Nirvana são os seus pensamentos, palavras e atos.

As religiões africanas são politeístas, lideradas por um chefe que é líder político e religioso, guardião da justiça, da lei e das normas sociais, e o representante dos deuses na Terra, bem como o porta-voz dos homens perante os deuses. Os cultos funcionam como ritos de preservação cultural dos diferentes grupos étnicos e fornecem padrões que modelam, ajustam e legitimam o comportamento dos seus seguidores, que estabelecem uma relação pessoal com os deuses – orixás – e não colocam barreiras de classe social ou raça.

O judaísmo é uma comunidade religiosa ligada às narrativas da Bíblia, que contêm as normas judaicas legais e morais, assim como as regras relativas ao culto e as Tábuas das leis que foram entregues a Moisés por Deus. O núcleo da vida religiosa é a sinagoga, e a religião ocupa um lugar de relevo no lar judaico com vários ritos de conduta, alimentação e passagem, preservando costumes relativos a ciclos de vida. A família desempenha um papel especial ao estabelecer a identidade cultural através da educação.

Já a religião muçulmana – islamismo – é a segunda maior religião depois do catolicismo, e compreende todos os aspectos da vida humana e social com um papel relevante da esfera jurídica. Na religião criada pelo profeta Maomé, Deus é criador e juiz e não proíbe que se desfrute a vida na Terra como uma preparação para o julgamento divino. O livro religioso – Alcorão – contém os dogmas, códigos penal e civil, determinações militares, deveres e normas de conduta pessoal, religiosa, moral e social dos muçulmanos.

O cristianismo é a filosofia de vida que permeia a história, a literatura, a filosofia, a arte e a arquitetura da Europa. O livro da doutrina cristã – Bíblia – enfatiza Deus como criador do céu e da terra e a evolução como parte da criação. As principais diferenças entre as comunidades cristãs referem-se ao objeto enfatizado, à instituição em si, à comunhão dos indivíduos ou a aspectos da mensagem bíblica. As principais Igrejas cristãs são a católica romana, a protestante e a espírita.

A Igreja católica romana é liderada pelo papa e estruturada e governada por leis e hierarquias rigidamente estabelecidas, e os católicos baseiam a sua vida, doutrina e costumes nos dogmas da Igreja, no código do direito canônico e no catecismo. Os católicos dirigem as suas orações pelas almas não só a Jesus como a Maria e a todos os santos que desempenham o papel de intermediários de Jesus.

O protestantismo surgiu quando o monge alemão Lutero se rebelou contra a Igreja católica romana devido ao excessivo poder do papa, à venda de indulgências, à organização hierárquica e à valorização dos santos e dos rituais, provocando grandes mudanças religiosas. Os protestantes enfatizam a missão da Igreja, a fé, a palavra de Deus e a Bíblia como os elementos mais significativos da religião. Cada corrente do protestantismo segue uma versão distinta da Bíblia, mas todas a definem como única autoridade religiosa e crêem na salvação pela fé em Cristo e não em algum intermediário.

O espiritismo é uma doutrina baseada na crença da sobrevivência da alma, na existência de comunicação entre vivos e mortos por meio da mediunidade e em reencarnações sucessivas do espírito visando ao seu aperfeiçoamento intelectual e moral. A humanidade só passou a compreender a ocorrência desses fenômenos quando o dr. Allan Kardec publicou estudos filosóficos, científicos e religiosos sobre esse assunto.

Nos dias de hoje, os princípios religiosos e conceitos éticos ensinados pelas religiões diminuíram a sua influência na vida social. A partir da década de 1960 vêm sendo criados grupos de novas tendências religiosas, como *Hare Krishna* e Igreja da Unificação do reverendo Moon, além de movimentos "alternativos", que refletem os questionamentos políticos, culturais e sociais do mundo. As características comuns dessas novas orientações são o sincretismo religioso, a fundação por figuras "messiânicas", a proposta de responderem de modo objetivo e não com dogmas às questões das pessoas e a preocupação em alterar a maneira de pensar do ser humano e em implantar um novo estilo de vida que integre o homem à natureza.

Como muitas pessoas não acreditam na orientação religiosa em que foram criadas, algumas mantêm-na separando-a da sua filosofia e estilo de vida, outras adotam novas orientações, inclusive científicas, e outras tornam-se atéias ou agnósticas. Algumas conversões refletem os medos, as angústias e ideologias das pessoas ao longo da vida e cresceram por apresentarem questões sociais como a desestruturação das famílias e das pessoas pelo álcool e pelas drogas e proporem mudanças sociais significativas em oposição ao materialismo imposto pelo capitalismo, que levou ao acúmulo de bens, às guerras e à destruição do meio ambiente.

4.1.3 As Manifestações de Linguagem

O interesse pela linguagem data da Antiguidade clássica, na Grécia, quando os filósofos estudaram a estrutura do enunciado e Platão estabeleceu a primeira classificação dos sinais lingüísticos, diferenciando as palavras em nomes e verbos. Os gregos também desenvolveram estudos gramaticais para regulamentar as línguas e retóricos para desenvolver técnicas de convencimento, de modo a conhecer sua instrumentação para poder ensinar a ler e escrever corretamente e adequar a relação orador/ouvinte.

A linguagem é um instrumento cultural de comunicação que expressa os pensamentos e sentimentos humanos com uma carga metafórica impregnada por ideologias e contextos sociais e afeta a compreensão dos objetos e do mundo, já que os valores e crenças dos homens são formados pela cultura e grupos sociais em que se inserem. Ao guardar as idéias e significados das palavras e os gestos e sinais utilizados pela família e pertencentes à língua do meio em que vivem para se comunicar, as pessoas criam as estruturas de entendimento da comunicação.

A língua é o primeiro traço da identificação de humanidade no homem, que vai se constituir como sujeito na e pela linguagem, na medida em que ela viabiliza a relação e a comunicação com os outros e o conhecimento do funcionamento da vida em sociedade, fazendo-o ingressar na cultura resultante da organização social. Na concepção de Saussure, a língua é um conjunto de convenções adotadas pelo corpo social para permitir o exercício da fala de todos os indivíduos pertencentes à mesma comunidade. É o produto social da linguagem, enquanto a fala é individual, uma maneira particular do uso da língua predominante em uma sociedade, daí a existência de sotaques regionais e gírias.

As línguas são definidas temporal e espacialmente em correlação com os fatos históricos que as condicionaram, sofrendo mudanças com o passar do tempo de cultura para cultura, e seu sentido é dado pela significação escolhida em função de uma ideologia. Ela é parte da cultura e, por isso, tem uma estrutura variável correlacionada à estratificação social, enquanto a capacidade para falar é inata, já que é biológica. Existem diferenças lingüísticas sociais, regionais e de gênero – fala do homem e da mulher. Platão considera as mulheres lingüisticamente conservadoras, pois guardam o que aprenderam na infância.

A função da linguagem é a de nomear coisas diferentes, guardando relação entre a sua natureza e a forma do nome, em letras e sílabas que devem reproduzir as propriedades dos objetos. Depois de nomeado, passa para o mundo da linguagem, e o que passa a ter valor é a palavra que o nomeia e não mais o objeto em si, ou seja, o nome substitui o ser, dando sentido e fazendo com que as coisas existam.

Como a língua é a mesma para todos os indivíduos de uma sociedade e é composta por conceitos e imagens de todos os seres de um determinado tempo e espaço, deixa de existir o conceito de certo e errado, pois o que se considera "erro" está atrelado ao corpo social que define as regras das línguas.

As pessoas criam a linguagem para estreitar relacionamentos ou se distanciar das relações com o exterior e, a partir do momento em que falam, criam novos objetos, nomeando o que as cerca e se tornando donas do real e do imaginário. No entanto, não só a língua, mas todos os aspectos da aparência de uma pessoa expressam uma linguagem e sinalizam as suas emoções, crenças e valores.

Já na pré-história, o homem percebeu a necessidade de se comunicar e criou a possibilidade de entendimento por meio de sinais e mensagens pintados em vasos e pedras que expressavam a realidade. Como tinha necessidade de falar, inseriu-se no universo da linguagem, que não é apenas instrumento de comunicação, mas o pensamento organizado segundo princípios racionais e emocionais para expressar e modificar o contexto.

A linguagem articulada foi a forma que o homem descobriu para se auto-afirmar, pois, ao nomear os objetos e atribuir sentido às coisas, superou o desconhecido e organizou o espaço em que vivia, impondo-se perante os outros e tendo controle sobre o universo. Entretanto, além da fala, também a aparência física e a linguagem corporal revelam o comportamento humano, particularmente quando consideradas em conjunto com a postura, expressão dos olhos, sorriso, maquiagem, penteado, roupa e acessórios. Todo esse conjunto comunica significados que só fazem sentido dentro de uma cultura.

Os consumidores se preocupam com a sua aparência e linguagem corporal, na medida em que elas revelam a sua personalidade, emoções e crenças em relação às situações que acontecem e aos padrões vigentes nas comunidades de que fazem parte. Por causa das mudanças que acontecem ao longo da vida, ambas se modificam com muita freqüência, uma vez que não são traços permanentes, sempre procurando acompanhar as tendências das épocas. As pessoas modificam sua fala e aparência e aderem a modismos para se integrarem aos grupos sociais, como, por exemplo, fazendo tatuagens no corpo.

4.2 COMPORTAMENTO SOCIAL – ATIVIDADES PROFISSIONAIS, DE LAZER E SOCIAIS

Os valores sociais são idéias, normas, conhecimentos e técnicas em torno dos quais se vão condensando, através da interação social, opiniões e atitudes baseadas em experiências anteriores, adquiridos basicamente através da família, da escola e dos grupos sociais dos quais as pessoas participam. São crenças amplas e duradouras desejáveis para a formação de atitudes e a adoção de estilos de vida com impacto no comportamento.

Os valores sociais também são provenientes dos papéis e posições sociais dos indivíduos e por isso alguns são centrais e outros temporários, já que são modificados cada vez que os consumidores se relacionam com um novo grupo, representam um novo papel ou mudam de posicionamento na escala social.

A interação simbólica entre as pessoas enfatiza uma identidade construída pela internalização dos significados daqueles que compartilham o seu universo social ao se conformar com os papéis e expectativas definidos socialmente como mais adequados para as ocasiões nas esferas profissional e social e no usufruto do seu tempo livre.

O medo da desaprovação social faz com que os consumidores se orientem pelas preferências, gostos e tendências aprendidos no convívio social e disseminados pela mídia, que alargou seus círculos sociais para além da família e classe social. Através dos processos de socialização e assimilação cultural passam a adequar o seu comportamento às necessidades, modos de vida, significado cultural e cultura do consumo difundidos. O consumismo pregado deixou a maioria das pessoas impotente para se proteger contra a invasão da vida pessoal pela mídia e forças de mercado, sendo dominadas pela competição por bens e posição social e vivendo em função dos valores e crenças dos outros.

Este tópico se propõe a traçar o perfil social dos consumidores, através de formas de expressão relacionadas a valores sociais como as atividades profissionais, de lazer e sociais, que sofreram grandes transformações devido aos movimentos políticos e sociais das últimas décadas.

4.2.1 As Atividades Profissionais

As atividades só passam a ser profissionais na Europa no século XIV com a criação das primeiras universidades para o ensino das profissões até então os homens tinham ocupações. As profissões diferem das ocupações porque demandam educação superior, conhecimento formal, treinamento específico, ética e organização constituída para que seus ocupantes obtenham posições no mercado de trabalho qualificado.

As ocupações são um trabalho fragmentado e simplificado que não exige nenhuma competência, conhecimento distintivo, controle ou compreensão da relação dos trabalhadores com o todo produtivo, seus colegas ou a sociedade. Já as profissões exigem a organização e a administração de conhecimentos e competências específicos, capacidade de controlar o trabalho através de associações independentes tanto do Estado quanto do capital e possibilitam recompensas socioeconômicas, políticas e simbólicas.

Quando surgiram, eram vistas como ocupações cuja orientação era a de servir às necessidades do público, mais tarde pelo prestígio dos membros identificados mais pela educação superior que pelas habilidades e, depois, por traços ideológicos e institucionais indicativos de status que criavam identidades e espaços exclusivos no mercado.

Em geral, as profissões podem ser classificadas em dois tipos, as acadêmicas ou científicas – que recebem o apoio do Estado e associações profissionais e que prescindem dos clientes – e as práticas – que dependem da confiança dos clientes mediante a solução dos seus problemas. Os intelectuais são orientados para a carreira acadêmica ou a pesquisa científica e produzem o conhecimento que forma a base para as decisões de trabalho, enquanto o mercado de trabalho diferencia os praticantes entre os que exercem o trabalho e os administradores que organizam a prática e mantêm o seu poder sobre o conteúdo do trabalho e das relações interpessoais com os consumidores.

O processo de profissionalização deu-se na Idade Média com a implantação das guildas e corporações de ofícios que formulavam requisitos de empregos e diferenciais de salário e status para justificar a criação de categorias ocupacionais pelos órgãos públicos e empresas. Ao organizar instituições profissionais para definir o conteúdo e os conhecimentos necessários às ocupações, controlar o treinamento, avaliar a maneira como o trabalho é realizado e manter a autoridade sobre os clientes, as profissões passam a exercer poder econômico na sociedade e a influenciar a organização política, o mercado de trabalho e a posição social dos membros.

Na pré-história e nas sociedades tribais, a maioria das ocupações era delimitada por sexo, e os homens eram caçadores, guerreiros e curandeiros – responsáveis pela saúde das pessoas –, enquanto as mulheres eram cozinheiras e faziam trabalhos domésticos. Na Antiguidade apareceram outras ocupações, como políticos, sacerdotes, filósofos, artistas, serviçais e trabalhadores braçais, e começou a haver uma estratificação de gênero, em que as únicas mulheres que trabalhavam pertenciam às classes sociais mais baixas e as pessoas das classes mais altas não trabalhavam.

Já as universidades medievais da Europa fizeram proliferar as três primeiras profissões liberais – medicina, advocacia e clero –, embora existissem na época várias ocupações, como agricultor, comerciante, produtor, construtor e navegador. Ainda nessa época, as mulheres só trabalhavam como artistas ou serviçais.

Antes da Revolução Industrial, o próprio trabalhador exercia controle sobre o seu trabalho, organizando sua divisão mediante negociação de poder com o Estado para controlar o acesso ao emprego de modo a ter estabilidade. Com a Revolução Industrial as mulheres começaram a se empregar nas indústrias em trabalhos não-especializados, e após a Revolução, por causa da livre competição no mercado, começou a ser implantada a divisão do trabalho com tarefas fragmentadas realizadas individualmente, sem organização em grupos sociais, de modo a alienar o trabalhador do sistema de produção.

Na Inglaterra do século XIX, com o desenvolvimento da estrutura ocupacional do industrialismo capitalista, as recém-organizadas ocupações de classe média perseguiam o título de profissão porque dava prestígio e era apoiada pelo Estado para proteger contra a competição no mercado de trabalho. Na Europa, a identidade básica era dada não pela ocupação, mas pelo status conquistado pela educação em instituições de ensino superior controladas pelo Estado, que lhes garantia posições de elite nos cargos do serviço público. Já na América, as profissões conquistavam posição no mercado pelo treinamento e identidade como ocupações organizadas corporativamente.

No século XX, as empresas continuaram a fragmentar, mecanizar e racionalizar as tarefas para controlar, mudando de um sistema de trabalho planejado, com tarefas definidas e supervisionadas, para um simplificado e padronizado, com diferenciação de atividades e hierarquias que alienava objetiva e subjetivamente os trabalhadores. Ao mesmo tempo, a regulamentação governamental, ao impor padrões de emprego e segurança às administrações, fez com que os trabalhadores se organizassem coletivamente para negociar seus contratos, fortalecendo o sindicalismo e enfraquecendo a gerência na organização e controle do trabalho e a participação do trabalhador.

Atualmente, a administração é livre para eliminar papéis e criar outros, que são especificados em detalhes com descrição de tarefas e perfil dos ocupantes, já que o mercado de trabalho é organizado e planejado. A organização da divisão do trabalho continua sendo hierárquica e formal, e a carreira do trabalhador é regulada e ordenada.

As profissões também mudaram, pois, se antes eram segmentadas por formação profissional – engenheiro, advogado, médico –, atualmente fragmentam-se por atividades hierárquicas – analista, supervisor, gerente –, a não ser as que exigem conhecimentos muito específicos, como engenharia, medicina e direito. Enquanto as profissões mais antigas do mundo são a eclesiástica, a medicina, a advocacia, a engenharia e o ensino, de modo geral as mais modernas estão ligadas à tecnologia, como informática, biotecnologia e genética.

Em todas as nações industriais ocorreram mudanças nas profissões, com o aumento de praticantes, maior estratificação em especialidades, afirmação do papel da mulher na sociedade e redução da dependência dos artistas de mecenatos e subvenções. Como as profissões estão cada vez mais dependentes do poder econômico do Estado e das empresas, está havendo uma corporativização, com o declínio do poder profissional.

Apesar de os avanços em termos de educação e preparo terem diminuído as diferenças entre os sexos e as mulheres terem se preparado para o exercício de profissões de nível superior, elas ainda exercem poucos cargos gerenciais e recebem salário mais baixo que os homens que desempenham as mesmas atividades. De modo geral, a maioria das carreiras dos homens está ligada ao uso das habilidades espaciais e de cálculo, como engenharia, economia e informática, e as das mulheres, às ciências humanas e sociais.

Hoje em dia, a maioria das mulheres acumula carreira profissional com a responsabilidade pela casa e a educação dos filhos. Os profissionais não costumam fazer muitas amizades no ambiente de trabalho por causa da competição, e a maioria comunica-se pela Internet e telefone celular mesmo nas dependências das empresas. Muitos montaram negócio próprio virtual em suas casas – SOHO (*small office home office*) – para ter flexibilidade de horário e tempo para se dedicarem a atividades sociais e de lazer.

4.2.2 As Atividades de Lazer

Os conceitos de lazer, ócio e tempo livre se modificaram no decorrer da história acompanhando as mudanças de valores e comportamentos relacionados aos aspectos sociais, políticos, econômicos e culturais vigentes em cada época e as transformações das cidades, que determinaram novos hábitos de vida.

Nas sociedades do período arcaico, o trabalho e o jogo estavam integrados às festas, enquanto nas sociedades pré-industriais o trabalho inscrevia-se nos ciclos naturais das estações e era interrompido por pausas para cantos, jogos e cerimônias. As primeiras atividades de lazer foram as lutas e os jogos nas arenas e o teatro na Grécia. Já na Antiguidade e na Idade Média, em geral as diversões das camadas populares eram ir às tabernas, e a das classes mais ricas era ir a festas com muita comida, música e dança.

Os atenienses chamavam o tempo livre de ócio, atribuindo-lhe um valor maior do que a vida de trabalho, na medida em que praticavam atividades intelectuais e espirituais, uma vez que o cotidiano do povo acontecia nos ginásios, termas, fóruns e outros lugares de reunião. Segundo Aristóteles, o ócio representa a condição de estar livre da necessidade de trabalhar, enquanto diversão e recreio relacionam-se diretamente com descanso do trabalho. Em Roma também predominava o conceito de descanso e diversão como necessários à preservação das condições de trabalho. No mundo clássico os indivíduos atribuíam uma valorização psicossocial às atividades exercidas no tempo de "não-trabalho".

Entretanto, quando começou a influência da religião, a relação com o ócio passou a se modificar. A contemplação se converteu em busca da verdade religiosa e o trabalho passou a ser algo desagradável feito por necessidade como castigo e expurgo dos pecados. Durante a Idade Média, o cristianismo ajudou a manter a ordem social restringindo as atividades de lazer às festividades religiosas e comemorações de vitórias nas guerras. Na sociedade medieval, o ócio representava a busca de Deus e o cultivo da fé.

A partir do Renascimento, com a desarticulação do feudalismo e o desenvolvimento do capitalismo mercantil, o lazer passou a ser ir ao teatro e assistir a concertos musicais. No entanto, o protestantismo provocou uma nova atitude em relação ao significado do trabalho, valorizando as atividades produtivas, já que o cumprimento dos deveres era o único modo de agradar a Deus. Já na sociedade pré-industrial, trabalho e lazer não eram excludentes, mas atividades dos ciclos naturais das estações, e o ritmo do trabalho era interrompido por pausas para repouso, jogos, competições, danças e cerimônias, que não eram chamadas de lazer, já que não eram um tempo isolado.

A Revolução Industrial modificou as relações entre empregados e empregadores e a relação com o lazer em função das várias invenções tecnológicas que mudaram as condições de produção nos diversos setores industriais. Ao organizar racionalmente o trabalho reduzindo a carga horária e implantando férias remuneradas, o capitalismo estabeleceu novos valores para o tempo livre, que passou a servir para descanso do trabalhador, recuperação física e livre exercício de atividades de sua escolha. O lazer dessa época era freqüentar as tabernas para beber e, a partir do final do século XVIII, ir a restaurantes com a família e amigos.

Na Idade Moderna o trabalho foi valorizado e o ócio condenado, uma vez que as normas de comportamento da ética protestante pregavam a parcimônia e o afastamento dos prazeres da carne, surgindo um novo pensamento que valorizava o individualismo como característica básica da atitude, o significado do trabalho e a supremacia do dinheiro.

Nas sociedades pós-industriais aconteceram mudanças sociais e culturais que transformaram as relações sociais e a relação entre obrigações e lazer. Já nas sociedades de consumo, o trabalho ocupou mais espaço, fazendo com que muitos trabalhassem mais e diminuíssem as atividades de lazer para aumentar o consumo. A partir do final do século XIX, as pessoas começaram a ir ao cinema, e no século XX surgiu a televisão que, no início, como eram poucos aparelhos, reunia a família e amigos para assistir aos programas.

Dumazedier caracteriza o lazer como um conjunto de ocupações às quais o indivíduo pode entregar-se de livre vontade, após livrar-se ou desembaraçar-se das obrigações profissionais, familiares e sociais. De modo geral, existem quatro períodos de lazer, o do fim do dia, da semana, do ano (férias) e da vida profissional (aposentadoria).

O lazer surgiu da transformação das celebrações coletivas, da diminuição das obrigações religiosas e do tempo liberado pela redução do trabalho profissional e pela diminuição do controle social exercido pela família, religião e associações políticas. Segundo a nova norma social, a finalidade dos indivíduos é a sua realização e expansão pessoal e não sua eficiência técnica, utilidade social ou engajamento espiritual ou político.

As atividades de lazer liberam as pessoas das obrigações institucionais, já que não têm fins lucrativos, como o trabalho profissional, utilitários, como as obrigações domésticas, ou ideológicos, como os deveres políticos e espirituais. Têm propriedades hedônicas, na medida em que as pessoas procuram prazer e alegria ao realizá-las, assim como um caráter pessoal. Certeau separa as atividades de lazer em cinco grupos – físicos, manuais, estéticos, intelectuais e sociais –, correspondentes às categorias dos valores culturais que se relacionam com a personalidade e a participação na vida social.

Atualmente, as pessoas querem tempo livre para curtir a família, os amigos e a natureza e para a prática de exercícios ao ar livre, por causa do tempo que passam fechadas nos seus ambientes de trabalho. Uma boa parte dedica-se à prática de atividades físicas para melhorar o corpo ou a exercícios para a mente, como ioga e meditação, e outras fazem passeios, vão a shows de música ou a jogos de futebol.

Muitas também se dedicam a atividades educativas, como canto, dança, pintura, escultura, e a trabalhos manuais, como cerâmica e jardinagem. Outras procuram melhorar seus conhecimentos culturais estudando idiomas, história da arte e filosofia e freqüentando palestras, seminários, concertos e shows de música. A diversão da maioria das crianças e jovens é brincar com jogos eletrônicos e baixar músicas da Internet.

As atividades de lazer prediletas da maioria das pessoas são ir à praia, ao cinema e ao teatro para acompanhar as tendências culturais, assim como freqüentar restaurantes e bares para comer e beber com os amigos e ouvir música ou dançar nas boates. Muitos também gostam de viajar para estudar, praticar esportes, conhecer belezas naturais e outras culturas e gastronomias. No século XX, o lazer e o turismo tornaram-se atividades de massa, disponíveis para o consumo de camadas cada vez mais amplas da sociedade, e são objeto de investimentos e administração profissionais.

4.2.3 As Atividades Sociais

Na sociedade pré-histórica e na Antiguidade, as grandes atividades sociais estavam concentradas em banquetes, em que havia tal fartura de comida que ao final da festa as sobras eram distribuídas entre a população. Na pré-história, eram organizadas para distribuir a caça, e na Idade Média, para distribuição de dinheiro e das benesses dos reis para as famílias da corte que mais contribuíssem para a ampliação dos seus domínios. Normalmente, os lugares e a comida ingerida eram segmentados pelos estratos sociais.

O tempo profissional liberado foi destinado tanto às obrigações domésticas para a realização de trabalhos e passeios com cônjuges e filhos, como efetivamente ao lazer. Durante muitos anos, foi ocupado basicamente por atividades familiares, contribuindo para aumentar a coesão da família, porque o trabalho doméstico em todas as classes sociais era considerado necessidade e dever. Com a mecanização, muitas tarefas passaram a ser feitas por máquinas como fogão, máquina de lavar roupa e liquidificador, liberando mais tempo para o trabalho educativo das crianças e atividades sociais como ir a shoppings, parques de diversão e passeios com a família.

Os cultos e práticas religiosas patrocinados pela Igreja e as atividades políticas são considerados atividades sociais. Entretanto, atividades religiosas como jogos e festas das comunidades locais se transformaram em atividades de lazer. Muitas igrejas, para diminuir o afastamento dos fiéis, passaram a programar atividades recreativas e festas nos locais do culto, passeios culturais e viagens turísticas com a congregação. Nas igrejas evangélicas, o foco principal da pregação é a prática de atividades sociais comunitárias para integrar e agregar a comunidade.

De 1960 a 1980, surgiram vários movimentos políticos em defesa dos menos privilegiados e para servir à coletividade, e se formaram as primeiras Organizações Não-Governamentais (ONGs), com subsídios de empresas e de organismos internacionais, para ajudar os pobres e em defesa da ecologia e da responsabilidade social.

No entanto, as pessoas diminuíram o tempo dedicado tanto às atividades de desenvolvimento comunitário como às controladas pelas autoridades religiosas e político-partidárias em benefício do lazer propriamente dito devido à escassez de tempo livre. A maioria dos consumidores não tem mais tempo disponível para fazer várias atividades e prefere sair, praticar esportes e passear com a família em vez de participar política e socialmente dos problemas da comunidade, a não ser que as empresas estimulem a isso.

Os meios de comunicação de massa também não estão mais conseguindo transmitir mensagens que incitem à ação e transformem os acontecimentos sociais em espetáculo e os políticos em estrelas porque as pessoas estão tão voltadas para o sucesso profissional que reduziram inclusive o tempo que passam com a família.

Algumas empresas estão implantando Programas de Qualidade estimulando seus empregados a praticar atividades de responsabilidade social, de forma a favorecer a inclusão social e a angariar a simpatia dos consumidores e da comunidade para os seus produtos. Os partidos políticos e as entidades sindicais também organizam festas, jogos, espetáculos e passeios para conquistar a população em nome de uma melhoria da qualidade de vida.

Nos dias de hoje, muitas pessoas usam uma boa parte do seu tempo para atividades sociais visando à sua ascensão profissional. Por isso vão a festas de benemerência, fazem almoços e jantares para negociar contratos, praticam esportes para discutir estratégias, jogam para praticar caridade e passeiam para encontrar parceiros.

Muitas pessoas participam de ações voluntárias porque as atividades de responsabilidade social e defesa da ecologia fazem parte do sistema de pontuação para promoção nas grandes empresas, na medida em que os consumidores avaliam essas ações para a compra de produtos. Outros são estimulados a participar pelas igrejas ou associações das quais fazem parte ou mesmo por artistas que levantaram essa bandeira.

Algumas pessoas também se dedicam a atividades para ajudar orfanatos, asilos e hospitais, promovendo bazares, lendo para crianças, idosos e doentes, dando um dia de enfermagem ou participando de ONGs que lutam pela inclusão dos menos favorecidos.

4.3 PERFIL PSICOLÓGICO – PADRÕES DE APRENDIZAGEM, DE BELEZA E SEXUAIS

Os valores psicológicos são representados pelas motivações, percepções e aprendizagem dos consumidores e são situacionais, na medida em que são formados durante o processo de assimilação cultural. Eles atuam na personalidade das pessoas e provocam um movimento em direção ao consumo através do conhecimento obtido pelas crenças – adquiridas pela internalização dos valores culturais e sociais transmitidos pela família e escola – e atitudes – externalizações de avaliações, sentimentos e predisposições em relação a pessoas, objetos e ideologias aprendidas através da socialização.

O ser humano revela o seu caráter e suas crenças por meio da sua aparência pessoal, linguagem corporal, voz, técnicas de comunicação, ações e relacionamento com o ambiente, ou seja, através do modo como se apresenta, fala e age com os demais, particularmente na frente das outras pessoas.

Para decifrar os consumidores e chegar a um resultado objetivo, devem-se eliminar da mente estereótipos e preconceitos, substituindo-os por uma reflexão cuidadosa. Muitas vezes julga-se as pessoas apenas por um traço como aparência, raça ou sexo, quando se deve buscar a identidade a partir da observação e avaliação da importância de cada característica, procurando traços recorrentes de modo a estabelecer os seus padrões, a sua consistência e grau de importância em um contexto.

As pessoas devem ser observadas em diferentes ambientes de modo a reunir informações não só sobre idade, sexo e raça como sobre hábitos, características físicas, entonação vocal e linguagem corporal. Um segundo nível de informação mais subjetivo baseia-se na interpretação dos traços físicos observados, como o significado da linguagem corporal e das características vocais e a relevância de ações específicas da pessoa. Em um terceiro nível, a informação vai refletir as conclusões sobre a personalidade das pessoas com base na análise da informação revelada nos dois primeiros níveis.

Algumas características aparecem mais claramente, como tamanho, voz, maneirismos, modo de falar, ações ou estilo, formando uma primeira impressão. Em seguida, à medida que se dispõe de mais tempo, informação e oportunidade, delineia-se o desenvolvimento de um padrão que vai validar ou revisar a primeira impressão.

Este tópico se propõe a traçar o perfil psicológico dos consumidores, através de formas de expressão relacionadas a seus valores psicológicos, em especial suas motivações e sentimentos em relação aos padrões de aprendizagem, de beleza e sexuais, que passaram por grandes mudanças ao longo dos anos em decorrência de movimentos como o Renascimento, a Revolução Industrial e as guerras mundiais.

4.3.1 Os Padrões de Aprendizagem

A aprendizagem é o processo de aceitação da padronização de práticas e linguagens simbólicas, códigos verbais e não-verbais e experiências significativas manifestadas através da informação, do intercâmbio de conhecimento e de expressões e gestos de pessoas da mesma cultura que criaram o seu significado.

A identidade das pessoas também é formada pela aprendizagem da cultura em que se inserem, o que inclui a interpretação das linguagens falada e corporal, os valores materiais e simbólicos, as atividades que desempenham e seus hábitos, de modo a revelar seu posicionamento social e estilo de vida. O projeto de escalada social envolve o planejamento de todos esses elementos para constituir uma nova identidade social.

A linguagem é um dos primeiros meios de interação entre as pessoas e é aprendida desde o nascimento através dos seus elementos estruturais – sons, palavras e gramática – que, juntos, expressam tanto a comunicação como as intenções. As maneiras de falar, os usos e significados das palavras fornecem a significação das mensagens, já que estão inseridos em um contexto. Os significados situacionais são comunicados nos vários contextos, os sociais são sinalizados pelas alternativas lingüísticas escolhidas pelos grupos dentro da comunidade, e os culturais são expressos pelo sentido simbólico das palavras e pelas maneiras como os interlocutores avaliam o comportamento comunicativo.

A consistência da fala é revelada pelos padrões que emergem para os emissores em cada situação e pelas normas culturais de interpretação acordadas pelos grupos sociais. A linguagem tem funções interativas, situacionais e sociais, é criada no contexto cultural que é representativo dos valores partilhados pelos grupos sociais, e seu uso expressa, reforça e perpetua modelos culturais. O comportamento das pessoas reflete as regras que devem observar para agir de maneira apropriada em uma cultura, por isso o processo de aprendizagem da linguagem está atrelado ao contexto, às normas de apropriação e ao conhecimento da língua e seus usos.

Apesar de as pessoas de uma cultura falarem a mesma língua e partilharem valores e visões de mundo, não há homogeneidade no grupo porque elas diferem em gênero, idade, status, classe social e raça, o que contribui para a diversidade dos comportamentos de comunicação. Também variam em função do conhecimento das regras, normas de conduta, padrões de uso e interpretação da língua específicos da comunidade.

Os padrões de variação lingüística da comunidade são derivados de distinções sociais dentro da comunidade, das diferenças nas situações de fala e de fatores como gênero, idade, classe, região, raça e ocupação. Cada emissor faz uso de uma série de opções disponíveis, como alternativas de pronúncia, vocabulário, entonação ou construção de sentença, porque é um agregado de fatores como "homem adulto trabalhador". As escolhas do estilo da fala são motivadas por aspectos e atributos individuais da identidade das pessoas em uma dada situação ou contexto.

As linguagens são constituídas por componentes como som, estrutura e significado, cuja função é expressar o sentido desejado pelo emissor. Todas têm regras para a criação de palavras e têm sentidos referenciais

– que nomeiam pessoas, objetos e eventos – e culturais – que refletem atitudes, valores e símbolos compartilhados – que devem ser aprendidos para expressar o significado léxico e gramatical correto. As construções de sentença têm relevância situacional que depende do contexto e dos significados afetivos indicativos das atitudes dos emissores.

O significado que as pessoas dão às coisas provém da própria experiência e reflete as suas atitudes, opiniões, crenças e valores, que são codificados pela língua. As características das palavras e os sons pronunciados compreendem um código simbólico que deve ser aprendido pelo ser humano para decifrar os padrões de comunicação, que são subjetivos já que os símbolos não representam a mesma coisa para todos. O processo de comunicação, portanto, torna-se complexo já que envolve cultura, subjetividade, significado, aprendizagem, níveis de interação e contextos.

A recepção das mensagens envolve atenção à entonação do emissor, seleção, interpretação e retenção da informação, assim como ao significado das palavras dentro do contexto. No processo de seleção, é feita uma filtragem de sons e imagens a partir da percepção, do interesse e dos sentimentos evocados pela mensagem. Na interpretação determina-se o significado da mensagem, transformando-o em valor e utilidade para o indivíduo conforme regras anteriormente aprendidas, enquanto na retenção organizam-se na memória as imagens, sons, símbolos, significados e conexões para possibilitar o reconhecimento e a recuperação de objetos, lugares, circunstâncias e pessoas.

A dinâmica da recepção da informação exige interações complexas entre os indivíduos e o ambiente, já que eles modificam os seus padrões em diversas circunstâncias durante os seus ciclos de vida. Variam em função das influências dos pais, parentes e amigos, de experiências anteriores e de mudanças nos hábitos, necessidades e padrões de seleção, interpretação e retenção de mensagens, de modo a se adaptarem às circunstâncias pessoais, sociais e ocupacionais mais adequadas.

Os valores, as preferências e predisposições em relação a objetos, pessoas ou situações particulares direcionam as atividades de recepção, por isso as pessoas estão mais dispostas a ouvir mensagens que sustentem os seus pontos de vista e prestam menos atenção quando estão em desacordo com as suas atitudes. Os consumidores são mais receptivos às mensagens que têm significado para as quais têm familiaridade, interesse e capacidade de compreensão e cuja fonte de informação tenha mais credibilidade.

O estilo de comunicação e a natureza da mensagem também influenciam a dinâmica da recepção porque, dependendo dos hábitos, das preferências, dos relacionamentos e dos eventos, os indivíduos estimulam ou evitam o contato e selecionam a qualidade e a quantidade de informação desejável. As saudações, o tom de voz, as palavras, a vestimenta, a aparência, o modo de transmissão – visual, tátil, auditivo, gustativo, olfativo – e características físicas – tamanho, cor, luminosidade, intensidade – também causam impacto nas mensagens que os outros disponibilizarão para seleção, interpretação e retenção.

Fatores como tamanho da sentença, número de palavras utilizadas, nível da linguagem, contexto, pontuação e freqüência da repetição das mensagens também influenciam a credibilidade, a compreensão e o interesse associado à permanência das mensagens dos meios de comunicação de massa na mente das pessoas.

Não se pode confiar apenas em um traço para prever as crenças, personalidade ou prováveis ações de uma pessoa. Os indicadores psicossociais são muitos, como traços físicos – corpo, compleição física, postura, rosto, lábios, nariz e olhos; fatores higiênicos – cuidados com a pele, cabelos, dentes, mãos e pés; linguagem corporal – jeito e ritmo de andar, movimentos do corpo e dos olhos, tiques faciais, toques e colocação das mãos, ou mesmo o vestuário – adornos e acessórios utilizados e adequação da roupa ao local.

As pessoas também podem indicar sentimentos por meio de vocalizações como respiração profunda, rápida/lenta, assobiar, suspirar, ofegar, tossir e murmurar, assim como seus rostos podem demonstrar expressões como arrogância, humildade, confiança, liderança, confusão, vergonha, medo, ressentimento, interesse, surpresa e preocupação.

Como são biologicamente diferentes não só quanto à constituição física mas também quanto à estrutura do cérebro, homens e mulheres não têm as mesmas habilidades, aptidões e potenciais, possuindo valores e normas muito diferentes nas diversas culturas. Devido a essas diferenças e às influências culturais, geralmente suas atitudes, opiniões, crenças e comportamentos são distintos e até conflitantes. De maneira geral, enquanto os homens são mais rígidos e tradicionais, com dificuldade de se adaptar às mudanças, com as mulheres é mais fácil, porque elas são mais flexíveis e modernas.

O acúmulo de informações recebidas pela mídia foi intelectualmente produtivo para os consumidores com o aprendizado de novos conhecimentos e de práticas sociais, hábitos e costumes do mundo inteiro. Ao criar novas linguagens, a cultura de massa permitiu a experimentação de novas tecnologias e introduziu novas maneiras de falar e esquemas perceptivos mais globais e menos auto-referentes, fazendo com que se ajustassem aos comportamentos que julgava serem mais desenvolvidos.

A formação cultural das pessoas modificou-se bastante ao longo do tempo. As mais velhas procuram maior profundidade nas informações lendo muitos livros, revistas e jornais, adquirindo vocabulário mais amplo e tendo maior facilidade de comunicação e habilidade para escrever. Os mais jovens procuram se informar sobre maior diversidade de assuntos, de forma superficial, pela Internet, onde utilizam blogs e comunidades de relacionamento, adquirindo uma linguagem mais simples, direta e imagética.

4.3.2 Os Padrões de Beleza

A noção de beleza varia muito conforme as épocas, os locais e as culturas, privilegiando traços como o rosto em relação ao corpo e a postura e etiqueta em vez do rosto. A primeira noção de beleza estava ligada à harmonia e ao encanto com a proporção e simetria das formas, e o corpo era sobrepujado pelas qualidades da alma. Na Grécia antiga, o esteticamente belo dependia da visão subjetiva e dos cânones estabelecidos como padrão da beleza ideal, e era uma junção de espírito, funcionalidade e proporção das partes com qualidades como virtude, bondade, amizade, atitude e caráter.

A beleza como proporção atravessa toda a Antiguidade chegando até a Idade Média, que privilegiava o equilíbrio entre as partes – olhos, seios, braços, pernas e mãos. Nessa época, foram criados cânones de beleza com regras de proporção, simetria, equilíbrio e movimento corporal, e o corpo era desvalorizado em detrimento do espírito. O sentido da proporção vai mudando a relação entre membros, tronco e cabeça ao longo dos séculos, privilegiando a consonância do conjunto e a sua adequação. Segundo Umberto Eco, a beleza pode ser sintetizada em proporção – relação harmônica entre as partes do todo, integridade – adequação às próprias funções, e esplendor – simetria e luminosidade.

Na Idade Média a beleza era incrementada pela variedade e exotismo dos traços, expressões faciais, olhos, boca e cabelos, privilegiando as partes "altas". O padrão de beleza era de mulheres rechonchudas com pele branca e silhuetas imóveis, sem o uso de artifícios. Como os senhores ficavam ausentes por muito tempo devido às Cruzadas, eram atraídos pela beleza pura e angelical das mulheres, objetos de um amor casto.

Já no Renascimento, a beleza tinha um valor simbólico, incorporando sensibilidade e sabedoria e libertando-se dos cânones. A mulher usava cosméticos, era sensual, ativa na vida da corte, ditava a moda e cultivava a mente com arte e filosofia, e os homens tinham corpo musculoso para demonstrar força e poder.

Com as mudanças nos costumes sociais provocadas pela Reforma, a imagem feminina voltou a ser frígida e a mulher passou a vestir-se como dona-de-casa, educadora e administradora, com a beleza atrelada ao útil e prático já que era uma cultura orientada pelo sentido cotidiano e pela eficiência. Com o fim das imposições morais da Contra-Reforma, a beleza voltou a ser sensual, ligada à alegria, e as mulheres passaram a ter uma fisionomia serena.

No Barroco, a beleza era melancólica, com dimensão intelectual, combinando imaginação com utilidade, intensidade e sutileza. No início, os traços de beleza só eram vistos no rosto e nas maneiras, eventualmente na cintura, altura e elegância do busto. Só mais tarde é que o corpo adquiriu presença e mobilidade, ressaltando atitudes, movimentos, comportamento e singularidades da fisionomia como olhos, busto e ombros.

No século XVIII, a beleza estava inserida em um contexto, era mais sensível que inteligível, e a perfeição formal deu lugar às impressões de volúpia. As mulheres eram mais livres nos costumes, aparecendo na cena pública sem corpete, com cabelos soltos e roupas que mostravam parte dos seios e desenhavam a cintura. A beleza romântica salientava os olhos e a palidez que apelavam à alma e criavam uma ligação com o desejo que despertava. Ela passou a ser mais democrática, já que se tornou acessível a todos por causa do uso de artifícios, mas era sofrida, irracional e misturava na sua percepção paixão e sentimento, mas tinha uma função prática e um valor utilitário. A beleza passou a ser permeada pelo espírito social, prático e progressista, expressando-se através da ciência, indústria e comércio, e destinada a suplantar os valores morais e religiosos do passado.

Até o século XVII, os artifícios de beleza eram a maquiagem do rosto, o espartilho para o tronco e os regimes contra a obesidade. A partir do século XIX, a mulher começa a se desnudar nas praias e o corpo começa a ser valorizado para ser exibido. A beleza da mulher deixa de ser formal para ser dinâmica, sugerindo leveza, libertação, movimento e tonicidade e deixa também de ser superficial, ganhando alma e romantismo. Acaba a beleza sem aperfeiçoamentos e inacessível e começa a busca de belezas singulares e exclusivas, com a reconstrução da aparência por meio de maquiagem e cirurgias.

Só no século XX é que a beleza deixou de ser um modelo coletivo para ser individualizada ampliando a variedade de padrões devido às oposições sociais e culturais. Processou-se uma mudança de padrões – da beleza pudica e virginal para a exibição de formas, movimentos e corpos, deixando de ser um arranjo de traços físicos individuais para ser a afirmação de uma identidade que enaltece a silhueta musculosa com pernas longas e ventre liso, portes mais altivos, maquiagens mais coloridas e liberdade de movimentos. O objetivo dominante passa a ser o bem-estar e a magreza, que correspondem a expectativas sociais que visam à eficácia e à adaptabilidade destinadas a dar liberdade ao corpo feminino.

A beleza evolui do alto do corpo – pele, olhos e rosto – para o baixo do corpo – cintura, pernas e quadris – e da gordura para a magreza, que só se estabeleceu como padrão quando as mulheres se libertaram do espartilho e as roupas começaram a revelar as formas do corpo. Começa uma luta entre a beleza da provocação e a do consumo, violando os cânones estéticos anteriores e valorizando o exótico, o sonho e as fantasias. As pessoas passaram a seguir os ideais de beleza propostos pelo consumo comercial e pela comunicação de massa, que é democrática e oferece vários modelos diferentes e opostos.

Os padrões de beleza mudaram ao longo dos anos tanto para as mulheres quanto para os homens, particularmente em função da busca do equilíbrio de corpo e mente. Enquanto as mulheres passaram a comer uma alimentação mais saudável, a praticar mais atividades físicas, como musculação, e a se preocupar menos com a aparência jovem artificial proporcionada pelas cirurgias plásticas, os homens começaram a freqüentar clínicas de cirurgias plásticas e de emagrecimento e salões de beleza.

Atualmente, as novas formas de dominação masculina passam a se manifestar nos padrões estipulados para o corpo feminino, particularmente no Brasil, onde as mulheres, além de bonitas, têm que ser novas, magras e com corpos perfeitos, musculatura rija e sem celulite ou estrias, tornando-se quase inumanas.

4.3.3 Os Padrões Sexuais

Na pré-história, o relacionamento sexual era marcado pela influência da relação dos homens com os deuses, que deveriam aprovar a vida sexual dos casais e os rituais de acasalamento e procriação. Muitos deles iniciavam-se nos templos com danças eróticas coordenadas pelos sacerdotes com o objetivo de liberar o instinto do desejo dos participantes e prepará-los para o ato sexual.

O sexo era parte importante da vida na Antiguidade e, como os órgãos sexuais não eram considerados obscenos, nem sempre eram cobertos. As cerâmicas fenícias, egípcias e gregas, que retratavam os costumes e a vida cotidiana desses povos, tinham motivos sexuais com figuras de homens e mulheres se divertindo, dançando, tomando banho e tendo relações sexuais. A nudez era exaltada pelos gregos tanto que os jovens freqüentemente andavam e se exercitavam nus.

Em muitas sociedades primitivas, a poligamia fazia parte dos costumes e a quantidade de mulheres que um homem possuía era proporcional à sua importância e prestígio na comunidade. Nesses tempos, a mulher tinha um papel privilegiado e era respeitada por ser responsável pela geração da vida.

As religiões tiveram um importante papel na sexualidade e no comportamento sexual do ser humano ao propagarem a idéia de pecado ao longo das gerações, provocando modificações em questões como adultério, homossexualismo, masturbação, virgindade, castidade, poligamia, casamento e divórcio. A idéia do corpo como algo sujo e pecaminoso começou quando as religiões passaram a ditar as normas de conduta, já que desde os primórdios da criação os costumes sexuais dos diversos povos, do mais primitivo ao mais civilizado, sempre orientaram a relação dos homens com o meio e com os deuses.

Os valores, hábitos, tradições e costumes das várias culturas também influenciavam a sexualidade entre os povos, por isso que após os homens descobrirem sua importância na procriação as mulheres foram perdendo importância na sociedade até serem consideradas mercadorias passíveis de troca ou venda, conforme a conveniência da tribo. Dos séculos IV ao XV, a virgindade passou a representar status em todas as classes sociais porque os mais ricos resolveram pagar dotes para exigir a integridade das mulheres no casamento, atribuindo-lhes valor de troca comercial e econômico que variava conforme a educação, o nível cultural, os dotes musicais, a dança e os hábitos sexuais das noivas.

As pessoas também manifestam a sua sexualidade através do vestuário. Se na Idade Média e início da Renascença usavam indumentárias que destacavam o desenho dos genitais, atualmente usam calças apertadas e roupas esportivas coladas ao corpo, de modo a valorizar os órgãos sexuais e salientar a musculatura. A sensualidade e o erotismo dependem de simbolismos culturais que fazem com que determinadas situações sejam consideradas sensuais ou eróticas e outras não. Um conjunto de calça e sutiã, mesmo que seja igual a um biquíni, é percebido de forma diferente, pois normalmente é usado por baixo da roupa na cidade, enquanto o biquíni é usado como roupa de praia.

A criação da pílula anticoncepcional provocou uma revolução sexual em função do espaço socioeconômico e político conquistado pelas mulheres, que derrubaram mitos, tabus e preconceitos e passaram a explorar sua sexualidade, criando novos modelos de relacionamento em que se busca prazer bem como satisfação emocional. Também os homens modificaram seu comportamento sexual devido ao crescimento das doenças sexualmente transmissíveis (DST), ao aparecimento da AIDS e, atualmente, aos remédios do tipo Viagra para melhorar o desempenho sexual.

Houve um crescimento acentuado dos movimentos GLS em todo o mundo e a maioria dos homossexuais assumiu abertamente a sua sexualidade. Várias figuras públicas revelaram as suas preferências sexuais e os seus casamentos, a maioria deles estável, e muitas cidades modificaram a legislação de modo a permitir a realização de casamento entre pessoas do mesmo sexo e o reconhecimento dos direitos legais dos cônjuges.

As artes influenciaram fortemente as mudanças do comportamento sexual das pessoas, particularmente o cinema, quando vários filmes apresentaram cenas cada vez mais explícitas de nudez e relacionamentos sexuais de todos os tipos entre os gêneros. A tecnologia também contribuiu para o aparecimento de novos padrões sexuais com as pessoas criando vínculos virtuais pela Internet, que passou a ser usada como veículo de aproximação, promoção de encontros e divulgação de pornografia.

As famílias passaram a criar os filhos com mais liberdade, conversando sobre virgindade, sexo antes do casamento e a importância do relacionamento sexual na vida dos casais. Hoje em dia, a maioria dos pais orienta os filhos sobre vida sexual e doenças sexualmente transmissíveis, leva as filhas ao ginecologista para usarem anticoncepcionais e aceita com naturalidade a hospedagem dos parceiros sexuais dos filhos nas suas casas.

A maioria das pessoas mais velhas tem vida sexual ativa, fazendo sexo com regularidade, terminando casamentos longevos em busca da felicidade e utilizando-se dos avanços da medicina e da cosmética e de um preconceito menor. Muitos usam artifícios sexuais como pomadas e medicamentos para tratamento de impotência sexual ou roupas e brinquedos sexuais para melhorar a libido, e as mulheres fazem reposição hormonal para minorar os efeitos da menopausa.

Em decorrência de um comportamento sexual mais permissivo, houve uma desmistificação do sexo como algo feio e proibido e o seu reconhecimento como importante na construção dos relacionamentos e uma maior abertura para a sua discussão na mídia.

4.4 COMPORTAMENTO PESSOAL – HÁBITOS DE VESTUÁRIO, ALIMENTAÇÃO, MORADIA, TRANSPORTE E CONSUMO

O comportamento pessoal dos consumidores varia em grau de favorabilidade e na variedade de elementos que utilizam para formar uma opinião acerca de pessoas e objetos. Eles podem adotar atitudes incoerentes e contraditórias em função dos diferentes ensinamentos, afiliação a grupos conflitantes ou desejos contraditórios, mas, em geral, fazem a sua avaliação por associações afetivas ou por atitudes intelectualizadas, comportamentais ou balanceadas.

Enquanto as associações afetivas são respostas avaliativas baseadas em sentimentos evocados pelo objeto com poucos elementos cognitivos, as atitudes intelectualizadas são respostas com forte componente cognitivo em conjunto com o afetivo, porém ambas têm pouca ou nenhuma orientação comportamental. Por outro lado, as atitudes comportamentais são tendências para a ação em relação a objetos avaliados com um conteúdo cognitivo mínimo, e as atitudes balanceadas são respostas desenvolvidas com componentes cognitivos e comportamentais elaborados, suplementando os afetivos.

Para Baudrillard, na sua função concreta o objeto é a solução de um problema prático, porém, simbolicamente, representa uma solução imaginária às contradições entre a funcionalidade e as necessidades individuais. O consumo é um modo ativo de relação não apenas com os objetos, mas com a coletividade, já que é uma resposta na qual se fundamenta todo o sistema cultural. O consumidor interioriza no próprio movimento de consumo a instância social e suas normas, uma vez que ele é qualificado por seus objetos, que materializam suas necessidades e sua satisfação.

O modo cotidiano de uso dos bens constitui um sistema de significações, já que sua qualidade e seu valor de troca dependem dos domínios cultural e social. Dessa forma, o estilo de vida no contexto da cultura do consumo expressa a identidade das pessoas através de suas manifestações, atividades, padrões e hábitos que atuam como indicadores da sua individualidade. As pessoas escolhem seu estilo de vida independentemente de posição social ou renda e, normalmente, copiam o das classes sociais mais elevadas, mesmo sem renda compatível, de modo a se prepararem para fazer parte dessa classe social alta.

Este tópico se propõe a traçar o comportamento dos consumidores, por meio de formas de expressão relacionadas a valores pessoais como personalidade, ocupação, ciclo e estilo de vida e em como seus hábitos de vestuário, alimentação, moradia, transporte e de consumo refletem a sua identidade.

4.4.1 Os Hábitos do Vestuário

Os hábitos do vestuário passaram por grandes transformações no decorrer do tempo. Na Idade da Pedra Polida, quando começaram a se sedentarizar, os homens passaram a ornamentar o corpo com peles de animais enroladas, formando mantos, com um braço coberto e outro descoberto, torso nu e descalços, estabelecendo um código de vestir em que as classes mais favorecidas usavam túnicas longas ornamentadas com cintos de pedrarias, enquanto os mais pobres usavam túnicas curtas.

No Egito, usavam linho branco, túnicas compridas, largas, transparentes e drapeadas em cima de uma espécie de tanga e preocupavam-se com a higiene, tomando banhos e usando roupas limpas. Já na Grécia, os homens usavam roupas sobre o corpo nu, drapeados elaborados e panejamentos com bordados nas extremidades. Ambos os sexos usavam uma espécie de túnica de linho, curtas para os homens e longas para as mulheres, presas com broches e cintos.

Em Roma, a túnica era a roupa básica, curta para homens jovens e longa para os mais velhos e as mulheres. Os homens livres das classes dominantes usavam togas com panejamento, e a cor na barra demonstrava seu status social. Em Constantinopla, havia uma hierarquia rígida e as pessoas eram separadas por postos e funções no uso das vestimentas, que eram pesadas, compridas e com ornamentação excessiva; as cores fortes só podiam ser usadas por ricos, e o púrpura era usado apenas pela família imperial.

Já os povos bárbaros que invadiram Roma quando da queda do Império usavam várias túnicas sobrepostas de peles, couro e lã, além de calças longas atadas; as das mulheres eram longas, presas por broches e atadas por cintos com fivelas de discos ocos onde guardavam seus pertences.

Na Idade Média, época das Cruzadas e da ascensão dos senhores feudais, a roupa utilizada era uma túnica acima do joelho toda trabalhada, e o que diferenciava as classes sociais eram os tecidos e as cores. As mulheres usavam um vestido com corpete, saias e mangas amplas e panejamento até os pés, e os homens usavam túnicas mais curtas, todos com muita roupa, demonstrando um domínio da Igreja no vestuário.

No final da Idade Média, século XV, surge a moda diferenciando feminino e masculino, com vestimentas passageiras para desenvolver o culto à novidade. As roupas femininas eram camisolas de cintura alta e corte *evasé* com enchimento, e as masculinas eram as jaquetas, calções e *chemises* aparecendo por debaixo das roupas, refletindo a liberdade da época de formação dos Estados Nacionais e do espírito revolucionário.

Na Contra-Reforma, século XVI, época da perseguição religiosa e da Inquisição, apareceram o espartilho no corpo e o rufo – armação em gomos em volta do pescoço, e usavam-se muita roupa preta e acolchoados, transmitindo a idéia de rigidez e status social. Houve uma desconstrução da silhueta e as crianças eram vestidas como adultos em miniatura. Já no século XVII, o heroísmo influenciou a moda por causa do aparecimento na literatura do Gato de Botas e dos Três Mosqueteiros. A silhueta das mulheres foi restaurada, ficando mais solta e volumosa, com muitas fitas, rendas e babados, mudança para a gola alta e uso de salto alto, surgindo, com a construção de Versalhes, a sociedade de corte.

No século XVIII, a simplicidade inglesa das roupas de campo influenciou a moda, e as mulheres usavam armações laterais nos vestidos e apliques nos cabelos e os homens, perucas brancas para mostrar artificialidade. Já no século XIX, com a máquina de costura apareceram os recortes, bolsos embutidos, mangas com rendas e babados, fitas e laços e a volta do estilo império. Após a Revolução Francesa, acabou a artificialidade, e os governos adotaram medidas protecionistas para aumentar o consumo, proibindo as mulheres de repetirem vestidos e de importarem tecidos de algodão e musselina da Índia.

De 1820 a 1840, na época do romantismo, para aparentar fragilidade, a cintura voltou ao lugar, a gola caiu, a manga alargou e vieram os cachos nos cabelos. Já na *Belle Époque*, início do século XX até a Primeira Guerra Mundial, a arte misturou-se à moda, com o uso de rendas, decotes, saias em forma de sino e cintura afunilada. As mulheres entraram no mercado de trabalho, passaram a praticar esportes, a dirigir carros e a usar cabelos presos ou cortados *à la garçonne* por praticidade, de modo a não ficarem presos nas máquinas.

Em 1930, Hollywood começou a influenciar a moda, e as mulheres passaram a fumar em público, sair sem a figura masculina, e surgiu Madame Chanel, com tubinhos pretos, *tailleurs*, turbantes, pantalonas, pulôveres, ombreiras, cortes *godé* e *evasé* e as pérolas. Apareceram as roupas esportivas, as de banho de mar e as de dormir. Nos anos 1940, surgiram as roupas práticas para as mulheres que trabalhavam e que estavam participando da guerra, com chapéus, meias de náilon, sapatos de solado grosso e inspiração nos uniformes militares.

Nos anos dourados de 1950, do pós-guerra e do *baby boom*, as mulheres ficaram mais femininas, e apareceram a camiseta (*T-shirt*), o casaco de couro, a moda *prêt-à-porter*, as meias soquete, os conjuntos de Banlon, os vestidos-saco e as calças compridas e *cigarette*, estilo Audrey Hepburn. Já nos rebeldes anos 1960, dos Beatles, da revolução estudantil e da corrida espacial, apareceram Pierre Cardin, as butiques, *underwear* usado para fora, a minissaia de Mary Quant, as saias midi e máxi, estampas coloridas, grafismo, geometria e a *pop art*.

Nos anos 1970, do *flower power* e do *black power*, das túnicas indianas, do *patchwork*, da androginia de Twiggy e da contestação dos jovens surgiram as roupas inspiradas em fardas militares, o visual branco, Courrèges com suas formas geométricas, o metálico de Paco Rabanne, e a moda se democratizou tendo por ícone a primeira-dama americana Jacqueline Kennedy. O romantismo de Laura Ashley conviveu com a masculinização de Kenzo, surgiram o conceito de grife, a calça pata-de-elefante, os jeans e o *glitter* nos cabelos.

Nos anos 1980, foi a vez do culto ao corpo, de Jane Fonda com sua dieta, Armani e os *yuppies*. Houve uma adaptação do vestuário masculino para a mulher, apareceram Donna Karan, os japoneses Issey Miako e Yamamoto, a Comme des Garçons e Christian Lacroix. Nos anos 1990, de liberdade, surgiram a desconstrução da roupa, os acabamentos aparentes e os costureiros Alexander McQueen, Thierry Muggler e Jean-Paul Gaultier.

Segundo Lipovetsky, o que caracteriza o consumo moderno é o "efêmero" – a curta duração, o novo e o individual –, que rejeita o poder da tradição em favor do presente. As roupas e acessórios refletem os valores, as crenças e a imagem que as pessoas desejam projetar conscientemente em uma situação específica, e hoje em dia a maioria das pessoas segue mais um estilo do que tendências da moda. A personalidade e o meio social é que determinam o estilo de vida que vão adotar e a sua estrutura de consumo.

4.4.2 Os Hábitos Alimentares

Em todo o mundo, a culinária codifica significados e comer é um ato cultural transformador, uma forma de comunhão divina que funciona como um ritual para criar laços, transformar indivíduos, se diferenciar dos outros e mudar personalidades. Os significados atribuídos aos alimentos são convenções arbitrárias e socialmente funcionais estabelecidas sobre o seu uso, que ajudam a definir a identidade das pessoas através da criação de tabus relacionados às crenças coletivas para a sociedade se estabelecer. Os hábitos alimentares são inseparáveis do resto da cultura, interagindo com religião, moral e medicina e se conectando com as percepções espirituais e ideais de saúde e beleza.

As grandes fases da história da alimentação são as da invenção da arte de cozinhar, quando o homem se diferenciou da natureza e fez uma mudança social; da descoberta de que comida é mais que sustento e sua produção, preparação, distribuição e consumo geravam ritos e magias; da criação do gado, com a domesticação e criação seletiva de animais comestíveis; da agricultura baseada nas plantas, quando o homem deixou de ser nômade e se estabeleceu; do uso da comida como diferenciador social; do comércio de longa distância, que transformou os intercâmbios culturais; a ecológica; e a da industrialização do mundo "em desenvolvimento" dos séculos XIX a XXI.

O cozimento foi a primeira revolução que transformou a sociedade, pois o fogo passou a ser um local de comunhão onde todo o grupo social preparava as refeições em conjunto por causa da luz, calor e proteção contra os predadores, e comia ao seu redor, em um ritual de adesão social, criando um foco para a vida comunitária. Comer tornou-se um ato social que materializava as festividades humanas, uma vez que antes do fogo a caça era compartilhada entre as pessoas para ser comida separadamente pela comunidade.

Os métodos de cozinhar mais primitivos foram o cozimento com brasas, chamas vivas ou sobre pedras quentes, e o uso de pastas, temperos e caldos antes de colocar os alimentos na chama foi a primeira forma de culinária. A coleta, a caça e o pastoreio foram técnicas complementares desenvolvidas para a obtenção de comida, e a evolução da caça para a criação de gado aconteceu porque os homens começaram a descobrir animais que podiam ser consumidos sem grandes investimentos porque não competiam pela caça e não exigiam nenhum cuidado especial. Assim, a caça foi trocada pela criação de animais e a pesca, pela criação de peixes para evitar a extinção das espécies.

A agricultura implicou mudanças sociais e políticas, já que constituiu civilizações ao assentar o homem à terra para cultivar plantas comestíveis em substituição à coleta. Foi a primeira intervenção humana na natureza ao manipular, selecionar e transplantar uma grande variedade de plantas entre os ambientes como forma de obter alimentos em qualquer local em que habitasse. Na propagação da agricultura, os cereais, as raízes e os tubérculos exerceram grande influência porque eram transformados em alimentos básicos como pão, sopa, massas e bolo, mudando os hábitos de vida das populações.

Quando alguns poucos começaram a controlar mais recursos alimentícios que os outros, a comida passou a ser um significador de classe e uma medida de categoria social. Nos estágios iniciais, a diferenciação dava-se pela quantidade e não pela seleção dos pratos ou forma de preparação, mas a partir do cozimento as culinárias passaram a ser diferentes para as várias categorias sociais. O consumo conspícuo funcionava como gerador de prestígio e os banquetes dos governantes, como meios de distribuição de alimento segundo uma hierarquia de privilégios determinada pelos reis, reforçando alianças políticas e criando afinidades, seguidores e aristocracias próximas à família real. Os cardápios representavam os grupos de renda e eram marcados pela quantidade, variedade e delicadeza no preparo dos alimentos.

A alimentação passou a ser rodeada de ritos de polidez que variavam não só entre as classes, mas entre culturas. Em função do crescimento da culinária socialmente diferenciada, a profissão de cozinheiro ganhou status e prestígio, e os códigos de boas maneiras, a etiqueta da cultura e o comportamento à mesa ficaram mais importantes que a culinária como diferenciadores sociais e deviam ser aprendidos para ascensão social. As elites tinham dificuldade de impedir apropriações de comidas selecionadas pelos que queriam subir na vida, e gradualmente a diferenciação social passou a ser questão não só dos alimentos ingeridos, mas do modo de preparo.

A expansão marítima estimulada pela busca das especiarias ao descobrir novas civilizações provocou mudanças estruturais na alimentação, já que várias dietas tornaram-se acessíveis a todos. O intercâmbio comercial provocou a movimentação de produtos e mão-de-obra entre países e continentes, fazendo uma revolução demográfica. Por isso, os exércitos são grandes influenciadores da culinária, já que, ao entrarem em contato com outras culturas, reeducam o paladar e levam esses valores de volta para os seus países. Inicia-se a globalização dos hábitos alimentares com a ingestão de comidas provenientes de outras cozinhas internacionais como pizza, macarrão, purê de batata, hambúrguer e batata frita.

A mecanização da agricultura, o uso de fertilizantes, a industrialização, a refrigeração, o transporte e a distribuição dos alimentos revolucionaram os hábitos alimentares, já que a comida não precisava mais ser produzida próxima ao local de consumo, equalizando a dieta entre regiões e classes sociais. O comércio itinerante de lojas locais e supermercados – que combinam a escala de mercado ao juntar todos os produtos em um único local com a conveniência da loja – também contribuiu para multiplicar a disponibilidade de comida.

Várias sociedades antigas utilizavam técnicas de preservação dos alimentos, como refrigeração, secagem ao vento, cozimento, salga, fermentação, defumação e enlatamento, mas o congelamento revolucionou o mercado. O *fast food* e a comida congelada vieram para facilitar a vida da mulher que entrou no mercado de trabalho, reduzindo o tempo de preparo das refeições. Atualmente destinam-se à conveniência de comer fazendo outras atividades. A comida perdeu seu caráter social nos domicílios com microondas, revertendo a revolução culinária que tornou social o ato de comer ao aquecer refeições pré-preparadas em que cada um come o que quer, na hora que quer, e a família se fragmenta deixando de compartilhar as refeições.

As inovações na produção, no processamento e no fornecimento estimularam a emergência de um mercado globalizado dominado por corporações gigantescas que tiveram que adequar seus pratos aos gostos regionais e aos preconceitos culturais, devido à recusa das pessoas em perder a identidade da culinária local com o consumo de produtos padronizados. O foco dos consumidores está mudando do preço para a qualidade, e os métodos artesanais de produção e as comidas rápidas estão sendo substituídas por comidas naturais, com a ingestão de frutas, legumes e verduras, evitando gorduras e açúcar por causa das altas taxas de colesterol e da quantidade de obesos gerados pelo consumo de *fast food*.

Os hábitos das refeições variam de acordo com a época e os países. Atualmente, as pessoas tomam o café-da-manhã e jantam em casa e almoçam fora nos dias de semana quando estão trabalhando, e nos finais de semana fazem pelo menos uma refeição em restaurantes. Enquanto nos países latinos a refeição mais substancial é o almoço, nos Estados Unidos e na Grã-Bretanha é o café-da-manhã, e em países europeus é o jantar. Os americanos comem rápido e os franceses comem devagar para degustar a comida, permanecendo um bom tempo nos restaurantes. Quando os filhos não moram mais em casa, as refeições com a família na maioria dos países se restringem aos feriados mais importantes, como Natal e Dia de Ação de Graças. Nos países latinos, as famílias fazem refeições juntas também em aniversários e datas como Dia das Mães e dos Pais.

4.4.3 Os Hábitos de Moradia

Os padrões de assentamento são uma resposta arquitetônica ao ambiente físico, cultural e socioeconômico resultante da interação entre homem, cultura e meio ambiente. Como na pré-história os homens eram nômades, saindo em busca de comida para a sua sobrevivência, abrigavam-se em cavernas para se proteger do clima e dos animais. Quando começaram a se sedentarizar procurando um lugar para juntar a comida que recolhiam da natureza, surgiram as moradias pré-urbanas, que eram transitórias; depois, quando começaram a andar em bando e a formar tribos, vieram as temporárias, e só quando se fixaram passando a criar gado e a cultivar a terra é que elas se tornaram permanentes.

Juntamente com a alimentação e a procriação, a moradia é básica para a sobrevivência humana, e os meios de busca de alimentos vão refletir no tipo de moradia. A distribuição geográfica também vai revelar um padrão de assentamento congruente com o estágio de desenvolvimento socioeconômico da respectiva sociedade. Nos desertos tropicais, florestas e região ártica, as moradias eram temporárias, nas zonas áridas, as moradias eram sazonais e, nas regiões subtropicais ou temperadas, que tinham água apropriada para o cultivo agrícola, as moradias eram semipermanentes e permanentes.

O desenvolvimento das construções obedeceu a um plano que começou pelo círculo – dos homens pré-históricos e indígenas –, sofisticando-se até o retangular ou quadrado, devido à dificuldade do aumento do diâmetro para a expansão das construções circulares. No início, construíam-se grandes moradias comuns, uma vez que o coletivismo e a comunidade eram o estilo de vida essencial para a sobrevivência, mas, à medida que os métodos agrícolas se aperfeiçoaram, modificou-se a organização social de tribo para família estendida e depois conjugal, trocando o critério de sobrevivência para conforto, e o tamanho e complexidade espaciais passaram a ter a função de mensurar a afluência de vida.

As moradias das antigas sociedades urbanas orientais tinham pátio interno e jardim, comuns em sociedades dependentes de economia agrícola, em que os bens eram trocados entre os moradores para a harmonia de convivência. Todas as famílias voltavam suas portas para uma grande área interna comunitária, onde distribuíam a comida e faziam as refeições, e a parte externa era protegida primeiro por uma cerca de arbustos e depois pela expansão das próprias plantações de subsistência. Essas construções favoreciam a sociabilidade, a segurança e a privacidade e tinham fachada despretensiosa, diferentemente das moradias voltadas para fora, com entrada e jardim vistos por todos, falta de privacidade e ostentação, que privilegiavam a aparência exterior para refletir o status dos moradores.

No Oriente, tanto a casa quanto as cercanias do perímetro urbano manifestam uma disposição espacial que segue uma ordem hierárquica – áreas privativas das casas, semipúblicas das instalações da comunidade local e públicas onde ficam as instituições e transportes públicos. Os locais residenciais representam a comunidade e se baseiam em etnia, filiação religiosa ou grupos raciais unidos por ocupação, mas não representam grupos de renda homogêneos, pois ricos e pobres são servidos pelas mesmas facilidades comunitárias – igreja, escola e mercado.

A civilização urbana ocidental foi influenciada pelas orientais precedentes, mas as moradias urbanas não eram orientadas para dentro, não tinham pátio com jardim interno como ponto principal da vida familiar nem fachada despretensiosa, e os bairros residenciais eram segmentados por faixas de renda. A externalização das casas ocidentais começou na Idade Média, quando as famílias abandonaram a sua individualidade em prol da coletividade, construindo casas geminadas. Só no século XIX retornou a necessidade de individualidade, com a construção de casas separadas por classes, com fachadas que expressavam o gosto e a personalidade dos donos.

Na época medieval, por causa da segurança, as casas eram construídas no formato de torres, com janelas estreitas, entrada pelo andar abaixo do primeiro e escada retrátil para proteger contra invasores. Os castelos tinham fossos com água e animais perigosos, janelas em forma de fenda em todos os lados, e os pátios internos eram usados como áreas de serviço para carregar e descarregar mercadorias.

A Revolução Industrial trouxe uma degradação social e física para as cidades, que cresceram rápido demais para proverem a estrutura básica de serviços municipais aos seus moradores, especialmente os que vinham das áreas rurais à procura de emprego. Eles foram se agrupando em torno das fábricas, criando uma discriminação entre as classes altas e baixas, em que os mais ricos moravam em casas unifamiliares nos subúrbios, afastados da zona industrial. A vida na cidade começou a se deteriorar, com muitas famílias dividindo casas para poderem se sustentar.

A partir do século XVIII, com a separação entre as atividades domésticas e as de negócios, os locais de trabalho saíram de dentro das moradias urbanas, dividindo a cidade em áreas residenciais e comerciais. As casas na cidade representavam independência a seus moradores que moravam perto do trabalho e escola, mas eram menos privativas, mais econômicas e multifamiliares.

Após a Segunda Guerra Mundial, os americanos das classes mais altas mudaram-se em massa para os subúrbios, causando, por um lado, a deterioração das cidades e, por outro, a melhoria das vias de comunicação e dos meios de transporte, modificando o conceito de moradia e obrigando os governos a montar uma infra-estrutura básica com escolas, mercados e transportes para atender os subúrbios.

As pessoas expressam sua identidade pelo tipo, local, bairro e decoração de sua moradia. Tanto o estilo como a quantidade de móveis e objetos decorativos e a sua disposição refletem sua personalidade, valores e experiência de vida. Normalmente, escolhem bairros próximos aos da maioria do seu círculo social, já que têm estilos de vida semelhantes. Desse modo, alguns preferem morar na cidade, perto do trabalho, em condomínios, em apartamentos menores, e outros preferem casas maiores em bairros residenciais na periferia para terem melhor qualidade de vida e segurança.

Nos Estados Unidos e em alguns países europeus, os filhos moram com os pais até entrarem para a universidade, quando passam a viver sozinhos. Em outros países europeus e na América Latina geralmente eles moram com os pais até se casarem. Nas primeiras construções os banheiros eram fora de casa, mas atualmente quase todo quarto tem um banheiro privativo para dar mais liberdade aos moradores e a cozinha deixou de ser isolada por paredes, passando a ser integrada à sala para as pessoas poderem cozinhar e ao mesmo tempo conversar com os amigos.

Hoje em dia, a maioria das pessoas tem em casa aparelhos eletroeletrônicos de última geração de som e imagem, de informática, de ginástica e de segurança, e muitas moram em condomínios, apart-hotéis com infra-estrutura ou *lofts*, com os ambientes integrados.

4.4.4 Os Hábitos de Transporte

Ao observar que a madeira flutuava na água, para diminuir o esforço físico e o tempo, o homem passou a cortar troncos de árvores para descer os rios aproveitando a correnteza e, mais tarde, a amarrar vários troncos, colocando uma vela feita de pele de animal a fim de se deslocar com maior rapidez. Esse tipo de transporte marítimo foi evoluindo até chegar aos sofisticados navios de hoje em dia.

Ao mesmo tempo, o homem passou a utilizar cavalos e mulas como meio de transporte e inventou a roda, partindo para a utilização de carros sobre rodas, a exemplo das bigas dos romanos, para a melhoria da sua condução. No entanto, até meados do século XV, todos os veículos de tração animal tinham as caixas ligadas diretamente aos eixos das rodas. Foi somente a partir do Renascimento que surgiu na Europa um novo tipo de carro, o coche, com a caixa suspensa por correias de couro, sem contato direto com as rodas, e depois a berlinda, com dois varais lateralmente à caixa, tornando-a mais estável que o coche.

O carro de bois e as carroças eram o meio de transporte mais utilizado para deslocamentos de pessoas e carga pesada, particularmente no meio rural, e foram muito usados nos tempos coloniais. Já na Idade Média, usavam-se as diligências puxadas por parelhas de cavalos para cruzar vastas regiões levando viajantes. Só no século XIX é que surgiu a carruagem, que se mostrou mais cômoda que o coche.

Paralelamente, com a criação da máquina a vapor na Revolução Industrial, surgiu o trem, que permitia o deslocamento das matérias-primas para as fábricas de maneira rápida e eficaz, levando produtos e pessoas a regiões distantes, contribuindo para aproximar diferentes povos e culturas. Vilas e cidades nasceram e cresceram ao redor das estações ferroviárias. A primeira locomotiva surgiu para transportar materiais das minas de carvão entre as cidades da região, e a partir daí passaram a ser construídas linhas férreas entre essas cidades para o escoamento da produção, aperfeiçoadas depois para aumentar a velocidade e diminuir o tempo de transporte.

Ao longo dos anos, as ferrovias passaram do vapor para a eletricidade e ultimamente para os trens de grande velocidade – TGV –, contando com milhares de quilômetros de via férrea por todo o mundo para o transporte de passageiros e carga. Os trens passaram a trafegar por baixo da terra, com a construção dos metrôs, e da água, através de um túnel construído sob o Canal da Mancha. Por não interferir com o trânsito rodoviário, ser rápido e confortável, o metrô é o meio de transporte mais eficaz nas grandes cidades.

Uma das mudanças mais significativas da humanidade foi a substituição do uso do veículo de tração animal pelo automotor. O automóvel provocou uma transformação do comportamento social, representando o advento de uma nova era, e no início foi visto como objeto de luxo e símbolo de poder, liberdade e emoção. Popularizou-se nos Estados Unidos, confundindo-se com símbolos do *American way of life* como modernidade, consumismo, individualismo e mistura de alta e baixa cultura, e afetou as esferas moral, psicológica, política, social e econômica da vida humana. Aos poucos passou a ser objeto utilitário do cotidiano, influenciando a mudança social com efeitos sobre a distribuição da população, governo, saúde, moradia, família, valores, educação, sexualidade e linguagem.

Devido ao grande número de fabricantes no mercado, foi criado um sistema de produção em série pela Ford, nos Estados Unidos – o "fordismo" –, que produz em massa e agiliza ao separar e especializar tarefas, padronizar peças, consolidar a linha de montagem, integrar verticalmente a produção e automatizar, o que provocou a saída ou a mudança de outros fabricantes para voltarem para nichos do mercado específicos.

O automóvel está associado à representação do eu e ao individualismo, caracterizando-se como um objeto de desejo coletivo, religioso e de culto, que modificou o ritmo da vida cotidiana, assegurando a sensação de pertencimento a uma coletividade, bem como fomentando as diferenças e reafirmando as distâncias sociais. Ele passou a ser visto como uma exigência do mundo moderno, representando economia de tempo, utilidade, liberdade, independência e prestígio, inacessível ao grande público e associado ao consumo conspícuo, que proporciona status ao seu proprietário, organizando e legitimando diferentes formas de sociabilidade e simbologia na cultura dominante.

No entanto, não foi só por mar e terra que o homem progrediu em matéria de transporte e locomoção. A fim de agilizar ainda mais os meios de locomoção e observando os pássaros, o homem também criou os transportes aéreos, passando a voar em balões, planadores, helicópteros e aviões. Nos dias de hoje, a moderna aviação comercial leva centenas de passageiros de um país para outro em apenas algumas horas, e a ciência já propicia até viagens interplanetárias com o uso de naves espaciais.

A visão que as pessoas tinham dos automóveis modificou-se bastante, pois se na juventude usavam-no como extensão do corpo e revelador de sua personalidade e identidade, depois passam a vê-lo por sua utilidade. Sua escolha passou a representar um problema para os casais, já que os homens escolhem por potência e velocidade e as mulheres, pelo tamanho do porta-malas e durabilidade. Atualmente, as famílias passaram a ter dois ou mais carros, um usado pelas mulheres, outro pelos homens e outro pelos filhos.

4.4.5 Os Hábitos de Consumo

Os hábitos de consumo variam muito de acordo com época, lugar, grupos sociais e etapas da vida, e são constituídos basicamente pelos valores morais e éticos que as pessoas aprendem durante a vida, transmitidos pela família e pela escola e depois pelos grupos sociais com os quais vão mantendo contato. As pessoas fazem escolhas de acordo com sua personalidade, mas apoiadas nos valores culturais e sociais que receberam no processo de socialização. Quando mudam de ambiente ou ciclo de vida, modificam seus valores para interagir com os novos grupos sociais nos quais estão inseridas. Assim, a mudança do Brasil para a Inglaterra provoca mudanças nas atitudes e nos valores do migrante.

O progresso também traz modificações substanciais nos hábitos das pessoas, uma vez que introduz elementos novos na vida cotidiana, como aconteceu com o advento do carro, do rádio, do telefone, da televisão, do computador, do telefone celular e da Internet. Na Segunda Guerra Mundial, por exemplo, os meios de comunicação de massa estimularam o trabalho feminino para a manutenção da economia enquanto os homens lutavam, e no seu término incitaram ao consumo para recuperar o padrão de vida das famílias de antes da guerra.

A partir da geração do *baby boom*, a maioria dos casais divide as tarefas domésticas, acabando com a divisão de papéis em que os homens eram os provedores da casa e as mulheres, as responsáveis pela família e a administração do lar. As mudanças nos papéis sociais fizeram com que os homens passassem a fazer atividades domésticas e as mulheres a cuidar de problemas funcionais, como conserto do carro, provocando adaptação das lojas e mercadorias para envolvê-los com as compras não-habituais.

Devido ao número excessivo de bens de consumo como televisor, automóvel, computador e telefone celular, em que cada pessoa tem o seu, a maioria das atividades praticadas por elas vai ficando cada vez mais individual por causa da multiplicidade de escolha e das preferências. Outra mudança nos hábitos da família deu-se em função da portabilidade dos aparelhos eletroeletrônicos, que começou com a substituição do rádio por aparelhos de CD cada vez menores e, atualmente, pelo MP3, no qual se podem gravar milhares de músicas e levar para qualquer lugar.

Para Bourdieu, as preferências se organizam segundo a mesma estrutura fundamental que é a do espaço social, havendo uma valorização da organização social como definidora de gosto e estilo. As condutas de preferência das pessoas no que se refere ao vestuário, à alimentação, à moradia e ao transporte dependem do gosto individual, apesar de estarem ligadas à estratificação social.

A sociedade atual valoriza a moda e o culto da juventude e da beleza, sofrendo grande influência da mídia nos hábitos de alimentação e nos transtornos decorrentes, como bulimia, anorexia e obesidade. Há uma contradição entre um ideal de beleza com magreza e musculatura trabalhada e a realidade da vida sedentária, falta de exercício e ingestão de *fast food*. As pessoas passaram a fazer um investimento elevado em beleza em função do discurso social, da educação recebida e dos novos padrões divulgados pela publicidade.

Cada povo define as refeições mais importantes do dia segundo o período de trabalho e a distância da casa para o emprego. Assim, grande parte dos portugueses, espanhóis e italianos costuma almoçar em casa e tirar a sesta, que é um tempo de descanso depois. Já os americanos e ingleses tomam um café-da-manhã substancial e almoçam apenas um sanduíche no trabalho para não perderem tempo.

Os indivíduos também comem as suas representações sociais de saúde e a alimentação saudável cresce junto com o nível social, o estilo de vida e o grau de instrução, enquanto os gostos populares preferem alimentos mais substanciais e econômicos. No que se refere ao consumo de eletrodomésticos, o *freezer* passou a permitir a compra de congelados e o estoque de comida pela família, ao passo que o microondas, ao permitir que os pratos sejam esquentados individualmente, reduziu o número de refeições familiares.

As comodidades dos bairros não conseguem atender todo tipo de consumidor, então em geral eles fazem compras grandes mensalmente nos supermercados. As compras semanais fazem nas lojas do bairro em que moram ou trabalham na hora da saída do trabalho ou em horários de menor movimento, sozinhos, junto com a família ou com amigos. De forma geral, a maioria faz as compras habituais nas mesmas lojas, normalmente por fidelidade a um vendedor, que avisa sobre as novidades e guarda mercadorias do seu gosto pessoal e medidas. Eventualmente experimentam novas lojas por indicação de amigos ou atração por algum artigo exposto na vitrine.

A maioria dos consumidores faz as compras de vestuário nas lojas devido ao prazer de experimentar as roupas, mas compra os produtos básicos pela Internet ou por telefone para economizar tempo, pela facilidade e praticidade, variedade dos produtos e para evitar o consumo de supérfluos. O significado das compras depende do estágio de vida, da posição social e do humor no dia, podendo o consumo se dar por necessidade, castigo, terapia, entretenimento ou passatempo.

Devido à propaganda nos meios de comunicação de massa, grande parte das pessoas é consumista, usando as compras para curar frustrações e problemas domésticos e profissionais, particularmente as mulheres com artigos de vestuário e acessórios e os homens com equipamentos eletrônicos. Costumam freqüentar shopping centers que reconhecem como lugares facilitadores, já que têm estacionamento e podem resolver todas as necessidades, inclusive de alimentação, na medida em que concentram lojas com todos os tipos de produtos, serviços e preços. Por outro lado, freqüentam as lojas de bairro para compras costumeiras e as lojas de marcas para produtos exclusivos, que os diferenciem dos demais.

Grande parte das pessoas costuma ter comportamentos diferentes de acordo com os outros, sendo abertas e simpáticas com conhecidos e polidas e reservadas quando não têm intimidade. Hoje em dia, um grande diferencial dos padrões de consumo é a preocupação com a saúde, como o uso de remédios homeopáticos e fitoterápicos, de terapias alternativas e a vigilância sobre o estado de conservação e higiene dos produtos. Também se preocupam e com a origem das mercadorias como a fabricação sem utilização de mão-de-obra escrava dos países menos desenvolvidos ou por empresas que tenham programas de responsabilidade social.

CAPÍTULO 5

As Formas de Expressão dos Consumidores

"Morre lentamente quem faz todo dia o mesmo percurso."
Pablo Neruda

A percepção das atitudes dos consumidores depende do conhecimento das condições que as ativaram como os atributos dos objetos e a motivação e crenças que os levaram a determinados comportamentos. Em geral, os indivíduos avaliam os outros pelo que consomem e acreditam que a probabilidade de sucesso no desempenho de um papel aumenta quando seus valores são perfeitamente representados pelos produtos que usam.

Todo grupo humano que vive em sociedade adquire alguns comportamentos comuns que expressam as suas crenças – a que se chama cultura – que vão agrupá-los em classes sociais através da determinação de padrões de consumo baseados em status e estilo de vida, de forma a manter os seus sistemas de valores. Assim, enquanto na classe alta há diversidade na estrutura de consumo, na classe média há preocupação com símbolos de status e na classe baixa procura-se apenas a gratificação imediata com o usufruto dos objetos.

Ao longo dos anos, com a evolução social, foram se modificando as noções de família, as formas de aprendizado e as ocupações das pessoas e, conseqüentemente, seus valores culturais e avaliações sociais. Assim, quando o ser humano decidiu deixar de ser nômade, fixando-se à terra e dedicando-se à agricultura, mudou não apenas a sua alimentação, mas sua língua, costumes, padrões, atividades e hábitos, na medida em que todas as formas de expressão estão inter-relacionadas.

Os indivíduos se expressam através de um conjunto de sistemas que formam a sua identidade, constituído por arte, religião, linguagem, atividades, educação, aparência, comportamento sexual, vestuário, alimentação, moradia, locomoção e consumo. Desse modo, os consumidores vão se revelar através da língua que falam, do tom de voz e do vocabulário que usam, de expressões faciais e atitudes que adotam, assim como pelas preferências artísticas, crenças religiosas, linguagens, profissões, lugares que freqüentam, atividades que fazem, roupas que vestem, alimentos que comem, casas em que moram, transportes que usam e suas compras.

Os movimentos marginais que surgem em diferentes épocas e situações foram formas de expressão que tiveram um papel significativo na formação da identidade dos consumidores ao romperem com as regras vigentes na sociedade e com hábitos, ideologias e comportamentos da cultura dominante. Podem ser culturais – quando mais atrelados à cultura e classes; sociais – quando ressaltam a família e grupos de referência; psicológicos – quando ligados às percepções e crenças; e pessoais – quando se referem à personalidade e estilo de vida.

Essas formas de expressão vão definir a estrutura de consumo das diversas classes, na medida em que determinam seus códigos de pertinência e exclusão de um grupo social e têm por objetivo a transformação dos valores e comportamentos ao provocarem a ruptura ideológica do *establishment* com propostas nas esferas cultural – novas formas religiosas; social – novas famílias; psicológica – novas maneiras de ser; e pessoal – novos estilos de vida. Ao analisar alguns deles como os burgueses, os *hippies*, os *beatniks* e os *yuppies*, pode-se entender melhor as inúmeras variáveis que afetaram o comportamento dos consumidores, já que o consumo desses grupos sociais é totalmente aderente aos seus ideais e modos de vida.

5.1 MOVIMENTOS CULTURAIS – PROTESTANTES, BURGUESES, EXISTENCIALISTAS, EVANGÉLICOS

Como os valores culturais são centrais na vida das pessoas, as expressões de diferenciação ocorrem primeiro nas manifestações culturais, que estão atreladas às ideologias, normas, valores e padrões de comportamento que vão ser questionados.

Alguns movimentos pregaram a libertação de instituições tradicionais como família e religião, pondo em xeque valores centrais da cultura ocidental com o intuito ou de reformar a Igreja ou de criar uma nova classe social ou filosofia de vida em decorrência de uma grande mudança das manifestações artísticas, religiosas e de linguagem. Para exemplificar como características de uma época geram comportamentos de consumo específicos, escolhemos formas de expressão que caracterizamos como basicamente culturais, como a dos protestantes, dos burgueses, dos existencialistas e dos evangélicos.

5.1.1 Os Protestantes

A Reforma Protestante surgiu na Idade Média para questionar a natureza da Igreja e a autoridade do papa e dos concílios, e buscava a liberdade de pensamento. Foi deflagrada por grupos religiosos cristãos da Europa Ocidental que romperam com a Igreja católica romana por influência de Martinho Lutero, por discordarem de sua doutrina, particularmente do poder dos príncipes e da venda de indulgências.

Lutero e os demais reformadores fundamentaram a doutrina protestante na idéia da salvação pela fé, reconhecendo a palavra de Deus das Sagradas Escrituras como única autoridade para resolver problemas do ser humano sem nenhuma mediação da Igreja.

A propagação do protestantismo pela Europa, Ásia, África e América e a multiplicidade de doutrinas ao longo de sua evolução deveram-se à associação da espiritualidade com um trabalho missionário e assistencial dos pastores para solucionar os problemas morais e sociais dos homens.

O homem passou a ser o centro do universo, daí a moda diferenciar o vestuário masculino do feminino, das vestimentas soltas para dar liberdade de movimentos e o estabelecimento das leis suntuárias, determinando o tipo de roupa de cada classe social.

As igrejas foram fundadas por missionários que trabalhavam no plantio e intercâmbio de alimentos, daí o desenvolvimento do transporte urbano, das estradas e da rede ferroviária para transporte e escoamento da produção agrícola para as cidades portuárias. As moradias eram simples e voltadas para a comunidade.

Os protestantes normalmente se reuniam na igreja aos domingos, viviam de forma simples, sem supérfluos, luxo ou ostentação, e seu consumo era funcional, restringindo-se aos bens necessários à sua existência.

5.1.2 Os Burgueses

A emergência dos burgueses como classe social ocorreu em decorrência das Cruzadas com a expansão marítima e o fortalecimento da vida urbana. A expansão do comércio e da indústria criou novas oportunidades de trabalho, atraindo os servos para as cidades e contribuindo para o seu desenvolvimento. Os burgueses criaram universidades, formaram comunidades científicas e sustentavam os reis, as igrejas e a nobreza.

As roupas dessa época tinham uma função simbólica e diferenciavam as classes sociais, principalmente pelos tecidos e cores. Devido à influência da Igreja, as mulheres usavam vestidos com corpete próximo ao corpo, saias amplas e panejamento até os pés.

Por causa das rotas comerciais e do contato com outras civilizações, mudaram as formas de alimentação com a introdução das especiarias e outros alimentos do Oriente que tornavam as refeições mais criativas com carne de caça coberta com molhos e sopas.

A arquitetura teve grande desenvolvimento, renovando o material e tornando as formas mais funcionais a fim de facilitar e integrar a vida dos homens.

Surgiu um novo tipo de transporte de tração animal, o coche, e o comércio foi responsável pelo desenvolvimento urbano, pela introdução de um novo modelo de vida com novas relações e status social e pelo consumismo dos burgueses, que também sustentavam o consumo da nobreza através de doações e pelo casamento.

5.1.3 Os Existencialistas

Os existencialistas seguiam uma corrente filosófica e literária criada por Sartre que destacava a liberdade individual, a responsabilidade e a subjetividade, considerava cada homem um ser único e mestre dos seus atos e destino, afirmava a precedência da existência sobre a essência e questionava a natureza da existência humana sobre quem somos, o que fazemos, para onde vamos e quem nos move.

Os conceitos básicos da filosofia eram a escolha, o livre-arbítrio, a irracionalidade das coisas e as conseqüências das decisões. Segundo os existencialistas, o homem estava condenado a ser sozinho e livre, e as regras sociais resultaram da tentativa dos homens de limitarem suas próprias escolhas, pois quanto mais estruturada, mais funcional é a sociedade. Por isso, eram favoráveis a formas rígidas de governo como o comunismo, o socialismo e o fascismo, na medida em que facilitam alcançar a funcionalidade.

Os existencialistas vestiam muita roupa preta, as mulheres usavam blusas soltas, calças *cigarette*, cabelos soltos e muita maquiagem, especialmente nos olhos, enquanto os homens usavam casacos de couro, jeans e brilhantina nos cabelos.

Como a maioria deles era boêmia, bebiam muito uísque e alimentavam-se das comidas servidas nos bares que freqüentavam, sem preocupação com saúde. Moravam em apartamentos simples, perto dos bares que freqüentavam, decorados com móveis recolhidos das ruas, quadros e esculturas seus e dos amigos e estantes improvisadas com muitos livros e discos. Também nas suas casas as artes eram o centro das atenções.

De forma geral, os existencialistas não eram muito de consumir roupas, mas sim livros, discos e todas as formas de manifestação cultural, uma vez que pautavam sua vida pela arte e pela cultura, fazendo reuniões habitualmente para discutir filosofia e literatura.

5.1.4 Os Evangélicos

Os evangélicos são protestantes do ramo neopentecostal que contestavam alguns princípios do protestantismo e do catolicismo, adequando-os, de acordo com a abrangência de cada igreja, a um modo de pensamento local ou comunitário. Adotam a Bíblia como único livro divinamente inspirado e rejeitam reivindicações humanas de revelações que contrariem a Bíblia.

A igreja evangélica tem tido um grande desenvolvimento devido à pregação dos pastores que apresentam um Deus sem ira e motivam seus seguidores com conceitos de psicologia que estimulam a proatividade e a responsabilidade dos homens por seus atos.

Vestem-se com roupas escuras e fechadas, e as mulheres não podem usar calças compridas nem mostrar qualquer parte do corpo. Entretanto, as novas Igrejas evangélicas admitem certa liberdade no vestuário para acolher artistas e marginalizados.

Seguem uma alimentação mais natural, com frutas, verduras, legumes e fibras e bastante água, e não ingerem bebidas alcoólicas. As construções arquitetônicas das igrejas são simples, privilegiam uma área comum para reunião e festas da comunidade para as pessoas poderem se conhecer e conversar. As casas têm cores claras e poucos enfeites.

Os evangélicos com nível de renda mais baixo usam transportes coletivos como trem, ônibus e metrô e carros simples e os de renda elevada utilizam veículos luxuosos.

Os pastores evangélicos falam uma linguagem coloquial próxima do povo, pregam para "tribos" como surfistas, skatistas e artistas, segmentaram seu público entre jovens e idosos e aprimoraram técnicas de gerenciamento das igrejas. De forma geral, primam pelo tradicionalismo e simplicidade, pelos objetos, roupas e alimentos caseiros, e são contrários ao consumismo, privilegiando as relações e a responsabilidade social.

5.2 MOVIMENTOS SOCIAIS – *HIPPIES*, PUNKS, ESTUDANTES, PATRICINHAS & MAURICINHOS

Os valores sociais são adquiridos tanto através de instituições tradicionais como a família e escola como de grupos sociais dos quais as pessoas fazem parte, que estabelecem normas, conhecimentos e técnicas em torno dos quais os indivíduos vão condensando opiniões e atitudes baseadas nas experiências anteriores. Essas crenças vão formar sua identidade, ao determinar sua personalidade, estilos de vida e comportamentos.

Ao entrar em contato com grupos sociais, as pessoas desempenham papéis e assumem posições sociais que vão se modificar cada vez que se relacionarem com um novo grupo, representarem um novo papel ou mudarem de posicionamento na escala social. Elas vão incorporar alguns valores do novo grupo e descartar outros com os quais não mais se identificam, por isso é que alguns valores sociais são centrais – ligados à personalidade – e outros são temporários – variam de acordo com a comunidade da qual fazem parte. Para exemplificar a geração de comportamentos de consumo específicos com formas de expressão que caracterizamos como basicamente sociais, escolhemos os *hippies*, os *punks*, os estudantes e as patricinhas & mauricinhos.

5.2.1 Os *Hippies*

Os *hippies* eram jovens que discordavam do *American way of life*, negando o capitalismo, o nacionalismo e a guerra e abraçando aspectos simbólicos das religiões orientais como a meditação. Percebiam o paternalismo governamental, as corporações industriais, o consumismo e os valores sociais tradicionais da classe média americana como parte de um *establishment* que não tinha legitimidade social.

Buscavam todo tipo de prazer para satisfazer seu hedonismo, por isso tocavam e escutavam música, geralmente rock e blues, e abusavam de drogas, bebidas e da prática do amor livre para aguçar sua percepção e instintos. Privilegiavam o bem-estar da alma e do indivíduo, eram pacifistas e lutavam contra injustiças sociais, tendo feito a maior manifestação pacífica de todos os tempos – o festival de rock de Woodstock – onde mais de 500 mil jovens ouviram música durante três dias sem nenhuma violência.

A partir de Woodstock, o mundo percebeu os propósitos dos *hippies* de modificação do sistema social, ética e valores por meio de uma atitude de vida de "paz e amor", com a proposta de um conceito diferente de família e de comunidade. Muito do estilo *hippie* tornou-se parte da cultura principal, porém com pouco da sua essência.

Usavam roupas de inspiração indiana, cores brilhantes, calças boca-de-sino, batas e camisas tingidas, sandálias, jóias orientais e eram identificados facilmente porque não só se vestiam como se expressavam com um estilo incomum.

Viviam em comunidades em que praticavam a agricultura de subsistência, alimentando-se de frutas, verduras e legumes que plantavam em hortas domésticas, sem o uso de agrotóxicos, em que todos eram responsáveis pelo plantio e pela colheita e nada era vendido, mas trocado entre os membros da comunidade. Geralmente usavam produtos macrobióticos e integrais, faziam o seu próprio pão e não comiam carne vermelha.

Moravam em fazendas rurais alternativas ou em casas rústicas coloridas na cidade, com móveis aproveitados do lixo das ruas. Andavam a pé, de motocicleta e em carros de modelos mais antigos que pintavam com flores e cores fortes e brilhantes.

Todo o consumo dessa época foi influenciado pelas cores, estampas e estilo indiano quando se fala em vestuário e moradia, pela comida natural, grãos integrais, legumes e verduras, em termos de alimentação, e por simplicidade quando se fala em transporte e hábitos de consumo, pois eram contra o consumismo.

5.2.2 Os *Punks*

A cultura *punk* visava reformular os costumes e ideologias da sociedade, opondo-se ao Estado, às instituições religiosas, às grandes corporações capitalistas e à mídia tradicional. O conceito passou a designar uma tribo urbana que era contra o machismo, a homofobia, o nazismo e as lideranças e a favor da liberdade individual e amor livre. Eram anti-sociais, irônicos e sarcásticos e desprezavam as ideologias sociais, políticas e morais, valorizando a filosofia do "faça você mesmo", com a reutilização de símbolos de conhecimento geral em um novo contexto de crítica social.

A produção cultural rompeu com o distanciamento entre artista e público e primava pela simplicidade, autonomia e subversão da cultura comercial e afirmação de uma personalidade e estilo. Produziam arte e publicações alternativas como os *fanzines*, que se tornaram símbolos do movimento, com seu senso de humor ácido, estilo visual grosseiro e deboche dos valores políticos, morais e culturais. Seu espírito renovador acabou por modificar todo o comportamento, moda, símbolos e códigos de comunicação, expressões lingüísticas, poesia, estilo musical, design, artes plásticas e cinema da época.

A moda *punk* era deliberadamente contrastante com a vigente, com elementos contestadores ou ofensivos aos valores socialmente aceitos como simbolismo de sua ideologia libertária e anarquista. Negavam qualquer tipo de modismo, aceitação social, comércio e aparência, preferindo empregar o termo estilo para significar a "roupa como afirmação pessoal". Misturavam peças tradicionais como ternos, camisas e vestidos com itens sadomasoquistas, pregos, rasgos e retalhos, e combinavam calças pretas justas ou jeans rasgados com jaquetas com mensagens inscritas nas costas, coturnos e cabelo tipo moicano colorido e espetado para dar uma aparência desleixada.

Bebiam cerveja e vodca e alimentavam-se com *junk food*, como hambúrguer, cachorro-quente e fritas, na medida em que contestavam a alimentação considerada saudável pela sociedade. Moravam em locais considerados alternativos, como o East Village em Nova York, e suas casas eram pintadas de preto ou de cores diferentes do usual, como roxo e vermelho. Utilizavam as motocicletas como meio de transporte.

O estilo *punk* baseava-se na música, na moda e no comportamento com o intuito de reviver a cultura rock'n'roll de músicas curtas e dançantes e de culto à juventude, diversão e rebeldia. Eram contra o consumismo da sociedade e tinham um tipo de comportamento, inclusive o de consumo, muito semelhante ao dos *beatniks*, com reaproveitamento de tudo o que era considerado lixo pelos outros grupos sociais.

5.2.3 Os Estudantes

O movimento de Maio de 1968 na França começou como um protesto estudantil de jovens radicais da classe média aos quais se juntou a classe trabalhadora para decretar uma greve geral e que paralisou a economia do país por mais de duas semanas. Os estudantes provocaram conflitos de rua e uma onda de ocupações de universidades por toda a França, boicotando as aulas em protesto contra o conteúdo reacionário das matérias, a infiltração de policiais nos campus, a brutalidade da repressão policial, a guerra do Vietnã e as políticas imperialistas dos governos francês e americano.

Os estudantes fizeram ações conjuntas com os trabalhadores, conclamando a instituição de conselhos operários, a abolição da sociedade de classes, a derrubada do governo e mudanças políticas radicais. O movimento de protesto expandiu-se para uma greve geral que se espalhou para outras cidades e teve conseqüências além das fronteiras da França. Marcou o início de levantes sociais na Europa e nas Américas com a derrubada dos governos fascistas de Portugal e Espanha, a derrota do governo conservador da Grã-Bretanha e a renúncia dos presidentes De Gaulle, da França, e Nixon, dos Estados Unidos.

Os estudantes usavam roupas simples como tênis, jeans e camisas brancas como os trabalhadores e passaram a usar as camisetas não mais como roupa de baixo, mas para o lado de fora. Houve uma democratização da moda e a simplificação do vestuário feminino com a criação da roupa *prêt-à-porter* – pronta para vestir – por Pierre Cardin, na França, e da minissaia por Mary Quant, na Inglaterra.

Foi um período em que houve um *boom* do *fast food*, em especial de sanduíches, pizza e refrigerantes, particularmente a Coca-Cola, assim como de arquitetura moderna e construções no estilo Bauhaus. Os meios de transporte mais utilizados eram as bicicletas e motonetas, assim como o transporte público.

Foi um período em que o comportamento de consumo foi pautado principalmente pelos jovens, com suas ideologias liberais e libertárias, que desconheciam as diferenças de classe social e privilegiavam os grupos sociais.

5.2.4 As Patricinhas & Mauricinhos

Patricinha & mauricinho são gírias brasileiras para designar adolescentes que têm preocupação excessiva com boa aparência, freqüentam os lugares da moda e andam em grupos com outros que compartilham os mesmos ideais e valores. São extremamente consumistas e gastam muito dinheiro para manter um padrão. Nos Estados Unidos, os equivalentes são as *preppies* e os *frat boys* que são populares porque fazem parte de irmandades, fumam cigarro ou maconha, ouvem música de rap e metal e costumam jogar futebol no colégio ou fazer parte das *cheer leaders*.

Sentem-se mais importantes que os outros, falando alto nos seus telefones celulares, a maioria do tempo sobre besteiras. Seus *hobbies* incluem esportes como golfe, remo e tênis, onde querem ser vistos. São os futuros *yuppies*.

Vestem-se com roupas de etiquetas famosas, usam jeans, camisetas sem manga, roupas com brilho e andam sempre na última moda. Alimentam-se basicamente de *fast food*, especialmente hambúrguer e pizza, comendo em sanduicherias e pizzarias sofisticadas. Tomam cerveja, *milk shake* e refrigerante.

As moradias dessa geração são normalmente casas no estilo mediterrâneo, na cor branca, com decoração *clean*, móveis de madeiras claras ou aço escovado, espelhos e aparatos eletrônicos. Dirigem veículos utilitários esportivos de porte avantajado, fabricados a partir de chassis e com design semelhante ao das caminhonetes.

As patricinhas & mauricinhos são consumistas, e compram sempre as últimas novidades do mercado em todas as esferas, ou seja, tanto no vestuário como decoração das casas e carros, e também fazem todas as dietas da moda.

5.3 MOVIMENTOS PSICOLÓGICOS – BOÊMIOS, *BEATNIKS*, MOTOCICLISTAS, ZEN

Os valores psicológicos das pessoas são motivações e sentimentos em relação a objetos sociais aprendidos no processo de assimilação cultural que afetam os seus comportamentos. São situacionais, já que se modificam ao longo do tempo, e são externalizados sob a forma de crenças e atitudes. Ambas atuam na personalidade das pessoas, provocando um movimento em direção ao consumo de objetos e idéias. No entanto, enquanto as crenças são provenientes da internalização dos valores culturais e sociais, as atitudes são adquiridas através do processo de socialização.

A fim de exemplificar como as formas de expressão geram comportamentos de consumo voltados para a percepção, sentimentos e crenças das pessoas, escolhemos manifestações intimistas como os boêmios, os *beatniks*, os motociclistas e os zens, que classificamos como psicológicas.

5.3.1 Os Boêmios

Os boêmios eram vistos na sociedade como estranhos e diferentes porque levavam a vida sem seguir padrões convencionais de comportamento, na medida em que o sentimento e a imaginação controlavam as suas vidas na maior parte do tempo e, por isso, passavam as noites se embriagando nos bares. Não tinham regras ou disciplina e eram incapazes de parar em qualquer emprego ou de constituir e sustentar uma família porque não se importavam com dinheiro e realidade. A maioria deles vivia reclusa em casa quando não estava nos bares e gastava seu tempo para criar arte, música e literatura.

Os boêmios tinham estilos de vida alternativos, normalmente eram criativos e otimistas, embora muitas vezes ficassem depressivos, gostavam de música, arte e literatura e tentavam viver pelos ideais da verdade, liberdade e amor.

Gostavam de misturar roupas e diferentes estilos, com um descaso planejado pela aparência. Normalmente usavam jeans, camisas brancas e camisetas com mocassins. Apreciavam as bebidas alcoólicas, em especial as destiladas, como uísque e vodca, e costumavam alimentar-se nos bares e botequins que freqüentavam, geralmente com frituras e tira-gostos, na medida em que se preocupavam mais com a bebida do que com a comida.

Suas casas, quando moravam sozinhos, eram mais desleixadas, com livros e peças de arte espalhados em desordem, já que o centro de suas vidas estava nos bares e botequins que freqüentavam tanto que moravam perto deles. Costumavam ir a pé ou de táxi aos lugares de modo a poderem beber tranqüilos.

Em geral, os boêmios estavam mais voltados para a arte e a cultura, assim como os existencialistas. Dessa forma, todo o seu consumo era direcionado para atividades culturais, que incluíam idas a shows, cinema, livrarias, exposições e concertos e aos bares e botequins para debater com os amigos sobre filosofia, literatura e arte.

5.3.2 Os *Beatniks*

Os *beatniks* foram a semente do movimento *hippie*. Eram jovens intelectuais inquietos que buscavam liberdade, emoções e sensações novas e rejeitavam o estilo de vida superficial dos pais, que valorizavam o consumismo e a tecnocracia. Queriam modificar a sociedade lutando pelos direitos dos indivíduos, criando um mundo baseado no amor e na arte. Eles transformaram os valores da época estimulando os jovens a contestar as crenças que receberam dos pais e da escola, engajando-se política e socialmente em favor da paz, da justiça social, da preservação do meio ambiente e da aceitação da diversidade racial e cultural.

O principal objetivo dos *beatniks* era fazer a sua própria revolução cultural através da literatura, estimulados pelo jazz, drogas e sexo livre e as aventuras das viagens que faziam de carona pelo país deles. Dedicavam-se à literatura como estilo de vida, adotando os comportamentos e concepções de vida presentes nos livros que transformavam seu cotidiano. Suas produções literárias eram fruto de experiências reais, estimuladas pelo desregramento dos sentidos com o uso de bebidas e drogas e de uma vida sexual promíscua. Eles promoveram a maior abertura social e cultural da história recente, e suas principais contribuições para a literatura foram a maneira solta de escrever, sem regras, com o uso de gírias, ritmo fluente, imagens oníricas e improviso.

Vestiam-se como os motociclistas e os *hippies*, com jeans, camisetas, casacos de couro e botas, uma vez que gostavam de viajar de moto pelo país e como ficavam na estrada uma boa parte do tempo, costumavam se alimentar com *fast food*, como sanduíches e sorvete, e bebiam cerveja com freqüência.

De forma geral, moravam em *trailers* ou em *vans*, nas quais também viajavam, ou em apartamentos com móveis arranjados, recolhidos do lixo das ruas. Os meios de transporte mais utilizados por eles eram a motocicleta e carros velhos, com *trailers* ou *vans*. Como contestavam o estilo de vida dos pais, eram totalmente contrários ao consumismo, comprando o necessário para viver, além de bebidas alcoólicas, drogas e cigarro.

5.3.3 Os Motociclistas

Os primeiros motociclistas eram jovens alternativos que pertenciam à nobreza, às classes mais altas e ao mundo artístico. Formavam uma tribo com características bem diferentes e criaram motoclubes e associações em todos os países do mundo, promovendo encontros nacionais e internacionais, quase todos os fins de semana do ano, com o objetivo de fazer amizades, curtir a natureza e conhecer as novidades do mercado. Seu comportamento mudou tanto quanto a mecânica das motos, e se no início seu perfil era de aventura e rebeldia sem causa, quando o veículo começou a ter um caráter utilitário, passaram a ser comportados na direção, usando capacete e respeitando as leis de trânsito.

O perfil do motociclista também mudou bastante e atualmente, aproximadamente 80% têm entre 30 e 60 anos; a maioria deles não é baderneira e utiliza os encontros patrocinados pelas associações para confraternizar e fazer novos amigos. Sempre tiveram uma moda diferente por causa da proteção contra o vento, chuva e tombos, e costumam usar botas, jeans ou calças de couro e jaquetas de couro, em geral pretos.

Assim como os *beatniks*, eles passam uma boa parte do tempo na estrada e, por isso, também costumam beber cerveja e se alimentar de *fast food*, como sanduíches, frituras e sorvetes. Geralmente moram em *trailers* ou em *vans*, uma vez que são nômades e não gostam de se prender a nenhum lugar. O consumo dos motociclistas está totalmente direcionado para as suas motos e acessórios, tanto do veículo como de vestuário.

5.3.4 Os Zens

Ser zen é uma atitude, um estilo e uma filosofia de vida, mas a sua essência é uma religião e a meditação. Os zens adotam uma atitude mental de desconhecimento para tentar ver a vida como ela é, sem fantasias, predisposições ou preconceitos, aceitando a vida e a morte como fenômenos naturais que caracterizam uma fase da matéria. Vivem sem esperar nada mas preparados para tudo, fazendo bem-feito uma coisa de cada vez, no seu turno, colocando mente e corpo inteiramente nessa atividade.

A atitude zen implica que cada um e todos tomem seu destino e o dos outros nas próprias mãos, responsabilizando-se pessoalmente por tudo o que acontece. A prática com objetivos espirituais está muito além da meditação como técnica, já que se baseia na transmissão de iluminação e em manter a mente relaxada e aberta.

As pessoas que adotam uma filosofia de vida zen normalmente se vestem com roupas folgadas, túnicas do tipo indiano, saias compridas e calças-pijama, sandálias ou sapatilhas, e não estão preocupadas com moda, mas com bem-estar e auto-satisfação.

Também por causa da qualidade de vida, alimentam-se com produtos naturais, com muitas frutas, legumes e verduras, grãos integrais e fibras. A maioria não come carne vermelha, e alguns não comem nenhum tipo de carne de animal.

Geralmente moram em casas próximas à natureza, com muitas plantas, decoradas com almofadas, velas e objetos indianos, e não permitem que ninguém entre calçado na sua moradia. Costumam andar e fazer muitos passeios a pé ou de bicicleta, mas também utilizam carro e transporte público.

Como o estilo de vida zen é também alternativo, observa-se que, embora diferente dos demais, o seu comportamento de consumo também é contra o consumismo, ao mesmo tempo em que pagam caro por produtos orgânicos, especialmente de empresas politicamente corretas e que não destruam a natureza.

5.4 MOVIMENTOS PESSOAIS – ROQUEIROS, *YUPPIES*, *DARKS*, MAROMBEIROS

No processo de formação da personalidade, as pessoas assimilam os valores culturais, que constituem a sua base, e vão adquirindo outros valores durante os seus ciclos de vida, o que explica o fato de os *hippies* dos anos 1960 terem se transformado nos *yuppies* dos anos 1980, trocando "flores, paz e amor livre" por "relógios Rolex, carros esportivos e individualismo". Os estilos de vida modificam-se de acordo com o status e a ocupação que as pessoas vão exercendo e podem ser escolhidos de forma independente das posições sociais, idade ou renda, já que elas os adotam para conquistar uma nova posição.

No contexto da cultura do consumo, vão ser expressos através da postura e discurso, mas principalmente por seus hábitos de vestir, comer, morar, se locomover e comprar, que formam a identidade dos consumidores. Para Campbell, o consumismo moderno caracteriza-se pelo lugar que a emoção e o desejo ocupam na subjetividade das pessoas, fazendo com que procurem mais gratificação do que satisfação de necessidades.

Como os movimentos dos roqueiros, *yuppies*, *darks* e marombeiros estão associados a características de personalidade e estilos de vida, uma vez que demonstram uma preocupação clara com a imagem e com o outro, os utilizamos aqui para exemplificar como essas formas de expressão pessoais geram comportamentos de consumo.

5.4.1 Os Roqueiros

Os roqueiros são jovens que gostam do rock, gênero musical que mistura ritmos da música negra como blues e jazz à melodia dos brancos, como o country e o folk, com linguagem simples e apoiada em ritmos acelerados que incitavam à dança e que desde o início esteve ligado à transgressão. O rock influenciou o modo de vida dos americanos e ingleses com suas letras poéticas e políticas e que adotou o polêmico *slogan* "sexo, drogas e rock'n'roll. O rock evoluiu ao longo do tempo, dos rebeldes bem-vestidos que substituíram a música negra misturando elementos de vários estilos musicais à influência dos ritmos jamaicanos, que falavam sobre problemas do cotidiano e dos ideais de paz e amor dos jovens.

Normalmente, os roqueiros usavam jeans, jaquetas de couro, botas e adereços como anéis e cordões, e no verão costumavam usar bermudas, camisetas e sandálias. Eles também faziam parte da geração que costumava beber muita cerveja e se alimentar com comidas de *fast food* como sanduíches, frituras, pizzas e sorvete.

Como os roqueiros americanos e ingleses, países em que o movimento foi mais forte, gostavam de acompanhar os seus ídolos, a maioria deles morava em *trailers* ou *vans*, com pôsteres dos seus ídolos, panos e almofadas espalhados pelos sofás e camas. A decoração geralmente era colorida, com muitos objetos pequenos. Os transportes prediletos eram as motocicletas, carros tipo caminhonete ou ônibus para carregar os instrumentos da banda.

De modo geral, os roqueiros eram consumistas, mas suas compras eram direcionadas somente aos produtos que se referiam ao rock, como discos e pôsteres.

5.4.2 Os *Yuppies*

Os *yuppies* – *young urban professionals* – eram jovens profissionais entre 25 e 40 anos de idade, com situação financeira entre as classes média e alta, com pouco tempo de formados em boas universidades, e que trabalhavam nas profissões de formação e seguiam as últimas tendências. Eram ambiciosos, conservadores, valorizavam os bens materiais e investiam em bolsas de valores, automóveis e aparatos tecnológicos.

Como eram influenciados pelo ambiente competitivo das corporações, valorizavam comportamentos úteis para galgar postos mais altos e aumentar a renda e o status e levavam esses valores corporativos para a vida doméstica, criando estresse e tensões na família. Os *yuppies* criaram um código de normas para governar as suas atividades, que iam desde a prática de golfe e tênis até almoçar em lugares da moda.

Os *yuppies* costumavam usar as roupas que estavam na moda, especialmente as das butiques de marca e dos grandes estilistas, e gastavam muito dinheiro comprando vestuário, de forma a não repetirem roupa nos lugares que freqüentavam. Também seguiam as tendências culinárias das épocas, como comida japonesa, tailandesa, mexicana, e sempre freqüentavam restaurantes famosos para verem e serem vistos.

A moradia dos *yuppies* também seguia as últimas tendências. Em geral, o estilo é *clean,* com poucos móveis, de grife, na cor branca ou em tons pastel, nos lugares em voga. Normalmente contratavam arquitetos, decoradores e paisagistas. Também usavam os carros que estavam na moda, e geralmente tinham mais de um carro – um esportivo para passear e outro mais luxuoso para comparecerem aos eventos sociais.

O padrão de consumo dos *yuppies* era determinado pelo seu grupo de referência, e não costumavam ter um gosto pessoal "individual", na medida em que deviam seguir os padrões estabelecidos pelas pessoas com quem conviviam ou queriam conviver.

5.4.3 Os *Darks* (Góticos)

Os góticos eram criativos, tinham interesse pelo proibido e tendência à introspecção e à experimentação estética do mundo. Eram fascinados por perversidade sexual e crime e tinham um estilo trágico, contrário à moralidade convencional. Cultuavam o artificial e o exagerado e tinham hábitos noturnos e teatralidade exagerada.

A literatura enfatizava o romântico e o estilo em detrimento do conteúdo e permeava todos os aspectos da vida. Geralmente estava associada ao homossexualismo, ridicularizava o pensamento convencional e satirizava a virtude e o dever. O artista gótico se embriagava, freqüentava cultos pagãos e era influenciado por filósofos franceses com problemas psicológicos. Eram leitores vorazes, poeticamente íntimos de uma variedade de estilos musicais e, por isso, a cultura gótica converteu-se em forma de vida.

Os góticos vestiam-se em estilo vitoriano, utilizando somente roupas pretas fetichistas, de couro, pouco práticas, mas elegantes, desprezando a estética moderna. O vestuário masculino era andrógino para dar idéia de ambigüidade de gênero, com o uso de maquiagem pesada, especialmente nos olhos pintados de preto, batom preto, cabeças raspadas ou com apliques coloridos, tatuagens e *piercings*. Eram fascinados pelo macabro e o sobrenatural na vestimenta e no estilo de vida.

Os góticos adoravam carne sangrenta e *junkie food* porque eram contra os princípios da alimentação natural e gostavam de tudo que era "politicamente incorreto". As moradias eram pintadas de vermelho, roxo ou preto, enfeitadas com máscaras mortuárias, bichos ou símbolos mágicos, almofadas de peles de animais, com cortinas pesadas fechadas e pouca iluminação. Gostavam de carros antigos e diferentes, modificando o estofamento e colocando adereços do seu gosto para refletir a sua personalidade.

Os góticos eram fetichistas, tinham práticas sexuais de dominação sadomasoquista, exibicionismo e voyeurismo, porque gostavam de escandalizar, e tinham fixação por objetos que lembrassem a época medieval, artefatos de borracha e couro pretos, consumindo produtos fora dos padrões do gosto vigente na época.

5.4.4 Os Marombeiros

Os marombeiros são vigoréxicos, que se dedicam a malhar vigorosamente nas academias, sentindo-se deprimidos se ficarem sem exercício ou anabolizantes, pois nunca se acham musculosos como gostariam de ser. Estimulados pela mídia, que associa sucesso e felicidade a um corpo perfeito, os marombeiros buscam poder e respeito através de uma silhueta musculosa, mascarando problemas emocionais de insegurança, baixa auto-estima e dificuldade de inserção social.

Na Europa e nos Estados Unidos, a vigorexia, assim como outros distúrbios ligados à estética, já é considerada epidemia. Muitos marombeiros têm um comportamento obsessivo e nunca estão felizes com a imagem, por isso têm disciplina para malhar, gastando o tempo livre na academia à procura de resultados rápidos.

Normalmente o vício da atividade física vem acompanhado de preocupação com dietas, daí recorrerem a nutricionistas, cortando gorduras e açúcares do cardápio e fazendo regime para evitar o acúmulo de calorias. Comem alimentos com carboidratos e proteínas, recorrem a suplementos alimentares, barras de cereais, vitaminas e anabolizantes, apesar dos efeitos colaterais de prejuízo à saúde, o que é um paradoxo com a sua filosofia.

Como estão sempre na academia, a maior parte das suas roupas é composta por malhas de ginástica. Normalmente, usam roupas coladas ao corpo para mostrar os músculos trabalhados na academia.

Em geral, moram em apartamentos ou em casas estilo *clean*, com cores claras e poucos móveis, com uma academia em casa para se exercitarem quando as academias estiverem fechadas. Geralmente andam de bicicleta, têm carros esportivos ou caminhonetes com caçamba para carregar motos, bicicletas e outros aparatos. Em geral são consumistas e influenciados pelas novidades que aparecem no mercado referentes ao corpo, alimentação saudável, vitaminas e aparelhos de ginástica.

CAPÍTULO 6

Perfis e Comportamentos de Consumidores e Empresas

> *"Só um tolo não julga pelas aparências."*
> Oscar Wilde

Os consumidores comportam-se de maneira diferente de acordo com sua personalidade, situação, ambientes que freqüentam, produtos e fabricantes. A fim de montar um perfil bem abrangente, classificamo-los segundo seus perfis psicológico, sociocultural e pessoal, de consumo, de relacionamento e das empresas, no caso de consumidores corporativos, levantando suas características básicas. Procuramos tipificá-los em função de sua orientação de compra, de modo a apontar os primeiros fatores que as empresas devem considerar para o desenvolvimento de produtos e serviços, a elaboração de estratégias e campanhas publicitárias e de vendas e a escolha de mídia e distribuição.

6.1 O PERFIL PSICOLÓGICO DOS CONSUMIDORES

O perfil psicológico delineia as características mais básicas dos consumidores para mapear a sua personalidade e gerar determinados tipos de comportamento de consumo. Como os consumidores mudam de acordo com o grupo social com o qual interagem, o perfil está sempre em mutação, incorporando e abandonando valores para se ajustarem aos que consideram mais adequados ao seu estilo ou aos objetivos de vida que querem alcançar.

6.1.1 Os Consumidores Segundo o Ciclo de Vida

Os consumidores foram segmentados em nove categorias, segundo o ciclo de vida, devido a diferenças de gênero, estado civil, papel social, constituição da família, classe de renda, nível educacional, formação profissional, ocupação, posição social e fatores psicossociais. Eles modificam seu comportamento nos vários estágios de vida em função da faixa etária e dos grupos com que interagem, como vizinhos e colegas de escola, cursos, lugares que freqüentam, esportes que praticam e trabalhos que exercem.

6.1.1.1 O consumo dos bebês

O consumo dos bebês até por volta de dois anos de idade é determinado pela família, particularmente pelos pais e avós, responsáveis pela compra de sua alimentação, roupas e brinquedos, que vão influenciando o futuro gosto da criança. Quando se trata do primeiro filho, normalmente os pais consomem mais do que o necessário ao bem-estar da criança, tanto pela felicidade do nascimento como pelo desconhecimento do assunto ou para exibir para os outros. O consumo é mais orientado pelos valores hedônico e simbólico.

6.1.1.2 O consumo das crianças

Após os dois e até os 13 anos de idade, as crianças já começam a formar um gosto próprio, baseado nas influências da família, da escola, do convívio com outras crianças, da mídia e da Internet. Geralmente têm um comportamento imitativo ao dos grupos dos quais querem fazer parte, porque percebem que a aceitação depende de aparência semelhante, obtida por roupas, brinquedos e jogos similares e freqüência aos mesmos lugares. Influenciam a compra, especialmente de pais que trabalham fora ou que são separados, que se sentem culpados pela ausência. O consumo é orientado pelos valores hedônico e simbólico.

6.1.1.3 O consumo dos jovens

Após os 13 e até os 30 anos de idade, são classificados em duas faixas etárias – acima dos 13 até os 18 anos (**Jovens I**) e acima dos 18 até os 30 anos (**Jovens II**). Em ambas, compram vestuário e decidem sua alimentação e programas. Muitos dos **Jovens II** compram alimentação, veículos e moradia, uma vez que moram sozinhos ou são casados.

6.1.1.3.1 Jovens I

Acima dos 13 e até os 18 anos de idade, os jovens começam a formar o seu gosto pessoal, com alguns parâmetros já sedimentados e outros em formação, na dependência dos grupos de referência. Nessa fase, já escolheram seu estilo básico, como, por exemplo, o modo de ser – moderno ou tradicional –, e escolhem seu vestuário. Os pais já não podem impor um estilo porque compram o que e onde os amigos compram. O consumo também se orienta pelos valores hedônico e simbólico.

6.1.1.3.2 Jovens II

Acima de 18 e até 30 anos de idade, os jovens já têm um estilo pessoal formado, menos passível de mudanças no contato com novos grupos de referência. Nesse estágio, a maioria dos parâmetros está definida, uma vez que a personalidade está estruturada e eles já sabem se são simples ou sofisticados, conservadores ou inovadores. O consumo é mais orientado pelo valor simbólico.

6.1.1.4 O consumo das pessoas maduras

Após os 30 e até os 50 anos de idade, normalmente já têm vida independente, apesar de aqui no Brasil alguns ainda morarem com a família até o casamento. Mesmo sem administrar suas casas, a família não só as respeita como também se orienta por seus padrões de consumo, especialmente em alimentação. Classificamos esses consumidores em duas faixas etárias – acima de 30 até 40 anos (**Maduros I**) e acima de 40 até 50 anos (**Maduros II**). Em ambos os estágios eles já definiram seus padrões e hábitos, a maioria das suas atividades, e compram seu próprio vestuário, alimentação, transporte e moradia.

6.1.1.4.1 Maduros I

Acima de 30 e até 40 anos de idade, a personalidade já está estruturada, têm gosto e estilo definidos, e modificam poucos padrões de compra para ascensão profissional, relacionamento social, influência da família, moda e mudança de local de moradia. O consumo orienta-se pelos valores utilitário, hedônico e simbólico.

6.1.1.4.2 Maduros II

Acima de 40 e até 50 anos de idade, as pessoas já têm seu estilo totalmente formado, tornando difícil qualquer modificação, exceto por alguma ocorrência não-desejada, como separação, morte na família ou desemprego, quando são obrigadas a fazer uma mudança radical. Os parâmetros já foram definidos e dificilmente sofrem qualquer tipo de influência. O consumo é mais orientado pelos valores utilitário e simbólico.

6.1.1.5 O consumo das pessoas de meia-idade

A geração do *baby boom*, de 50 até 65 anos de idade, passou por mudanças substanciais de comportamento devido ao aumento da expectativa de vida e modificações dos estilos de vida provocadas por movimentos culturais, sociais, tecnológicos e ecológicos, como o rock, o feminismo, a pílula, a Internet e a defesa da ecologia, que os fizeram levar uma vida totalmente diferente dos velhos padrões. Alternam-se entre as solicitações de pais e filhos, mas, por causa de sua flexibilidade e personalidade forte, geralmente influenciam o consumo tanto das gerações anteriores como das posteriores, já que sempre contestaram os padrões sociais vigentes e propuseram alternativas. O consumo é mais orientado pelos valores hedônico e simbólico.

6.1.1.6 O consumo dos idosos

Muitos idosos moram sozinhos e alguns com a família, porque sustentam ou ajudam financeiramente os filhos nas despesas domésticas ou pagam atividades dos netos. Devido ao aumento da expectativa de vida, classificamos esses consumidores em duas faixas etárias – acima de 65 até 80 anos (**Idosos I**) e acima de 80 anos de idade (**Idosos II**). Em ambos os estágios, ainda definem seu vestuário e alguns itens de alimentação e higiene pessoal.

6.1.1.6.1 Idosos I

Acima de 65 e até 80 anos de idade, de modo geral ainda são os responsáveis pela maioria do seu consumo. Muitos moram sozinhos, compram seu vestuário e alimentação, dirigem e mantêm os carros e a casa que tinham desde a fase madura, mas a maioria utiliza táxi ou carona da família. Alguns moram com algum filho ou em residências para idosos. O consumo é mais orientado pelos valores utilitário e hedônico.

6.1.1.6.2 Idosos II

Acima dos 80 anos de idade, os idosos normalmente moram com alguém da família ou em residências para idosos. De forma geral não fazem mais compras, apesar de ainda adotarem algumas marcas de produtos de vestuário e higiene pessoal. Não têm mais veículo próprio, e, apesar de a casa da maioria ainda continuar em seu nome, já não é mais "dirigida" por eles. O consumo se orienta pelos valores utilitário e hedônico.

6.1.2 Os Consumidores Segundo o Gênero

Os consumidores foram segmentados basicamente em quatro categorias segundo o gênero devido a diferenças de estado civil, papel, constituição da família, renda, nível educacional, formação profissional, ocupação, posição social e fatores psicossociais.

6.1.2.1 O consumo masculino

Os homens desenvolveram uma série de habilidades e comportamentos em decorrência de sua primeira função de caçador, que são a visão de longa distância, silêncio, senso de direção e pontaria, de forma de localizar a presa e atingi-la mesmo em movimento, e por isso têm raciocínio mais estratégico. Eles valorizam os bens materiais, o status, poder e prestígio, se definem de acordo com o trabalho, as realizações e a vida sexual. São desconfiados, competitivos, escondem as emoções para manter o controle e priorizam os resultados, preferindo as carreiras em que usam habilidades espaciais.

Segundo Allan e Barbara Pease, o cérebro masculino foi configurado para se concentrar em uma atividade por vez devido ao menor número de fibras conectoras entre os hemisférios. Quando não sabem alguma coisa, são incapazes de perguntar ou pedir informação, não reparam em detalhes auditivos e visuais e percebem melhor os sabores salgados e amargos. Têm raciocínio lógico e analítico, articulação verbal, organização, disciplina, planejamento com base em dados estatísticos e visão tridimensional.

Os homens têm habilidades de comando, são diretos e objetivos, usam frases curtas e estruturadas com início simples, idéias claras e conclusão, com o emprego de amplo vocabulário enriquecido com fatos, e têm uma percepção literal da fala, que funciona como comunicação eficiente e afirmação de autoridade. Os homens vêem o sentido utilitário dos objetos e ações e, em geral não se deixam levar pela emoção porque têm um objetivo determinado, um prazo certo para comprar, e são orientados para uma solução. O consumo masculino orienta-se para o valor utilitário e funcional dos objetos.

6.1.2.2 O consumo feminino

As mulheres, devido à função de procriação e proteção da casa e da família, são atentas e observadoras, desenvolveram o pensamento periférico e os sentidos do paladar e do olfato, percebendo melhor sabores doces e azedos. Apesar de valorizarem a independência financeira, priorizam a maternidade, a família e os relacionamentos, e destacam-se em áreas que exigem habilidades de comunicação, interação, liberação de emoções, cooperação e criatividade como artes, ensino e ciências humanas. De acordo com Allan e Barbara Pease, as mulheres têm equipamento sensorial com multiplicidade de fibras para conexão e transferência de informações entre os hemisférios, avaliam pessoas e situações com rapidez e precisão e tomam decisões intuitivas, baseadas em poucas informações.

As mulheres têm capacidade de captar sinais de linguagem visual, verbal, vocal e corporal como sons, tom e volume da voz e humor, e sensibilidade para identificar mudanças na aparência e no comportamento dos outros. A fala é sua principal forma de expressão. Elas utilizam vinte mil palavras, sons vocais, gestos, expressões faciais, movimentos de cabeça e linguagem corporal, enquanto os homens usam sete mil. Têm fluência verbal, pensamento organizado, facilidade para seguir raciocínios complexos, fazer várias tarefas ao mesmo tempo sem estabelecer prioridades e se comunicar. Percebem o significado do que ouvem pela entonação da voz e linguagem corporal do interlocutor, e a finalidade da sua conversa é a própria fala, que não é estruturada, pois mistura vários assuntos. Quando não sabem alguma coisa, perguntam e pedem informações, e, para elas, o principal objetivo de ir ao shopping é o prazer e a distração de ver vitrines e experimentar roupas. O consumo feminino está mais voltado para os valores simbólico e hedônico.

6.1.2.3 O consumo GLS

O consumo GLS é mais exagerado e possui padrões mais abertos que os masculinos e femininos, na medida em que não impõe limitações de gênero. Segundo Allan e Barbara Pease, a homossexualidade é determinada pela incoerência entre atitudes e linguagem corporal entre o sexo que desperta interesse e seu comportamento. Segundo Nunan, os consumidores GLS são individualistas, têm postura desconfiada em relação às instituições sociais e necessidade de se associar a outras pessoas, procurando aliviar o estresse do dia-a-dia e fugir da rotina através de novas experiências de vida.

De forma geral, usam cartões de crédito para consumir lazer, roupas, perfumes, alimentação, cultura e produtos eletrônicos, valorizam as amizades presenteando amigos e familiares e preocupam-se com o bem-estar físico, praticando exercícios regularmente. Eles têm características diferentes do seu sexo biológico, assim os *gays* têm habilidades femininas e são orientados para os valores hedônico e simbólico, enquanto as lésbicas têm comportamentos masculinos e, por isso, são mais voltadas para o valor funcional.

6.1.2.4 O consumo indiferenciado

O consumo indiferenciado acontece em pessoas que têm algumas características masculinas mescladas com femininas e têm flexibilidade e disposição para fazer amigos entre mulheres e homens. Assim, o consumo tanto pode ser orientado para o valor utilitário, similar ao de homens, quanto para o simbólico e hedônico, mais significativo nas mulheres, dependendo do momento e das circunstâncias. Incluem-se nesse caso os metrossexuais – homens muito preocupados com a aparência e a moda – e pessoas cujo comportamento típico varia bastante entre os dois pólos, adotando em alguns casos o padrão masculino e em outros o feminino. Algumas pessoas têm consumo indiferenciado porque não sentem prazer, emoção ou utilidade nas compras ou produtos, mas estão orientadas apenas para a solução de um problema prático do momento.

6.1.3 Os Consumidores Segundo a Raça

Os consumidores foram segmentados em quatro categorias segundo a raça, devido a diferenças de gênero, estado civil, papel, constituição da família, classe de renda, nível educacional, formação profissional, ocupação, posição social e fatores psicossociais.

6.1.3.1 Os consumidores da raça branca

Os consumidores da raça branca diferem basicamente em função da classe social a que pertencem e da faixa de renda. De modo geral, o consumo das pessoas com renda mais elevada é feito nos shopping centers, supermercados mais sofisticados, nas lojas mais exclusivas e nas de marca, enquanto o das classes medianas é feito nos shopping centers e lojas de marcas menos caras. As pessoas com rendas mais baixas normalmente praticam o consumo imitativo, comprando nos supermercados barateiros e em lojas que fazem imitações das roupas das lojas de marcas mais conhecidas. Dependendo do produto, orientam-se pelos valores funcional, simbólico ou hedônico.

6.1.3.2 Os consumidores da raça negra

Os consumidores da raça negra podem ser divididos em três grupos: os que imitam o consumo da raça branca, os que defendem os valores de "negritude" e os que não estão preocupados em defender valores, mas em consumir o que os agrada, independentemente da raça. Os imitadores usam tudo igual aos brancos, inclusive submetendo-se a tratamentos para modificar características inerentes à raça, como cabelos, nariz e pele, e orientam-se basicamente pelo valor simbólico dos produtos.

Por outro lado, os que defendem a "negritude" usam cabelos encaracolados ou penteados rastafári, assim como roupas e adereços provenientes de países ou tribos africanos. Atualmente são chamados de afro-descendentes, e orientam-se basicamente pelo valor simbólico dos produtos. Já os outros consumidores são guiados apenas pelo gosto pessoal, em alguns casos adaptando o produto a sua cor de pele. Dependendo do produto, orientam-se pelos valores funcional, simbólico ou hedônico.

6.1.3.3 Os consumidores de raça amarela (índios/asiáticos)

Os consumidores da raça amarela podem ser segmentados basicamente em asiáticos – chineses, japoneses –, indianos e índios. Enquanto os japoneses são consumistas, particularmente de alta tecnologia, e procuram adotar cada vez mais os padrões americanos de consumo, os chineses, indianos e índios estão mais voltados para a preservação dos seus valores culturais. No entanto, atualmente, tanto os chineses – em maior escala – quanto os indianos já estão começando a adotar vários padrões e hábitos da cultura ocidental. Em todos os casos, orientam-se pelo valor simbólico dos produtos.

6.1.3.4 Os consumidores de raças miscigenadas

Os consumidores de raças miscigenadas podem ser segmentados em vários tipos, mas, para efeito de análise, vamos examinar apenas os mulatos, que são o biotipo mais comum. Como há muita miscigenação entre brancos e negros, particularmente no Brasil, os mulatos são em muito maior número que os negros, e alternam padrões de consumo tipicamente brancos – com mais freqüência quanto mais clara for a cor da pele – com valores da cultura negra – quanto mais escura for a cor da pele. Em ambos os casos, orientam-se pelos valores funcional, simbólico ou hedônico, dependendo do produto.

6.1.4 Os Consumidores Segundo a Compleição Física

Os consumidores foram segmentados em seis categorias segundo a compleição física, variando tanto em termos de estatura quanto de peso, devido a diferenças de gênero, estado civil, papel social, constituição da família, classe de renda, nível educacional, formação profissional, ocupação, posição social e fatores psicossociais.

6.1.4.1 Os consumidores de estatura acima do normal (muito altos/altos)

Os consumidores de estatura acima do normal, particularmente os muito altos, têm problemas para encontrar roupas e sapatos do seu tamanho porque esse biotipo requer modelos especiais. Grande parte orienta-se mais pelo valor utilitário dos produtos, uma vez que nem sempre está satisfeita com o corpo. Já os modelos orientam-se pelo valor hedônico, aproveitando-se de sua estatura para fazer um "tipo".

6.1.4.2 Os consumidores de estatura normal

Em geral as lojas destinam seus produtos aos consumidores de estatura normal, que têm facilidade não só de encontrar os produtos como de poder usar praticamente todas as cores e modelos de roupas e sapatos. Normalmente orientam-se mais pelos valores hedônico e simbólico dos produtos.

6.1.4.3 Os consumidores de estatura abaixo do normal (baixos/muito baixos)

Os consumidores de estatura abaixo do normal, particularmente os muito baixos, ainda têm mais dificuldade que os muito acima do normal para encontrar roupas e sapatos, já que são poucas as lojas que atendem pessoas com essas características uma vez que requerem tamanhos e modelos especiais. Por causa disso, também se orientam mais pelo valor utilitário dos produtos.

6.1.4.4 Os consumidores de peso acima do normal (muito gordos/gordos)

Os consumidores de peso acima do normal, particularmente os muito gordos, têm mais problemas para encontrar roupas na sua medida do que os muito magros, já que ainda são poucas as lojas que atendem pessoas com esse biotipo, uma vez que requerem não só tamanhos como modelos especiais, devido ao corte e caimento das roupas. Normalmente também se orientam mais pelo valor funcional dos produtos.

6.1.4.5 Os consumidores de peso normal

Como em geral as lojas destinam os seus produtos aos consumidores de peso normal, as pessoas com esse biotipo têm facilidade não só de encontrar os produtos como de poder usar praticamente todas as cores e modelos de roupas e sapatos. Normalmente orientam-se mais pelos valores hedônico e simbólico dos produtos.

6.1.4.6 Os consumidores de peso abaixo do normal (magros/muito magros)

Os consumidores de peso abaixo do normal, mesmo os muito magros, têm menos problemas para encontrar roupas na sua medida, já que podem comprar nas lojas para pessoas com peso normal. Só requerem de tamanhos especiais quando também são muito altos. Em geral, orientam-se pelos valores hedônico e simbólico dos produtos.

6.1.5 Os Consumidores Segundo o Estado Civil

Os consumidores foram segmentados em quatro categorias segundo o estado civil, devido a diferenças de gênero, papel, constituição da família, classe de renda, nível educacional, formação profissional, ocupação, posição social e fatores psicossociais. A diferenciação ajuda a direcionar as empresas quanto ao tipo e tamanho das embalagens. Todos que moram sozinhos têm problemas com o tamanho das embalagens dos produtos.

6.1.5.1 Os consumidores solteiros

O consumo da maioria dos consumidores solteiros se diferencia dos demais devido à falta de comprometimento em despesas com agregados. Existem basicamente três tipos: os filhos-cangurus – que têm acima de 21 anos, moram com os pais e apesar de alguns ganharem salários altos em geral não contribuem com as despesas da casa – e os que moram sozinhos e nunca foram casados oficialmente – esses podem ser discriminados em dois tipos, os que não têm filhos e os que têm filhos de uniões anteriores. Todos dispõem de um bom dinheiro para seus gastos pessoais, têm consumo supérfluo elevado e são mais orientados pelos valores hedônico e simbólico dos produtos.

6.1.5.2 Os consumidores casados

Há três tipos de consumidores casados – os casados novos sem filhos, os mais velhos que também não têm filhos e os que os têm. Os dois primeiros dispõem de mais dinheiro para os gastos pessoais, já que atualmente em geral os dois parceiros trabalham fora e ganham seus salários. Os que têm filhos usam a maior parte do salário nas compras de casa e nas despesas com os filhos com estudos, alimentação e vestuário. Enquanto os dois primeiros têm um grande consumo supérfluo, orientado para os valores simbólico e hedônico, os casados com filhos consomem basicamente o necessário, mas costumam gastar com consumo hedônico e simbólico para os filhos.

6.1.5.3 Os consumidores separados

O termo separado é usado para designar as pessoas que estão sozinhas, sejam separadas, desquitadas ou divorciadas. Elas podem morar sozinhas e não ter ou não sustentar filhos, podem ter filhos que sustentam mas que não moram com eles, e podem ter filhos que moram com eles. Nos dois primeiros casos, dispõem de bastante dinheiro para os gastos pessoais e consumo supérfluo e são mais orientados pelos valores hedônico e simbólico. No terceiro caso, também têm um consumo supérfluo elevado para agradar os filhos quando estão com eles, orientando-se pelo valor hedônico, e, no último caso, o consumo concentra-se no essencial e orienta-se pelo valor utilitário dos produtos.

6.1.5.4 Os consumidores viúvos

Os consumidores viúvos também podem morar sozinhos ou ter filhos morando com eles. De forma geral, são mais velhos e têm uma vida mais regrada, com mais disponibilidade financeira para gastos pessoais e consumo supérfluo. Quando são bem mais velhos, costumam ajudar a família e/ou investir o dinheiro para deixar para os filhos. São orientados pelos valores utilitário, simbólico e hedônico, dependendo do produto.

6.1.6 Os Consumidores Segundo o Papel Social

Os consumidores foram segmentados em oito categorias segundo o papel social, devido a diferenças de gênero, raça, constituição da família, classe de renda, nível educacional, formação profissional, ocupação, posição social e fatores psicossociais. Ao longo da vida, os consumidores vão evoluindo de acordo com a faixa etária e o tipo de vida que levam e vão acumulando papéis, podendo ser ao mesmo tempo avós, mães, filhas, netas, irmãs, tias, sobrinhas, primas, cônjuge e amigas, mas apresentam comportamento específico para cada papel que desempenham. Assim, a mesma pessoa que é econômica como tia pode ser mais gastadora como mãe e até consumista como avó.

6.1.6.1 Os consumidores avós

São mais econômicos nos gastos destinados a si mesmos, mais gastadores com os filhos e consumistas quando compram para os netos. Não estão mais voltados para a ascensão profissional, mas para a qualidade de vida e o bem-estar. A maioria ajuda financeiramente os filhos, seja pagando contas, comprando roupas, alimentação ou remédios ou até ajudando nas despesas com a educação dos netos. Geralmente, orientam-se pelo valor utilitário para as compras pessoais e pelos valores simbólico e hedônico nas compras para filhos e netos.

6.1.6.2 Os consumidores pais

Gastam com compras de educação, veículo, artigos de casa, vestuário e alimentação. Quando os filhos são mais velhos, em geral compram um carro para eles e continuam a prover tanto as necessidades básicas de vestuário e alimentação como as despesas com entretenimento, particularmente quando moram com eles. No caso dos filhos que moram sozinhos, muitas vezes ajudam nas despesas. Orientam-se mais pelo valor utilitário para compras da casa e pelos valores simbólico e hedônico nas compras pessoais e para os filhos.

6.1.6.3 Os consumidores filhos

Gastam com compras pessoais de vestuário e diversão, como CDs, DVDs e equipamentos de som, fotografia e computação. Quando são mais velhos e moram com os pais, muitos investem o dinheiro que ganham no trabalho, na bolsa de valores, em carros e na compra de moradia. Alguns preferem morar sozinhos, recebendo auxílio dos pais para as despesas com casa e alimentação. Orientam-se basicamente pelos valores hedônico e simbólico dos produtos.

6.1.6.4 Os consumidores netos

Quando são mais novos, gastam o dinheiro que ganham dos pais e dos avós com brinquedos. Quando são mais velhos, gastam com compras pessoais, particularmente de vestuário, diversão, CDs, DVDs e equipamentos de som, fotografia e computação. Alguns preferem morar sozinhos, mas em geral recebem auxílio dos pais nas despesas com casa e alimentação. Orientam-se basicamente pelos valores hedônico e simbólico dos produtos.

6.1.6.5 Os consumidores irmãos

Geralmente os irmãos têm um consumo muito parecido, especialmente quando a diferença de idade não é muito grande. Quando são pequenos, costumam pedir roupas, jogos e computadores e quando são mais velhos, carros, computadores e aparelhos eletrônicos. Também são orientados pelos valores hedônico e simbólico dos produtos.

6.1.6.6 Os consumidores cônjuges

De forma geral, os cônjuges procuram estabelecer as bases de consumo da casa em conjunto, principalmente quando ambos contribuem para as despesas domésticas. De modo geral, definem o tipo, a quantidade e a orientação do consumo da casa, se funcional, hedônico ou simbólico, de acordo com o tipo de produto e a época.

6.1.6.7 Os consumidores tios/sobrinhos/primos

Os consumidores tios, sobrinhos e primos também se guiam pelo tipo de consumo do restante da família. Normalmente, procuram presentear a família com produtos semelhantes aos que recebem, daí orientarem-se pelo valor simbólico, de acordo com o tipo do produto e a pessoa que vão presentear.

6.1.6.8 Os consumidores amigos

Os consumidores amigos também têm um tipo e qualidade de consumo semelhantes, até porque fazem parte do mesmo grupo de referência. Daí muitas vezes puxarem o consumo dos amigos e outras vezes os imitarem. Orientam-se pelo valor simbólico, de acordo com o tipo de produto e a personalidade dos amigos.

6.1.7 Os Consumidores Segundo a Constituição da Família

Os consumidores foram segmentados em seis categorias segundo a constituição da família, devido a diferenças de gênero, raça, papel social, classe de renda, nível educacional, formação profissional, ocupação, posição social e fatores psicossociais. Ao longo da vida, os consumidores modificam a constituição da família, evoluindo de lares de famílias com adultos para lares solitários, quando vão morar sozinhos, de casal e de famílias com crianças, quando casam, e assim por diante. De modo geral, apresentam um tipo de comportamento e um padrão de consumo específico para cada estágio e respectivo papel que desempenham. Assim, a mesma pessoa econômica quando mora sozinha pode ser gastadora quando casa e consumista quando tem filhos.

6.1.7.1 Os consumidores de lares solitários

Os consumidores de lares solitários são mais econômicos com o consumo doméstico, na medida em que a maior parte dos seus gastos é feita fora de casa. Concentram suas compras em aparência pessoal e no conforto da casa. Não se interessam muito pelos afazeres domésticos e alimentação no início da vida, somente quando são mais velhos. De forma geral, orientam-se mais pelos valores hedônico e simbólico, e somente para os produtos de casa pelo valor utilitário.

6.1.7.2 Os consumidores de lares comunitários (parentes/amigos)

Os consumidores de lares comunitários também são mais econômicos com o consumo doméstico, na medida em que dividem as despesas da casa e a maior parte dos seus gastos é feita na rua. Sua maior preocupação também é com a aparência pessoal e em ter um espaço arrumado para dormir, não se interessando por casa e alimentação, a não ser quando moram com pessoas muito semelhantes em estilo de vida. Geralmente são mais orientados pelos valores simbólico e hedônico dos produtos.

6.1.7.3 Os consumidores de lares de casal

Os consumidores de lares de casal preocupam-se com o consumo doméstico, tanto com a aparência da casa quanto com alimentação. Têm interesse na constituição de um lar arrumado, bonito, confortável e funcional. Procuram ter a geladeira sempre cheia, com as comidas e bebidas de que gostam, e também prezam a aparência pessoal. São orientados pelos valores simbólico e hedônico, em maior escala, e pelo valor utilitário, em menor escala.

6.1.7.4 Os consumidores de lares de famílias com crianças

Os consumidores de lares de família com crianças gastam muito dinheiro com o consumo doméstico, principalmente com alimentação e equipamentos eletroeletrônicos. Sua maior preocupação é com o conforto e a funcionalidade da casa e com uma alimentação saudável. Seu consumo é orientado basicamente pelo valor funcional dos produtos e, em menor escala, pelos valores hedônico e simbólico.

6.1.7.5 Os consumidores de lares de famílias com jovens

Os consumidores de lares de família com jovens também gastam com o consumo doméstico, principalmente alimentação, equipamentos eletroeletrônicos e informática. Sua maior preocupação é com a funcionalidade e o aconchego do lar, de modo a trazer os filhos e amigos para dentro de casa, daí hoje em dia haver tantos filhos-cangurus. Orientam-se basicamente pelos valores simbólico e hedônico.

6.1.7.6 Os consumidores de lares de famílias com adultos

Os consumidores de lares de família com adultos também gastam com o consumo doméstico e com supérfluos tanto em alimentação quanto em vestuário e equipamentos eletroeletrônicos e de informática. Sua maior preocupação também é com o aconchego e a funcionalidade da casa, de modo a manter os filhos-cangurus até se casarem. Orientam-se basicamente pelos valores simbólico e hedônico.

6.1.7.7 Os consumidores de lares de famílias com idosos

Os consumidores de lares de família com idosos também gastam com o consumo doméstico, principalmente remédios e supérfluos, já que têm que controlar a alimentação dos idosos. Também se preocupam com o aconchego e a funcionalidade, adaptando a casa para facilitar a vida do idoso. O consumo é orientado basicamente pelo valor funcional e, em menor escala, pelo hedônico.

6.1.8 Os Consumidores Segundo a Orientação da Compra

Os consumidores foram segmentados em quatro categorias segundo a orientação de compra, devido a diferenças nos perfis psicológico, sociocultural, pessoal, de consumo, de relacionamento e empresa. Essa dimensão é usada para o planejamento de produtos e serviços, estratégias e campanhas publicitárias e de vendas ao definir o tipo de envolvimento dos consumidores pelos elementos constitutivos das atitudes dos consumidores, ou seja, a importância do produto para os elementos cognitivos, os valores hedônico e simbólico para os afetivos e a percepção de risco para os comportamentais.

6.1.8.1 Os consumidores orientados pelo valor utilitário dos produtos

O valor utilitário ou funcional dos produtos é aferido pela importância do produto, que é um atributo tangível relacionado a seus valores centrais, que são mais duradouros, e ao fator racional de relação custo/benefício na satisfação de necessidades. Um produto é percebido como importante quando sua compra se baseia na habilidade de satisfazer os desejos dos consumidores ou é usada para atingir um objetivo específico. O que determina essa avaliação é a percepção do consumidor, e não a importância objetiva.

A importância pode ser de curto prazo ou temporária, quando se refere à satisfação de um objetivo específico, ou de longo prazo ou duradoura, quando preenche um objetivo de vida. Ela é percebida basicamente pelos aspectos concretos e aparentes dos produtos, como utilidade, funcionalidade, tamanho, peso, conveniência e desempenho. Em analogia com a ordem seqüencial dos desejos de Maslow, essa orientação preenche as necessidades fisiológicas e de segurança.

6.1.8.2 Os consumidores orientados pelo valor hedônico dos produtos

O valor hedônico relaciona-se aos aspectos emocionais da experiência de uso, aos atributos intangíveis e simbólicos. Os consumidores respondem a impressões sensoriais como visão, gosto, som, odor e tato, criando imagens reais ou imaginárias acerca dos produtos, e os consomem anteriormente a seu conhecimento ou ao prazer que proporcionam. O consumidor experimenta emoções e fantasias com o uso do produto, pois a procura de sensação independe de informação cognitiva, relacionando-se ao imaginário.

As diversidades culturais de classe social, religião, costumes e valores são geradoras de diferentes fantasias e emoções em relação aos produtos. Hoje em dia, o consumo hedônico acontece com muita freqüência, por ser a natureza do comportamento do consumidor extremamente sensorial, imaginativa e emocional. Na ordem seqüencial dos desejos de Maslow, essa orientação preenche as necessidades afetivas.

6.1.8.3 Os consumidores orientados pelo valor simbólico dos produtos

O valor simbólico relaciona-se aos atributos intangíveis e simbólicos, já que o significado social dos produtos contribui para a estruturação da realidade social e auto-conceituação dos consumidores, uma vez que se baseiam no seu consumo para o desempenho de papéis sociais. Os objetos têm uma função prática e funcional de denotação objetiva no plano técnico e uma função imaginária e simbólica de conotação que personaliza o uso em um sistema cultural alterando as estruturas técnicas. Os objetos são usados tanto para satisfazer necessidades objetivas quanto para administrar impressões subjetivas, como exibição de classe social e estilo de vida, já que as pessoas são avaliadas e posicionadas socialmente pelos produtos que consomem.

Na sua função concreta – manifesta –, o objeto é a solução de um problema prático, enquanto em seus aspectos simbólicos – discurso latente – é a solução de um conflito social e psicológico. Em alguns casos, o simbolismo incutido nos produtos é a primeira razão para sua compra e uso, na medida em que os objetos qualificam os seus consumidores, que interiorizam no próprio movimento de consumo a instância social e as suas normas. Analogamente à ordem seqüencial dos desejos de Maslow, essa orientação preenche as necessidades de aceitação social e prestígio.

6.1.8.4 Os consumidores orientados pelo valor de risco dos produtos/pagamento

O valor de risco relaciona-se à possibilidade de perda tanto psicossocial como funcional e econômica e a atributos tangíveis. Apesar de o consumidor adquirir hábitos como a fidelidade a uma marca, a experimentação e o aval de pessoa de confiança para reduzir as tensões, como o resultado de uma escolha só é conhecido após a sua experiência, usualmente incorre em riscos devido a restrições de tempo e dinheiro. Toda situação de escolha envolve dois aspectos de risco, a incerteza sobre seus resultados – probabilidade de risco – e sobre suas conseqüências – importância do risco.

A probabilidade de risco varia em função da situação em que a compra é realizada, do conhecimento do produto, da experiência anterior, e pode ser reduzida com a aquisição e manipulação de informações confiáveis e compreensíveis, já que os enganos aumentam com o desconhecimento do produto.

A importância do risco relaciona-se à magnitude dos objetivos, aos meios usados para alcançá-los e à seriedade das penalidades impostas, e vai depender das características individuais de cada um em lidar com situações, objetivos e escolhas. Ela será maior quando o produto for percebido pelo consumidor como importante ou dispendioso e em função da inter-relação com seus valores centrais.

6.2 O PERFIL SOCIOCULTURAL DOS CONSUMIDORES

O perfil sociocultural dos consumidores acrescenta características sociais e culturais para aprofundar o conhecimento e montar um perfil mais próximo do real. Os fatores são temporários, exceto origem cultural, levando o comportamento das pessoas, em especial o de consumo, a modificações constantes devido aos diversos grupos sociais com os quais interagem e aos costumes das regiões de moradia. Ao longo da vida, vão adquirindo e abandonando valores à medida que percebem que alguns deixaram de ser importantes e outros passaram a ser mais adequados ao seu estilo ou objetivos de vida.

6.2.1 Os Consumidores Segundo a Classe de Renda

Os consumidores foram segmentados em oito categorias segundo a classe de renda, de acordo com o Critério de Classificação Econômica do Brasil (CEB) da Associação Brasileira de Empresas de Pesquisa (ABEP), adaptados em função da renda média familiar por classe. Acrescentamos ainda uma faixa para diferenciar pessoas com riqueza muito acima da renda média. A variação de renda fica ainda maior ao se considerar estado civil e constituição da família, já que uma pessoa da classe de renda A1, solteira, de lar solitário, tem um potencial de consumo muito maior do que uma com a mesma classe de renda, casada, com lar com família com jovens. De modo geral, os consumidores apresentam um padrão de consumo específico para cada classe de renda, e muitas vezes comportam-se segundo os padrões da classe de renda que têm por objetivo alcançar na vida.

6.2.1.1 Os consumidores das classes baixas (classes E e D)

Os consumidores das classes baixas (E e D) são os de menor poder aquisitivo na escala social e pertencem basicamente a duas faixas de renda pelo Critério CEB – até R$500 /mês (**Classe E**) e acima de R$500 até R$1.000 /mês (**Classe D**).

6.2.1.1.1 *Classe E*

Os consumidores com renda até R$500/mês normalmente compram os gêneros de primeira necessidade, exceto nas datas festivas, quando fazem compras hedônicas, já que não dispõem de renda suficiente para comprar produtos supérfluos. Normalmente fazem prestações e empréstimos para consumir produtos de casa e são orientados basicamente pelo valor utilitário dos produtos.

6.2.1.1.2 *Classe D*

Os consumidores com renda acima de R$500 até R$1.000/mês também compram basicamente os gêneros de primeira necessidade, principalmente se são responsáveis pela manutenção da casa, já que sua renda é insuficiente para o consumo de supérfluos. Também fazem compras hedônicas nas ocasiões especiais e prestações para compras de eletroeletrônicos. São orientados basicamente pelo valor utilitário dos produtos porque também não têm dinheiro para as compras que dão prazer.

6.2.1.2 Os consumidores das classes médias (classes C e B)

Os consumidores das classes médias (C e B) têm poder aquisitivo mediano na escala social e pertencem basicamente a três faixas de renda pelo Critério CEB – acima de R$1.000 até R$2.200/mês (**Classe C**), acima de R$2.200 até R$4.000/mês (**Classe B2**) e acima de R$4.000 até R$6.200/mês (**Classe B1**).

6.2.1.2.1 *Classe C*

Os consumidores com renda acima de R$1.000 até R$2.200/mês gastam a maior parte da renda com a compra de gêneros de primeira necessidade, mas já consomem alguns supérfluos por seus valores hedônico e simbólico, visto que almejam melhorar sua posição social, mas ainda são muito orientados pelo valor utilitário.

6.2.1.2.2 *Classe B2*

Os consumidores com renda acima de R$2.200 até R$4.000/mês já dispõem de alguma renda para comprar supérfluos, imitando o consumo das classes de renda elevadas à medida que querem melhorar sua posição social. Sua orientação básica de compra é o valor simbólico dos produtos, embora também utilizem o valor utilitário.

6.2.1.2.3 Classe B1

Os consumidores com renda acima de R$4.000 até R$6.200/mês dispõem de renda para comprar muitos supérfluos, copiando o consumo das classes de renda mais elevadas, de modo a manterem um relacionamento com eles para melhorar sua posição na escala social. Sua orientação de compra é o valor simbólico dos produtos.

6.2.1.3 Os consumidores da classe alta (classe A)

Os consumidores da classe alta (A) têm alto poder aquisitivo na escala social e pertencem basicamente a duas faixas de renda pelo Critério CEB – acima de R$6.200 até R$10.200/mês (**Classe A2**) e acima de R$10.200 até R$20.000/mês (**Classe A1**).

6.2.1.3.1 Classe A2

Os consumidores com renda acima de R$6.200 até R$10.200/mês normalmente compram muitos supérfluos, imitando o consumo dos países mais desenvolvidos. São orientados basicamente pelos valores simbólico e hedônico dos produtos, embora também usem o valor de risco para a compra de bens de alto valor.

6.2.1.3.2 Classe A1

Os consumidores com renda acima de R$10.200 até R$20.000/mês compram muitos supérfluos porque têm prazer em consumir, e seu foco é o consumo de produtos provenientes dos Estados Unidos. Também são orientados basicamente pelos valores simbólico e hedônico dos produtos, procurando marcas mais sofisticadas até para os gêneros de primeira necessidade, mas utilizam o valor de risco na compra de bens como casa, carro, eletroeletrônicos, viagens turísticas e serviços financeiros.

6.2.1.4 Os consumidores da classe rica (classe R)

A classe rica (R) foi criada para diferenciar os consumidores que têm poder aquisitivo bem acima do normal na escala social, embora não sejam discriminados pelo Critério CEB. Estipulamos um valor de renda acima de R$20.000/mês (**Classe R**).

6.2.1.4.1 Classe R

Os consumidores com renda acima de R$20.000/mês têm um consumo de supérfluos muito elevado, na medida em que têm prazer em comprar porque gostam de demonstrar o seu poder econômico através do consumo. Procuram produtos exclusivos de modo a se diferenciar dos demais consumidores mostrando sofisticação e personalidade. Orientam-se basicamente pelos valores simbólico e hedônico dos produtos, embora também usem o valor de risco, particularmente para os serviços financeiros.

6.2.2 Os Consumidores Segundo o Nível Educacional

Os consumidores foram segmentados em cinco categorias segundo o nível educacional, e, de modo geral, o comportamento e o padrão de consumo modificam-se a cada melhoria de nível, em conjunto com a evolução da constituição da família, papel social, classe de renda, formação profissional, posição social, ocupação e fatores psicossociais.

6.2.2.1 Os consumidores analfabetos

Como os consumidores analfabetos, de modo geral, são das classes de rendas mais baixas, preocupam-se principalmente com o consumo de alimentação e gêneros de primeira necessidade, restando pouco dinheiro para o consumo de roupas. Orientam-se basicamente pelo valor utilitário dos produtos.

6.2.2.2 Os consumidores de nível básico

Os consumidores de nível básico, de modo geral, também pertencem às classes mais baixas de renda, preocupando-se principalmente com o consumo de alimentação e gêneros de primeira necessidade, restando pouco dinheiro para o consumo de roupas e lazer. Também se orientam pelo valor utilitário dos produtos.

6.2.2.3 Os consumidores de nível médio

Os consumidores de nível médio em geral pertencem às classes intermediárias de renda, já começando a consumir supérfluos na tentativa de alcançar posição social mais elevada. Orientam-se pelo valor utilitário dos produtos e, em menor escala, pelo valor simbólico.

6.2.2.4 Os consumidores de nível superior

Os consumidores de nível superior de modo geral pertencem às classes de renda intermediárias e altas, consumindo produtos mais sofisticados de modo a manter ou melhorar sua posição social. São mais orientados pelos valores simbólico e hedônico.

6.2.2.5 Os consumidores com pós-graduação/mestrado/doutorado

Os consumidores com pós-graduação/mestrado/doutorado em geral pertencem às classes de renda médias e altas. A grande maioria compra equipamentos sofisticados e supérfluos de modo a manter a posição social que conquistaram através dos estudos. São orientados basicamente pelos valores simbólico e hedônico dos produtos.

6.2.3 Os Consumidores Segundo a Orientação Religiosa

Os consumidores foram segmentados em nove categorias segundo a orientação religiosa, devido a diferenças de gênero, papel social, constituição da família, classe de renda, nível educacional, posição social e fatores psicossociais.

6.2.3.1 Os consumidores com orientação religiosa católica

Os consumidores com orientação católica geralmente são mais tradicionais, preocupando-se mais com o consumo dos gêneros essenciais. Têm um pensamento simbólico mais acentuado, na medida em que foram educados para acreditar nos dogmas da religião católica. Procuram manter-se informados sobre a confiabilidade e credibilidade dos fabricantes, consumindo produtos que foram fabricados com responsabilidade social. Orientam-se pelos valores simbólico e funcional dos produtos.

6.2.3.2 Os consumidores com orientação religiosa protestante

Os consumidores com orientação protestante geralmente são mais retrógrados, preocupando-se mais com o consumo dos gêneros essenciais e criticando o supérfluo. Também têm um pensamento simbólico acentuado, já que foram educados para acreditar na importância dos valores de fé e religiosidade, renegando as riquezas materiais. Daí o seu consumo orientar-se principalmente pelos valores funcional e simbólico dos produtos.

6.2.3.3 Os consumidores com orientação religiosa espírita

Os consumidores com orientação espírita, de modo geral, são mais tolerantes, pois estão mais voltados para os bens espirituais. Seu pensamento simbólico também é bem acentuado, uma vez que estão em busca da harmonia e do amor universal. Procuram sempre a realização espiritual, individual e coletiva, buscando produtos que não agridam os seus valores. O valor simbólico dos produtos é que orienta o seu consumo.

6.2.3.4 Os consumidores com orientação religiosa judaica

Os consumidores com orientação judaica são os mais tradicionais, até porque mantêm seus valores para preservar o seu povo. A família desempenha um papel fundamental na vida deles, que prezam qualidades éticas como generosidade, honestidade e respeito pelos pais. Seu consumo orienta-se pelos valores simbólico e funcional.

6.2.3.5 Os consumidores com orientação religiosa muçulmana

Os consumidores com orientação muçulmana em geral são mais retrógrados, preocupando-se tanto com o consumo de símbolos como de gêneros essenciais. Como foram educados com costumes e regras rígidos, particularmente sobre moral, casamento e status da mulher, há uma diferenciação muito grande entre o comportamento masculino e o feminino. O homem é quem determina o que será consumido, e, por isso, orientam-se principalmente pelos valores funcional e, somente algumas vezes, simbólico dos produtos.

6.2.3.6 Os consumidores com orientação pelas religiões africanas

Os consumidores com orientação pelas religiões africanas geralmente são mais liberais, preocupando-se mais com o consumo simbólico. Devido à magia dos rituais das religiões africanas, estão acostumados a comprar muitos produtos por seu simbolismo religioso, orientando-se principalmente pelos valores simbólico e hedônico dos produtos.

6.2.3.7 Os consumidores com orientação religiosa budista

Os consumidores com orientação budista geralmente são os mais preocupados com o simbolismo das coisas da vida. Estão em busca de uma elevação do plano espiritual e, portanto, não acreditam em produtos essenciais; seu consumo é orientado basicamente pelo valor simbólico dos produtos.

6.2.3.8 Os consumidores com orientação religiosa

Os consumidores com orientação religiosa geralmente têm valores mais definidos e um padrão de consumo mais rígido, voltado mais para o consumo dos gêneros de primeira necessidade e menos para produtos supérfluos. Têm pensamento simbólico mais acentuado, na medida em que foram educados para respeitar as normas e regras de suas religiões, particularmente as que se referem ao respeito ao ser humano e à natureza. Seu consumo é orientado principalmente pelos valores simbólico e funcional dos produtos.

6.2.3.9 Os consumidores sem orientação religiosa

Os consumidores sem orientação religiosa, de forma geral, têm valores mais liberais, não apresentando um padrão de consumo rígido. Estão mais preocupados em viver a vida de uma forma mais tranqüila, orientando-se principalmente pelos valores hedônico e simbólico dos produtos.

6.2.4 Os Consumidores Segundo a Orientação Política

Os consumidores foram segmentados em seis categorias segundo a orientação política, devido a diferenças de papel social, classe de renda, nível educacional, formação profissional, ocupação e fatores psicossociais. Assim, o consumo é diferente entre pessoas liberais e conservadoras e entre as de esquerda, as de direita e as de centro, assim como a forma de lidar com os produtos e a publicidade.

6.2.4.1 Os consumidores com orientação política liberal

Os consumidores com orientação liberal, de modo geral, são mais abertos a novas correntes políticas, partidos e homens públicos que não restrinjam a sua liberdade individual. Procuram sempre se manter informados sobre política do resto do mundo, particularmente dos Estados Unidos, consumindo produtos que estejam em moda e orientando-se mais pelos valores simbólico e hedônico dos produtos.

6.2.4.2 Os consumidores com orientação política conservadora

Os consumidores com orientação conservadora em geral reconhecem apenas os partidos mais tradicionais, na medida em que adotam os hábitos transmitidos pela família. Gostam de comprar produtos com tradição no mercado, e o seu consumo é orientado principalmente pelos valores simbólico e funcional dos produtos.

6.2.4.3 Os consumidores com orientação política de esquerda

Os consumidores com orientação de esquerda geralmente são mais voltados para os produtos essenciais, uma vez que consideram o consumo supérfluo uma agressão às pessoas de menor renda e que passam fome. Preocupam-se com a coletividade e o bem-estar social, procurando consumir apenas o necessário para a sobrevivência, orientando-se basicamente pelo valor funcional dos produtos.

6.2.4.4 Os consumidores com orientação política de direita

Os consumidores com orientação de direita geralmente são mais tradicionais, estando mais voltados para supérfluos que estejam na moda, especialmente as últimas tecnologias e novidades provenientes dos Estados Unidos que demonstrem status e poder econômico. Orientam-se principalmente pelos valores simbólico e hedônico dos produtos.

6.2.4.5 Os consumidores com orientação política de centro

Os consumidores com orientação de centro em geral também são tradicionais e voltados para supérfluos denotativos de status, mas, ao mesmo tempo, procuram não demonstrar poder econômico para não passarem a imagem de despreocupação com as classes de renda mais baixas. Seu consumo também é orientado fundamentalmente pelos valores simbólico e hedônico dos produtos.

6.2.4.6 Os consumidores sem orientação política

Os consumidores sem orientação política de maneira geral, variam muito de comportamento devido à falta de comprometimento, consumindo tanto produtos essenciais como supérfluos, dependendo da necessidade e disponibilidade financeira. Não se preocupam nem com estar na moda, nem em não chocar as classes de renda mais baixas. Orientam-se alternadamente pelos valores simbólico, hedônico e funcional dos produtos.

6.2.5 Os Consumidores Segundo a Formação Profissional

Os consumidores foram segmentados em 12 categorias segundo a formação profissional porque investem na sua melhoria no decorrer da vida, escolhendo profissões com melhores oportunidades de trabalho para ocupar uma posição social melhor e ganhar salários mais altos. Diferem em gênero, papel social, constituição da família, classe de renda, posição social e fatores psicossociais. De modo geral, o comportamento, o padrão de consumo e a forma de lidar com produtos e publicidade das pessoas das áreas tecnológicas se distinguem das de áreas biomédicas e de ciências humanas.

6.2.5.1 Os consumidores com formação nas áreas de ciências tecnológicas

Os consumidores com formação nas áreas de ciências tecnológicas consomem tanto gêneros essenciais como produtos de alta tecnologia. Pensam de modo linear e prático, em geral são muito competitivos e consideram sua formação voltada para o raciocínio exato mais completa que a das demais áreas. Mantêm-se informados sobre as novas tecnologias, consumindo muitos produtos de informática e eletroeletrônicos. Orientam-se principalmente pelos valores simbólico e hedônico dos produtos e, em menor escala, pelo valor de risco, nos casos de equipamentos técnicos e aplicações financeiras.

6.2.5.2 Os consumidores com formação nas áreas de ciências médicas

Os consumidores com formação nas áreas de ciências médicas, como estão muito preocupados com a carreira em uma área bastante competitiva, de modo geral não dão muita importância ao consumo quando iniciam sua vida profissional. Com o decorrer dos anos, geralmente usam as compras como distração das suas preocupações, comprando bens supérfluos mais exclusivos. Seu consumo é orientado pelo valor funcional dos produtos em uma primeira fase e depois pelo valor hedônico.

6.2.5.3 Os consumidores com formação nas áreas das ciências econômicas

A principal preocupação dos consumidores com formação nas áreas de ciências econômicas, na primeira fase da carreira, é com a relação custo/benefício dos produtos. Como também são competitivos e valorizam o dinheiro, gostam de consumir supérfluos que sinalizem status social. Orientam-se pelo valor funcional dos produtos na primeira fase, e depois pelos valores simbólico e de risco para as aplicações financeiras.

6.2.5.4 Os consumidores com formação nas áreas das ciências sociais

Os consumidores com formação nas áreas de ciências sociais preocupam-se com o consumo politicamente correto e socialmente responsável, e estão sempre atentos à ecologia, à forma de fabricação das mercadorias e à mão-de-obra utilizada. Têm um pensamento mais simbólico, procurando manter-se informados sobre os problemas mundiais. Seu consumo é orientado principalmente pelo valor simbólico.

6.2.5.5 Os consumidores com formação nas áreas das ciências humanas

Os consumidores com formação nas áreas de ciências humanas também se preocupam com o ser humano e com o consumo socialmente responsável, observando a forma de fabricação das mercadorias e a mão-de-obra utilizada. Procuram ter prazer com as compras, daí seu consumo ser orientado principalmente pelo valor hedônico dos produtos.

6.2.5.6 Os consumidores com formação nas áreas das ciências jurídicas

Os consumidores com formação nas áreas de ciências jurídicas preocupam-se tanto com o consumo dos gêneros essenciais como com os que revelam posição social elevada, já que o progresso de sua carreira está muito atrelado à imagem. São práticos e voltados para o sucesso profissional, daí seu consumo ser orientado principalmente pelos valores simbólico e funcional dos produtos.

6.2.5.7 Os consumidores com formação na área de educação

Os consumidores com formação na área de educação preocupam-se muito com o ser humano, seu conhecimento e habilidades, e em geral são muito voltados para a origem cultural dos objetos e as implicações que o seu consumo possa gerar no equilíbrio da comunidade. Seu consumo orienta-se principalmente pelo valor simbólico.

6.2.5.8 Os consumidores com formação na área de esportes

Os consumidores com formação na área de esportes são muito preocupados com a saúde e a aparência física das pessoas, procurando informar-se acerca das últimas novidades em termos de exercícios, vitaminas, dietas e estética. Seu consumo é orientado principalmente pelo valor hedônico dos produtos e, em menor escala, pelo simbólico.

6.2.5.9 Os consumidores com formação na área de comércio

Os consumidores com formação na área de comércio preocupam-se com a utilidade dos bens e com o atendimento e os serviços prestados aos clientes nos locais de venda, já que acreditam que o sucesso está atrelado a esses fatores. Seu consumo é orientado pelos valores funcional, hedônico e simbólico dos produtos.

6.2.5.10 Os consumidores com formação nas áreas de serviços

Os consumidores com formação na área de serviços são muito preocupados com o atendimento e os serviços prestados nos locais de consumo, já que grande parte das vendas das mercadorias se concentra nesses fatores, que são utilizados para diferenciar a classe de renda e posição social dos compradores. Em geral, seu consumo é orientado pelos valores funcional, simbólico e hedônico dos produtos.

6.2.5.11 Os consumidores com formação na área de indústria

Os consumidores com formação na área da indústria são muito voltados para a utilidade dos produtos, já que trabalham com o planejamento e a fabricação das mercadorias. Seu consumo é orientado principalmente pelo valor funcional dos produtos.

6.2.5.12 Os consumidores com formação na área de agricultura

Os consumidores com formação na área da agricultura preocupam-se com a utilidade das mercadorias porque são fornecedores de parte da matéria-prima necessária à fabricação de produtos. Seu consumo orienta-se basicamente pelo valor funcional.

6.2.6 Os Consumidores Segundo a Ocupação

Os consumidores foram segmentados em seis categorias segundo a ocupação, devido a diferenças de gênero, estado civil, papel social, constituição da família, classe de renda, nível educacional, formação profissional, posição social e fatores psicossociais. Em geral, as pessoas que trabalham na sua área de formação e no nível de competência em que se formaram são mais bem resolvidas que as desocupadas, as desempregadas e as que trabalham fora de sua área e em nível inferior à formação. Normalmente, cada tipo de ocupação apresenta um comportamento e um padrão específico de consumo, e as pessoas mais graduadas são mais exigentes quanto à qualidade dos produtos e atendimento, enquanto as desempregadas preocupam-se mais com o preço.

6.2.6.1 Os consumidores desocupados/desempregados/aposentados

Os consumidores desocupados geralmente têm um consumo mais simbólico, enquanto os desempregados e aposentados procuram ter um consumo funcional, apesar de manterem algum consumo simbólico. Os desocupados por opção geralmente têm um nível de consumo bastante elevado a fim de sustentar o nome da família, muitas vezes financiado por amigos da "sociedade emergente", orientando-se pelo valor simbólico. Já os desempregados procuram consumir menos do que estavam habituados devido à falta de renda disponível, orientando-se pelo valor utilitário. Alguns evitam modificar seu consumo na expectativa de conseguir um emprego que sustente o estilo de vida a que estavam acostumados; orientam-se então pelo valor simbólico. Os aposentados, normalmente preocupam-se com qualidade de vida, orientando-se pelo valor hedônico dos produtos.

6.2.6.2 Os consumidores ocupados em trabalho temporário

Os consumidores ocupados em trabalho temporário muitas vezes mantêm o consumo elevado de modo que os outros não percebam suas dificuldades e possam encontrar um emprego fixo semelhante ao que tinham, orientando-se pelo valor simbólico. Outros procuram consumir menos para economizar, devido à falta de renda disponível, orientando-se mais pelo valor utilitário.

6.2.6.3 Os consumidores ocupados em nível inferior e fora da área de formação

Muitos consumidores ocupados em nível inferior e fora da área de formação, com o intuito de conseguir um emprego melhor, procuram ter consumo semelhante ao das pessoas de classe mais alta, mesmo que fora da área de formação, enquanto outros preferem economizar e investir em especialização. Orientam-se pelo valor simbólico, no primeiro caso, e pelo valor utilitário quando investem na carreira.

6.2.6.4 Os consumidores ocupados no nível e fora da área de formação

Alguns consumidores ocupados no nível mas fora da área de formação mantêm consumo similar ao das pessoas com quem trabalham a fim de formar uma rede de relacionamentos, orientando-se pelo valor simbólico dos produtos. Outros sentem-se frustrados por não atuarem na sua área de formação e diminuem o consumo, mas procuram emprego com a sua capacitação e orientam-se pelo valor funcional dos produtos.

6.2.6.5 Os consumidores ocupados em nível inferior na área de formação

Os consumidores ocupados em nível inferior na área de formação procuram ter consumo similar ao das pessoas que trabalham no nível superior para manterem uma rede de relacionamentos que permita que sejam promovidos ao seu nível de capacitação, orientando seu consumo pelo valor simbólico, já que querem chegar aos postos mais elevados. Outros, no entanto, preferem investir em cursos de aperfeiçoamento para serem promovidos por mérito, mantendo um consumo orientado pelo valor utilitário dos produtos.

6.2.6.6 Os consumidores ocupados no nível e área de formação

Alguns consumidores ocupados no nível e área de formação procuram consumir como os colegas de trabalho para manter uma boa rede de relacionamentos, orientando-se pelos valores simbólico e hedônico. Outros querem progredir ainda mais e investem em aperfeiçoamento ou em consumo supérfluo para fazerem parte do círculo de amizades dos seus superiores visando ser promovidos, orientando-se pelo valor simbólico.

6.2.7 Os Consumidores Segundo a Posição Social

Os consumidores foram segmentados em oito categorias segundo a posição social, devido a diferenças de gênero, estado civil, papel, constituição da família, classe de renda, nível educacional, formação profissional, ocupação e fatores psicossociais. Quanto mais graduados, maiores o nível de consumo, a despesa média e a exigência de qualidade dos produtos e atendimento.

6.2.7.1 Os consumidores empregados em serviços gerais

Os consumidores empregados em serviços gerais usualmente têm família grande e baixa renda, orientando-se normalmente pelo valor utilitário. Apenas em datas especiais usam o valor hedônico.

6.2.7.2 Os consumidores empregados em assistência administrativa

Os consumidores empregados em assistência administrativa em geral têm família grande e pertencem às classes de renda mais baixas, orientando seu consumo pelo valor utilitário. Apenas em ocasiões especiais usam o valor hedônico dos produtos.

6.2.7.3 Os consumidores empregados em nível superior júnior

Os consumidores empregados em nível superior júnior normalmente estão no estágio de vida inicial, são solteiros e procuram ter consumo similar ao das pessoas que trabalham em nível sênior, de modo a manter uma rede de relacionamentos para serem promovidos. Orientam seu consumo pelos valores simbólico e hedônico. Entretanto, quando são chefes de família, têm um consumo mais voltado para o valor utilitário dos produtos.

6.2.7.4 Os consumidores empregados em nível superior sênior

Os consumidores empregados em nível superior sênior estão em um estágio de vida mais avançado, procurando um consumo similar ao dos colegas em nível de supervisão e gerência, de modo a manter uma boa rede de relacionamentos para serem promovidos. Seu consumo é mais orientado pelos valores simbólico e hedônico dos produtos, e pelo valor utilitário apenas quando são responsáveis por uma família.

6.2.7.5 Os consumidores em nível de supervisão

Os consumidores empregados em nível de supervisão estão em um estágio de vida ainda mais avançado. Em geral têm família e, portanto, têm responsabilidades domésticas. Seu consumo é mais orientado pelo valor funcional dos produtos, com algumas compras hedônicas, especialmente para os filhos nas ocasiões festivas, e poucas compras simbólicas para manterem contato com as pessoas da gerência e diretoria.

6.2.7.6 Os consumidores em nível de gerência

Os consumidores empregados em nível de gerência estão em um estágio de vida ainda mais avançado. Geralmente têm família com filhos mais velhos, gastando um percentual elevado de suas rendas na formação educacional deles para que tenham uma boa posição social no futuro. De forma geral, orientam-se pelos valores funcional, simbólico e, em menor escala, hedônico dos produtos. Aqueles cujos filhos já saíram de casa e se sustentam gastam muito com consumo supérfluo, principalmente alimentação e lazer.

6.2.7.7 Os consumidores em nível de diretoria

Os consumidores empregados em nível de diretoria em geral estão em um estágio de vida em que os filhos já saíram de casa e, portanto, têm um consumo pessoal supérfluo elevado. De forma geral, orientam-se mais pelos valores simbólico e hedônico dos produtos.

6.2.7.8 Os consumidores em nível de presidência

Os consumidores empregados em nível de presidência, de forma geral, também estão em um estágio de vida em que os filhos já saíram de casa, e têm um consumo pessoal supérfluo elevado. Normalmente orientam-se pelos valores hedônico e simbólico dos produtos.

6.2.8 Os Consumidores Segundo a Localização Geográfica da Moradia

Os consumidores foram segmentados em cinco categorias segundo a localização geográfica da moradia, devido a diferenças de gênero, estado civil, papel social, constituição da família, classe de renda, nível educacional, formação profissional, ocupação, posição social e fatores psicossociais. Há uma variação muito grande no consumo tanto inter como intra-regiões, como no Sudeste entre mineiros – mais utilitários –, paulistas – mais simbólicos – e cariocas – mais hedônicos, e entre cariocas das Zonas Norte – mais tradicionais – e Sul – mais modernos. De modo geral, os consumidores mais avançados são os das regiões Sudeste e Sul, que sofreram grande influência dos imigrantes europeus e absorvem com muita rapidez os valores das culturas estrangeiras.

6.2.8.1 Os consumidores da região norte

Os habitantes da região Norte – Acre, Amapá, Amazonas, Pará, Rondônia, Roraima e Tocantins – de modo geral concentram seu consumo nos produtos artesanais e indígenas da região, exceto em Manaus, onde também compram bens importados, em especial eletroeletrônicos, já que há uma zona franca com isenção de impostos na cidade. Devido à economia baseada nas extrações vegetal e mineral, a região atraiu migrantes das zonas mais pobres do Nordeste do país, como descendentes de europeus da região Sul, que para ali foram em busca de fortuna e mantêm os padrões de consumo dos locais de origem. De forma geral, o consumo dessa região é orientado pelos valores simbólico e hedônico.

6.2.8.2 Os consumidores da região nordeste

Os habitantes da região Nordeste – Maranhão, Piauí, Ceará, Rio Grande do Norte, Paraíba, Pernambuco, Alagoas, Sergipe e Bahia –, devido à pobreza de grande parte da população, concentram seu consumo nos gêneros de primeira necessidade. Como a economia da região é basicamente agropecuária de subsistência, os consumidores são muito orientados pelo valor utilitário dos produtos. Entretanto, os "coronéis" têm consumo elevado, concentrado em bens supérfluos e orientado pelos valores simbólico e hedônico.

6.2.8.3 Os consumidores da região centro-oeste

Há muita distinção entre os habitantes da região Centro-Oeste de Goiás, Mato Grosso do Sul e Mato Grosso e do Distrito Federal – Brasília –, cujo consumo supérfluo é elevado, já que a capital do país tem uma renda média elevada. Nos estados do interior, o consumo só é elevado e sofisticado para os latifundiários. Assim, enquanto os consumidores mais ricos orientam-se pelos valores simbólico e hedônico, os trabalhadores de renda mais baixa orientam-se pelo valor utilitário dos produtos.

6.2.8.4 Os consumidores da região sudeste

Os habitantes da região Sudeste – São Paulo, Rio de Janeiro, Minas Gerais e Espírito Santo – respondem por mais de metade da população urbana do Brasil e pela maior parte do consumo, cujas características são muito diferentes. Enquanto paulistas, cariocas e capixabas consomem produtos sofisticados provenientes de várias partes do Brasil e do mundo, os mineiros consomem muitos produtos regionais.

Como a maioria dos bairros das cidades grandes é agrupada por classes de renda, há diferenciação entre moradores dos próprios estados. O Rio, por exemplo, divide-se em Zonas Sul, Norte, Oeste e subúrbio, com comportamentos de consumo distintos, particularmente dos subúrbios – mais tradicionais – e da Zona Sul – mais modernos. Os consumidores dessa região são os lançadores de moda, e gostam tanto de produtos importados quanto artesanais ou de alta tecnologia. De forma geral, são mais orientados para os valores simbólico e hedônico, e alguns são pelo valor utilitário dos produtos.

6.2.8.5 Os consumidores da região sul

Como grande parte dos habitantes da região Sul – Paraná, Santa Catarina e Rio Grande do Sul – tem ascendência européia, o padrão de consumo é diversificado. Enquanto no Paraná e em Santa Catarina, estados que concentram os imigrantes, o consumo é mais sofisticado, no Rio Grande do Sul ele é mais tradicional. A cidade de Curitiba é utilizada pela maioria dos artistas e publicitários para testar a aceitação dos espetáculos e produtos, já que a população representa uma amostragem significativa do país. Os consumidores dessa região adotam a moda que vem do Rio e de São Paulo e gostam de produtos importados e artesanais. De forma geral, são mais orientados pelos valores simbólico e hedônico, e alguns são mais utilitários, devido à cultura européia.

6.2.9 Os Consumidores Segundo a Origem Cultural

Os consumidores foram segmentados em sete categorias segundo a origem cultural, devido a diferenças de gênero, estado civil, papel social, constituição da família, classe de renda, nível educacional, formação profissional, ocupação, posição social e fatores psicossociais e aos continentes de origem. De modo geral, há diferenças acentuadas entre as culturas ocidental e oriental e entre os nórdicos e os latinos, tanto de atitude quanto de comportamento, particularmente de consumo.

6.2.9.1 Os consumidores de origem européia

Os consumidores de origem européia podem ser oriundos da Europa Ocidental ou Oriental, têm características culturais e histórias diferentes, e sua partição deve-se, em um primeiro momento, às diferenças de religião e, após a Segunda Guerra Mundial, da influência americana ou soviética e do regime político dos governos da maioria dos países.

6.2.9.1.1 Europa ocidental
Até o surgimento dos Estados Unidos, Rússia e Japão como potências mundiais, os europeus ocidentais ditaram a moda, os costumes e o comportamento de consumo, particularmente os franceses, ingleses, italianos e alemães, que dominaram o mundo. Atualmente, ainda exercem grande influência nas demais populações, particularmente no que se refere a moda, moradia e manifestações artísticas. De forma geral, os nórdicos, alemães e ingleses são mais orientados pelo valor utilitário, enquanto os latinos, franceses, italianos e espanhóis o são pelos valores hedônico e simbólico da maioria dos produtos.

6.2.9.1.2 Europa oriental
A Europa Oriental foi a região em que a ideologia socialista permaneceu mais tempo como regime político e econômico instituído, e tem grande heterogeneidade religiosa. Devido às dificuldades econômicas e ao repúdio do regime ao consumismo, os orientais ficaram muito tempo atrelados ao consumo utilitário. Após a queda do Muro de Berlim e a dissolução da União Soviética, passaram a seguir os modelos ocidental e americano, de modo a compensar o período em que eram controlados pelo Estado. As antigas Hungria, Tchecoslováquia, Polônia e Alemanha Oriental têm mais influência da Europa Ocidental porque fizeram parte dela e, por isso, orientam-se para o valor simbólico dos produtos.

6.2.9.2 Os consumidores de origem norte-americana

A América do Norte era povoada por índios, e, como foi colonizada basicamente por ingleses e franceses, que eram cultos, religiosos e empreendedores e foram fazer a vida no novo continente, houve desenvolvimento dessa região. Assim, os consumidores norte-americanos sempre procuram produtos que aliem funcionalidade ao prazer. Há diferenças entre os norte-americanos e canadenses, que também fazem parte da América do Norte mas tiveram grande influência francesa. No próprio Canadá há uma nítida diferença cultural entre a região colonizada pelos ingleses, que são mais funcionais, e a dos franceses, que valorizam mais os consumos simbólico e hedônico. De modo geral, o consumo dos norte-americanos e canadenses é orientado tanto pelos valores utilitário como hedônico e simbólico dos produtos, dependendo da situação.

6.2.9.3 Os consumidores de origem latino-americana

A América Latina compreende os países do continente americano que falam espanhol e português e apresenta grande miscigenação étnica, reunindo índios, europeus e africanos. Nos países situados mais ao norte, como México, Peru, Venezuela, Guatemala e Bolívia, a maioria da população é descendente de ameríndios. Nos países mais ao sul, como Argentina, Chile, Uruguai e Brasil, há forte influência européia; e na América Central e no Brasil há grande influência da cultura negra. Por causa disso, muitas línguas são faladas na América do Sul – os idiomas dos colonizadores, colonizados, escravos e imigrantes.

Devido às influências das culturas índia, branca e negra, o consumo dos latino-americanos é muito flexível, havendo diferenças entre os argentinos e chilenos (européia), os mexicanos (norte-americanos e indígenas), os peruanos, bolivianos e paraguaios (indígenas) e os brasileiros (bem miscigenados). Devido ao simbolismo das culturas indígena e negra, os consumidores são muito mais orientados pelos valores simbólico e hedônico do que utilitário dos produtos.

6.2.9.4 Os consumidores de origem asiática

A Índia e a China são os países emergentes com maior potencial de consumo, visto virem sofrendo um processo de abertura política e socioeconômica. Já na época dos descobrimentos, os europeus buscavam o caminho marítimo para Índia e China por causa da seda, especiarias e ouro. Os consumidores asiáticos são bem diferentes dos ocidentais, principalmente por motivos religiosos, valorizando a fé e as culturas locais, daí o consumo ser mais orientado pelo valor simbólico do que pelo valor funcional dos produtos. Como os japoneses são muito voltados para as inovações tecnológicas, diferenciam-se dos demais, já que também prezam o valor funcional dos produtos.

6.2.9.5 Os consumidores de origem africana

A atual divisão territorial da África resultou da descolonização européia. Após a colonização surgida devido à expansão marítima para encontrar rotas, escravos e novos mercados produtores e consumidores, os europeus partilhavam as terras de forma arbitrária, desrespeitando características étnicas e culturais dos povos e gerando conflitos ao separar tribos aliadas e unificar tribos inimigas. A ocupação dos estrangeiros prosseguiu até fins da Segunda Guerra Mundial, quando os estados coloniais foram obtendo gradualmente a independência formal, mas os países independentes ainda mantêm as fronteiras traçadas pelo colonialismo europeu. Como a maioria do povo é pobre, mas tem uma fé religiosa muito grande, o consumo é mais orientado pelos valores utilitário e simbólico dos produtos.

6.2.9.6 Os consumidores de origem da oceania

A Oceania é constituída pelas ilhas da Melanésia, Micronésia, Polinésia (Nova Zelândia) e Austrália – que é o terceiro país do mundo em Índice de Desenvolvimento Humano (IDH) –, habitadas por nativos indígenas e que foram colonizadas pelos ingleses. O processo de expansão agropecuária e industrial e a extração do ouro atraíram milhões de imigrantes a esses países entre 1945 e 1970. Como grande parte da população das principais ilhas, Austrália e Nova Zelândia, é de ascendência inglesa, o consumo dos povos da Oceania é muito semelhante ao dos povos colonizadores. De modo geral, os consumidores estão mais orientados pelos valores funcional dos produtos e, em menor escala, pelos valores simbólico e hedônico.

6.3 O PERFIL PESSOAL DOS CONSUMIDORES

O perfil pessoal classifica os consumidores segundo os fatores psicossociais, aprofundando ainda mais seu conhecimento ao tipificar características de personalidade e as atitudes perante a vida, facilitando a percepção da orientação mais adequada para conquistá-los, de forma a direcionar os seus produtos, serviços e comunicação publicitária.

6.3.1 Os Consumidores Segundo o Fator Psicossocial

Os consumidores foram segmentados em basicamente 17 categorias segundo o fator psicossocial, devido à ponderação dos elementos cognitivos, afetivos e comportamentais de suas atitudes. Elas não são excludentes, assim um consumidor pode ser empreendedor e tradicional, assim como inovador, moderno, informal e supérfluo.

6.3.1.1 Os consumidores empreendedores

São consumidores arrojados, ativos, que tomam a iniciativa e executam idéias próprias ou sugestões de outros nas quais acreditam. Geralmente têm consumo à frente de sua época, adotando produtos e idéias diferentes do usual, e são orientados pelos valores simbólico e funcional dos produtos.

6.3.1.2 Os consumidores inovadores

São consumidores que gostam de novidades, renovando-se a cada dia tanto em termos de costumes quanto de hábitos e gosto pessoal. Procuram sempre adotar as novas idéias e tecnologias que surgem na sociedade e consumir os produtos novos lançados no mercado, orientando-se mais pelos valores simbólico e hedônico dos produtos.

6.3.1.3 Os consumidores imitativos

São consumidores que procuram reproduzir o que fazem as pessoas que admiram, seguindo como norma esses preceitos na esperança de entrar para uma classe social mais elevada ou reproduzir um estilo de vida mais sofisticado. Costumam copiar o consumo das pessoas famosas e orientam-se pelo valor simbólico dos produtos.

6.3.1.4 Os consumidores tradicionais

São consumidores que se baseiam nas tradições e costumes arraigados na sociedade em que vivem, adotando usos e hábitos transmitidos de geração para geração. Vivem de recordações, comprando produtos das marcas antigas no mercado, como seus familiares fizeram. Orientam-se pelo valor simbólico dos produtos.

6.3.1.5 Os consumidores modernos

São consumidores que vivem nos dias de hoje, atuais e abertos a novos hábitos e costumes, tendendo a aceitar inovações e marcas novas no mercado, mas nem sempre são voltados para tecnologia. Orientam-se pelos valores hedônico e simbólico do produto.

6.3.1.6 Os consumidores retrógrados

São consumidores refratários ou que se opõem à mudança, agindo em função inversa ao progresso. Costumam consumir produtos e marcas mais tradicionais, porque seus antepassados sempre consumiram. Orientam-se pelo valor simbólico dos produtos.

6.3.1.7 Os consumidores formais

São consumidores cerimoniosos, baseados nas normas de educação e na práxis social e guiados pela etiqueta social. Costumam consumir o que a maioria das pessoas usa, sem inovar, orientando-se, principalmente, pelo valor utilitário dos produtos.

6.3.1.8 Os consumidores informais

São consumidores guiados pela praticidade, que se baseiam nos conselhos dos amigos e que não observam a etiqueta social. Costumam consumir produtos mais práticos e úteis sem se prender a marcas, orientando-se basicamente por seu valor funcional.

6.3.1.9 Os consumidores simples

São consumidores que não gostam de ostentação ou complicação, agem sem segundas intenções e são guiados pela clareza. Normalmente seu consumo é mais voltado para os valores utilitário e hedônico dos produtos.

6.3.1.10 Os consumidores sofisticados

São consumidores voltados para a afetação, que se baseiam na sofisticação e artificialidade das coisas, prendendo-se a marcas sofisticadas. Costumam consumir as novidades das marcas conhecidas, orientando-se pelo valor simbólico dos produtos.

6.3.1.11 Os consumidores do supérfluo

São consumidores guiados pelos bens desnecessários ou inúteis que, em geral, nem se lembram da compra, já que o objetivo do consumo pode ser simbólico – preencher tempo, prazer, gratificar ou imitar os amigos. São orientados pelo valor hedônico do produto.

6.3.1.12 Os consumidores do luxo (bens e serviços)

São consumidores guiados pela ostentação, pompa, aparato e fausto, cujo objetivo é ter prazer, sentirem-se gratificados ou aceitos por grupo de classe social elevada e a compra simbólica de status e poder. Orientam-se pelo valor simbólico dos produtos.

6.3.1.13 Os consumidores racionais

São consumidores que fazem uso da razão, racionalizam a compra de acordo com necessidades e benefícios que os produtos podem oferecer. Seu consumo é orientado pelo valor utilitário dos produtos, já que fazem uma relação custo/benefício na compra.

6.3.1.14 Os consumidores emocionais (sonhadores)

São consumidores guiados pela emoção, que se impressionam e se comovem com produtos e/ou situações. Seu consumo baseia-se nos sentimentos que os produtos evocam, orientando-se basicamente por seus valores hedônico e simbólico.

6.3.1.15 Os consumidores funcionais (utilitários/práticos)

São consumidores que baseiam sua compra na utilidade, praticidade e funções que os produtos desempenham. Seu consumo baseia-se nos benefícios que os produtos oferecem para resolver seus problemas e são orientados pelo seu valor funcional.

6.3.1.16 Os consumidores simbólicos

São consumidores guiados por símbolos e pelo sentido figurado representativo de sinais externos. Baseiam-se na simbologia dos produtos, na sua função conotativa, no que eles representam em termos de status social ou crença, orientando-se pelo seu valor simbólico.

6.3.1.17 Os consumidores hedônicos

São consumidores guiados pelo prazer e satisfação proporcionado pelos objetos ou pelas lembranças a que remetem, cujo principal objetivo da compra é a alegria conquistada através dos produtos. Orientam-se basicamente pelo seu valor hedônico.

6.4 O PERFIL DE CONSUMO

O perfil de consumo refere-se ao histórico de compras dos consumidores. Normalmente essas transações devem constar de um sistema de informações da empresa de modo a permitir um conhecimento mais profundo dos consumidores, subsidiando o planejamento de produtos/serviços e as campanhas publicitárias e de venda e o relacionamento.

6.4.1 Os Consumidores Segundo a Relação Social

Os consumidores foram segmentados em quatro categorias segundo a relação social, devido a seus perfis psicológico, sociocultural e pessoal, e, como também compram para terceiros, variam em função do grau de intimidade que mantêm com as pessoas.

6.4.1.1 O consumo profissional

Os consumidores profissionais ganham a vida com o exercício dessa função e, portanto, têm que estar por dentro das tendências do mercado e do gosto pessoal dos seus clientes, pesquisando a base de dados das empresas para conhecê-los em profundidade, entrevistando-os para atualizar os dados e comparecendo a eventos da área de eficácia para saber das novidades. Orientam-se pelos valores utilitário e simbólico dos produtos.

6.4.1.2 O consumo para pessoas especiais

Os consumidores que compram para pessoas especiais na sua vida, como familiares e relacionamentos amorosos, gastam mais tempo e dinheiro e pesquisam seus desejos porque querem agradar. Compram objetos pessoais devido à intimidade, e são guiados pelo valor simbólico. Quando porém presenteiam o chefe ou amigos do trabalho de que gostam ou a quem devem favores, pesquisam suas necessidades e gastam mais dinheiro, mas o presente será menos pessoal e guiado pelos valores utilitário e simbólico.

6.4.1.3 O consumo para pessoas conhecidas

Quando os consumidores compram para pessoas conhecidas, o consumo vai depender do grau de relacionamento e amizade que tiverem com elas. No caso de amigos próximos, também gastam dinheiro e tempo pesquisando seus desejos de modo a encantá-los. Já quando compram para conhecidos menos íntimos ou pessoas com as quais trabalham diretamente, gastam menos tempo e dinheiro, embora pesquisem o gosto para evitar gafes e presentes de que não gostem. De modo geral, procuram objetos impessoais que agradem a todo tipo de pessoas, como livros, CDs, DVDs ou camisetas lisas de cores básicas, e orientam-se pelos valores simbólico e funcional, dependendo da situação.

6.4.1.4 O consumo para pessoas desconhecidas

Quando os consumidores compram para pessoas desconhecidas, mas importantes, gastam um pouco mais de tempo e dinheiro na compra, pesquisando suas necessidades porque precisam agradar, e, em geral, compram objetos decorativos sofisticados. Quando são pessoas quase desconhecidas com as quais mantêm relações profissionais, preferem dar objetos impessoais como bombons, flores, livros, CDs ou DVDs e orientam-se pelos valores utilitário e simbólico.

6.4.2 Os Consumidores Segundo o Tipo de Produto/Serviço

Os consumidores foram segmentados em 13 categorias segundo o tipo de produto/serviço, devido a diferenças nos perfis psicológico, sociocultural e pessoal. Cada produto estimula um tipo de consumo, como o apelo simbólico do vestuário e os estímulos emocional da alimentação e funcional de materiais de limpeza.

6.4.2.1 O consumo de vestuário

O vestuário está muito ligado à imagem e auto-estima das pessoas, por isso as características com maior diferencial são ciclo de vida, gênero, compleição física, constituição da família, classe de renda, posição social e fatores psicossociais. Entretanto, todos os demais fatores dos perfis psicológico e sociocultural podem ser utilizados. De forma geral, os consumidores são mais orientados pelos valores simbólico e hedônico que pela funcionalidade ou risco dos produtos.

As vestimentas também diferem de acordo com o tipo de ocasião em que vão ser utilizadas e podem atender basicamente a seis finalidades, quais sejam, ir à praia/piscina, dormir, praticar exercício, trabalhar, passear e festejar. Normalmente, as mais influenciadas por posição social e tipo de loja são as usadas para trabalhar, passear e festejar, uma vez que apresentam alto valor simbólico para os consumidores que querem passar uma imagem para os outros. As roupas também são utilizadas para designar a "tribo" a que pertencem e para mostrar o tipo de pessoa com que estão lidando.

6.4.2.2 O consumo de perfumaria e cosméticos

As características mais expressivas para os consumidores de perfumaria e cosméticos são ciclo de vida, gênero, classe de renda, posição social e fatores psicossociais, mas também apresentam diferenciação em termos de raça e origem cultural, devido ao tipo de pele e ao clima. Também podem ser usados para as mesmas finalidades do vestuário, e, em geral, os consumidores são mais orientados pelos valores hedônico e simbólico e, em menor escala, pelo de risco, devido à ocorrência de alergia.

6.4.2.3 O consumo de alimentação

As características mais expressivas para os consumidores de alimentação são ciclo de vida, compleição física, constituição da família, classe de renda, origem cultural e fatores psicossociais. Também há três tipos de consumidores de alimentação: os carnívoros – que não vivem sem carne –, os vegetarianos – que se alimentam de legumes, verduras e frutas – e os macrobióticos – que não comem carne e se alimentam de verduras, legumes, carboidratos e fibras. Geralmente, são orientados pelos valores hedônico e utilitário dos produtos e, algumas vezes, pelo simbólico.

6.4.2.4 O consumo de material de limpeza

As características mais expressivas para os consumidores de material de limpeza são ciclo de vida, classe de renda, constituição da família e fatores psicossociais. De forma geral, orientam-se pelo valor utilitário dos produtos, sempre comprando as mesmas marcas ou procurando produtos mais baratos. Outros, orientados pelo valor simbólico, procuram produtos biodegradáveis para proteção do meio ambiente.

6.4.2.5 O consumo de produtos de casa e decoração

Os consumidores de casa e decoração foram segmentados em cinco categorias, e as características mais expressivas são ciclo de vida, constituição da família, papel social, classe de renda, posição social e fatores psicossociais. As orientações são:

a. Produtos de cozinha: Valor funcional e, alguns, pelos valores simbólico e hedônico.

b. Roupas de mesa, cama e banho: Valores hedônico e simbólico.

c. Móveis: Valores funcional, simbólico e hedônico.

d. Iluminação: Valor funcional e alguns pelos valores hedônico e simbólico.

e. Objetos de decoração: Valores simbólico e hedônico e, alguns, pelo valor funcional.

6.4.2.6 O consumo de eletrodomésticos

Os consumidores de eletrodomésticos foram segmentados em duas categorias, e as características mais expressivas são ciclo de vida, constituição da família, classe de renda e fatores psicossociais com as seguintes orientações:

a. Eletrodomésticos portáteis – microondas, liquidificador, batedeira, grill, processador: Valores utilitário e, em menor escala, hedônico e simbólico.

b. Eletrodomésticos de grande porte – geladeira, *freezer*, máquina de lavar roupa: Valores utilitário e de risco e, em menor escala, simbólico e hedônico.

6.4.2.7 O consumo de eletroeletrônicos

Os consumidores de eletroeletrônicos foram segmentados em duas categorias, e as características mais expressivas são ciclo de vida, constituição da família, classe de renda e fatores psicossociais com as seguintes orientações:

a. Eletroeletrônicos portáteis – aparelhos de DVD, aparelhos fotográficos, filmadoras, som: Valores utilitário e, em menor escala, hedônico e simbólico.
b. Eletroeletrônicos de grande porte – televisores, *home theater*, aparelhos de som: Valores de risco e simbólico e, em menor escala, hedônico e utilitário.

6.4.2.8 O consumo de informática

Os consumidores de informática foram segmentados em duas categorias e as características mais expressivas são ciclo de vida, constituição da família, classe de renda e fatores psicossociais com as seguintes orientações:

a. Informática de pequeno porte – periféricos, teclado, mouse, cartuchos de tinta, papel, softwares: Valor utilitário.
b. Informática de grande porte – computador, *laptop*, *notebook*, impressora, *scanner*: Valores de risco e utilitário e, em menor escala, simbólico e hedônico.

6.4.2.9 O consumo de brinquedos e material esportivo

As características mais expressivas para os consumidores de brinquedos e material esportivo são ciclo de vida, gênero, classe de renda, posição social, origem cultural e fatores psicossociais e de forma geral são mais orientados pelos valores hedônico e simbólico dos produtos. O consumo de brinquedos também varia em função do nível educacional e formação profissional dos pais, já que alguns gostam de presentear com brinquedos educativos e outros com jogos eletrônicos. No caso de material esportivo, o consumo também varia em função da formação profissional e ocupação, uma vez que as pessoas que trabalham com esportes têm um consumo mais funcional.

6.4.2.10 O consumo de remédios

As características mais expressivas para os consumidores de remédios são ciclo de vida, gênero, compleição física, nível educacional, classe de renda, origem cultural e fatores psicossociais. Há vários tipos de consumidores, como os hipocondríacos, os que usam por recomendação médica, os maníacos por vitaminas e remédios para melhoria do desempenho físico ou sexual ou os que consomem remédios naturais. De forma geral, são orientados pelo valor utilitário dos produtos e, algumas vezes, pelo valor simbólico ou hedônico.

6.4.2.11 O consumo de veículos

Os consumidores foram segmentados em três categorias e as características mais expressivas são ciclo de vida, gênero, constituição da família, classe de renda, ocupação, posição social e fatores psicossociais com as seguintes orientações:

a. Veículos pequenos/grandes: Em geral, mulheres e pessoas mais velhas ou com família pequena preferem carros pequenos, enquanto homens, pessoas com famílias grandes e de posição social elevada escolhem carros grandes. Orientam-se pelos valores de risco e utilitário e pelos valores simbólico e hedônico dependendo do ciclo de vida e da posição social.

b. Veículos simples/luxuosos: Em geral, mulheres e pessoas mais velhas ou com família pequena preferem carros simples, enquanto homens e pessoas com posição social mais elevada escolhem carros luxuosos com tecnologia. Orientam-se pelos valores simbólico e hedônico e, em menor escala, pelo valor de risco.

c. Veículos utilitários: Em geral, homens e pessoas com família grande que viajam e pessoas esportiva. São orientados pelos valores hedônico, simbólico e utilitário.

6.4.2.12 O consumo de moradia

Os consumidores de moradia foram segmentados em seis categorias, e as características mais expressivas são ciclo de vida, gênero, papel social, constituição da família, classe de renda, ocupação, posição social e fatores psicossociais com as orientações:

a. Moradia em casa/apartamento: Em geral, moradores da cidade que querem segurança preferem apartamento, e os dos subúrbios ou zonas rurais que gostam de privacidade preferem casa. Orientam-se pelos valores de risco e utilitário – os que preferem apartamento – e pelos valores simbólico e hedônico – quando escolhem casa.

b. Moradia pequena/grande: Em geral, pessoas mais velhas ou com família pequena preferem moradias pequenas, enquanto as com famílias grandes ou com posição social mais elevada escolhem as grandes. Orientam-se pelos valores utilitário – os que preferem pequena – e simbólico – quando escolhem grande.

c. Moradia simples/luxuosa: Em geral, pessoas mais velhas ou de lares solitários preferem simples, enquanto as com lares cheios ou posição social elevada escolhem luxuosa. Orientam-se pelos valores de risco e utilitário – os que preferem simples – ou simbólico – quando escolhem luxuosa.

d. Moradia na cidade/subúrbio/zona rural: Em geral, pessoas mais novas, solteiras ou com família grande preferem a cidade; já as mais velhas, aposentadas ou com posição social mais baixa escolhem os subúrbios ou a zona rural. Orientam-se pelos valores de risco, utilitário e simbólico – quem prefere casa na cidade – ou utilitário e hedônico – no subúrbio ou zona rural.

e. Moradia de viver/temporada: Em geral, os requisitos dos consumidores são diferentes quando vão viver na casa – próximo ao comércio, com vista, bairro com boa vizinhança – ou quando vão passar temporada – agradável, próximo aos programas, e aceitam menos conforto. Para morar, orientam-se pelos valores funcional e simbólico, e para temporada, pelos valores hedônico e simbólico.

f. Moradia em montanha/praia: Em geral, os consumidores com posição social mais elevada têm casa fora da cidade para lazer. Os mais velhos ou com família grande preferem na montanha, enquanto os mais novos ou com lares com família nova escolhem na praia. Ambos orientam-se pelos valores simbólico, hedônico e de risco.

6.4.2.13 O consumo de bens e serviços de luxo

Os consumidores de bens e serviços de luxo foram segmentados basicamente em jóias, obras de arte e serviços de alta costura, decoração e bufês. As características mais expressivas são ciclo de vida, gênero, constituição da família, papel social, classe de renda, ocupação, posição social e fatores psicossociais, e em todos os casos orientam-se pelos valores hedônico e simbólico. Os principais consumidores de jóias são pessoas dos 30 aos 70 anos, e de alta costura são pessoas maduras, ambas com posição social elevada, que utilizam para se diferenciar. No caso de decoração, pessoas mais novas fazem a sua e as mais velhas com posição social alta contratam arquitetos e decoradores. No de bufês, pessoas de posição social elevada contratam serviços famosos, caros e com produtos sofisticados, e as de posição mais baixa contratam serviços e produtos simples.

6.4.2.14 O consumo de serviços de lazer

O consumo de serviços de lazer foi segmentado em três categorias, com as características mais expressivas ciclo de vida, gênero, classe de renda, posição social e fatores psicossociais. Todos orientam-se pelos valores hedônico e simbólico.

a. Show, teatro e cinema: Em geral, as pessoas mais novas e solteiras gostam de shows mais badalados, música mais agitada, peças de vanguarda e comédias, e filmes de ação, terror, suspense, romance e comédia, enquanto as mais velhas e casadas gostam de shows menores, de música clássica, jazz, bossa nova ou rock dos anos 1960, peças de autores mais tradicionais e comédias, e filmes cult, policial, comédia e romance.

b. Bar e restaurante: Em geral, as pessoas mais novas e solteiras gostam de bares e restaurantes mais badalados e de *fast food*, enquanto as mais velhas e casadas preferem os mais charmosos, as de posição social mais alta gostam de comidas mais sofisticadas e caras.

c. Turismo: Em geral, as pessoas mais novas e solteiras gostam de viagens para esquiar ou de ir à praia, enquanto as mais velhas e com posição social alta gostam de viagens ao exterior para melhorar a cultura ou para práticas esportivas.

6.4.2.15 O consumo de serviços financeiros

O consumo de serviços financeiros foi segmentado em três categorias, e as características mais expressivas. São ciclo de vida, gênero, constituição da família, classe de renda, ocupação, posição social e fatores psicossociais. Todos orientam-se pelos valores utilitário, de risco e simbólico.

a. Serviços bancários – As pessoas mais novas e com posição social mais alta fazem as transações e atendimento pela Internet e utilizam atendimento personalizado, e as mais velhas e com posição social mais baixa utilizam os caixas eletrônicos e o atendimento pessoal.

b. Aplicações financeiras – As pessoas mais novas e com posição social mais alta fazem investimento em ações ou em carteiras de maior risco nos bancos de investimento, e as mais velhas e com posição social mais baixa investem em CDBs, renda fixa e em carteiras de menor risco dos bancos de varejo.

c. Cartões de crédito – As pessoas mais novas e com posição social mais alta utilizam o limite de crédito, e as mais velhas e com posição social mais baixa parcelam a dívida e utilizam o limite de crédito.

6.4.3 Os Consumidores Segundo a Experiência de Compra

Os consumidores foram segmentados em cinco categorias segundo a experiência de compra devido a diferenças de gênero, papel social, constituição da família, classe de renda, nível educacional, formação profissional, ocupação, posição social e fatores psicossociais.

6.4.3.1 O consumo estimulado pelos atributos tangíveis

Os consumidores geralmente escolhem os gêneros de primeira necessidade das compras domésticas como arroz, açúcar e sal e o material de limpeza por seus atributos tangíveis, ou seja, funcionalidade, utilidade e benefícios concretos que apresentam, orientando-se pelo valor funcional dos produtos.

6.4.3.2 O consumo estimulado pelos atributos intangíveis

Os consumidores de roupas, perfumes e cosméticos, eletroeletrônicos, informática e produtos supérfluos geralmente consomem produtos pelo que representam em termos de prazer, status e estilo de vida, baseando suas escolhas em atributos intangíveis. São mais influenciados pelos valores hedônico e simbólico.

6.4.3.3 O consumo estimulado pelo apelo sensorial dos produtos

O ato de fazer compras, mais que a simples aquisição do necessário, é a experimentação dos sentidos. Os consumidores são estimulados pelos apelos sensoriais dos produtos, assim o visual é o mais usado na escolha das roupas, assim como a textura de um creme, o som de um CD e o cheiro dos perfumes. De modo geral, as crianças valorizam a visão e o toque, enquanto os jovens são dominados pela imagem e pelo som. Hoje em dia, algumas lojas também utilizam o olfato para apelar para o "cheiro da memória" ou dos produtos, e várias lojas sofisticadas incluem o olfato na criação de sua identidade. Orientam-se pelos valores hedônico e simbólico.

6.4.3.4 O consumo estimulado pela experimentação dos produtos

Os consumidores valorizam o toque e a experimentação dos produtos, já que atualmente não há vendedores treinados e em número suficiente prestando atendimento. As lojas devem expor os produtos de forma que possam ser tocados e disponibilizar cabines para a experimentação dos clientes. Ao tocar os objetos, os consumidores estão comprando informação, compreensão, conhecimento, experiência e sensação necessários para a tomada de decisão. Orientam-se pelos valores hedônico e simbólico.

6.4.3.5 O consumo estimulado pelo atendimento dos vendedores

Os consumidores são estimulados pelo atendimento dos vendedores, em especial as mulheres nas compras de vestuário e os homens em produtos eletroeletrônicos e de informática. De modo geral, os clientes gostam de ser conhecidos pelo nome e preferências, de receber informações precisas, atendimento rápido e ofertas personalizadas para desenvolverem fidelidade. As empresas devem disponibilizar produtos para experimentação e pessoas para prestar informações aos clientes, que se orientam pelo valor simbólico.

6.4.4 Os Consumidores Segundo o Significado do Consumo

Os consumidores foram segmentados em cinco categorias segundo o significado do consumo, devido a diferenças de gênero, estado civil, papel social, constituição da família, classe de renda, nível educacional, formação profissional, ocupação, posição social e fatores psicossociais, e os significados mudam conforme o seu humor, situação e época.

6.4.4.1 O consumo por necessidade

Os consumidores geralmente fazem as compras de supermercado e as de farmácia por necessidade, na medida em que precisam dos produtos para o dia-a-dia da casa e para os doentes. Em geral, refere-se à compra de bens como arroz, açúcar, sal, material de limpeza e remédios. Orientam-se pelo valor utilitário do produto.

6.4.4.2 O consumo como terapia

Os consumidores às vezes utilizam os produtos como meio de aliviar as tensões e frustrações por que passaram no dia ou que estão acumuladas há algum tempo. De forma geral, as mulheres compram roupas, perfumes e cosméticos, e os homens, *gadgets* eletrônicos, CDs e DVDs como terapia para substituir a análise, orientando-se basicamente pelos valores hedônico e simbólico do consumo.

6.4.4.3 O consumo como gratificação/punição

Os consumidores podem utilizar os produtos para se presentear quando fazem um trabalho bem-feito ou quando fizeram algum sacrifício, ou se gratificar por emagrecerem após um regime. Também podem utilizar os produtos para se punir, quando acham que engordaram muito e compram um monte de roupas largas ou comidas de dieta. Nesses casos, o consumo orienta-se basicamente pelos valores simbólico e hedônico.

6.4.4.4 O consumo como chantagem emocional

Os consumidores podem usar os produtos como forma de chantagem emocional, como os pais fazerem acordo com os filhos de comprar alguma coisa se se comportarem bem. Algumas vezes a proposta é dos pais e outras é da própria criança, mas em ambos os casos o consumo é orientado pelos valores simbólico e hedônico.

6.4.4.5 O consumo como entretenimento/passatempo

Os consumidores também vão às compras apenas para se divertir e/ou passar o tempo, como quando chegam adiantados a um compromisso e fazem hora comprando em uma loja. Algumas vezes, vão ao shopping para se divertir ou paquerar algum vendedor ou freqüentadores de uma loja e acabam comprando algo. Em todos os casos, o consumo é orientado pelo valor hedônico dos produtos.

6.4.5 Os Consumidores Segundo o Canal de Consumo

Os consumidores foram segmentados em cinco categorias segundo o canal de consumo, devido a diferenças de gênero, estado civil, papel social, constituição da família, renda, nível educacional, formação profissional, ocupação, posição social e fatores psicossociais.

6.4.5.1 O consumo pessoal

Geralmente, os consumidores preferem fazer pessoalmente as compras de produtos que dão prazer, como roupas, cosméticos, perfumes e jóias, no caso das mulheres, e equipamentos eletroeletrônicos e de informática no dos homens, orientando-se pelos valores hedônico e simbólico. Outro tipo de compra feita pessoalmente, mesmo que haja pesquisa pela Internet, telefone, catálogo e meios de comunicação, é a de moradia e veículos. Atributos fundamentais levados em consideração são a visão e experimentação do produto para saber tamanho das roupas, cheiro e qualidade de cosméticos e perfumes, funcionalidades dos equipamentos e veículos e estado de conservação das casas.

6.4.5.2 O consumo por telefone

Muitas vezes, os consumidores compram serviços como seguros de saúde e de carro, planos de telefonia e de televisão a cabo, livros, CDs e DVDs por telefone, uma vez que basta saber as especificações. Nesses casos, a compra se dá em duas etapas, uma pesquisa anterior feita entre os amigos, por telefone e/ou Internet, e o fechamento do negócio. As pessoas também costumam pedir com freqüência comida por telefone. Aliás, um dos serviços que teve maior crescimento em todo o mundo nos últimos anos foi a entrega em casa. Nesse caso, o consumo é orientado pelo valor funcional.

6.4.5.3 O consumo pela Internet

Uma boa parte dos consumidores, após pesquisar, faz supermercado, compra seguros, planos de telefonia e televisão a cabo, livros, CDs, DVDs, perfumes e cosméticos pela Internet, uma vez que basta saber as especificações. Alguns compram até roupas pela Internet, nesse caso para evitar problemas, geralmente em lojas de marcas conhecidas, e quando já sabem seu tamanho e a qualidade do produto. As compras pela Internet constituem um aperfeiçoamento dos catálogos em termos de rapidez, conveniência, variedade, quantidade de informações e interatividade. No entanto, os catálogos não sofrem panes, as páginas viram mais rápido e as fotos são melhores.

De forma a atrair clientes, os sites da Internet não devem poluir a página com excesso de informação e devem ser organizados em estágios. A função da primeira página é a de informar onde se encontram os produtos e apresentar a estrutura geral da loja. As páginas devem ser carregadas rapidamente em qualquer máquina e em acesso via linha telefônica, devem ter letras grandes, facilidade de navegação, utilizar som e setas direcionais, apresentar uma imagem nítida dos produtos, ser atualizadas com freqüência e responder rapidamente aos e-mails para impedir que os consumidores desistam da compra. O consumo é orientado pelos valores funcional e hedônico.

6.4.5.4 O consumo por mídia (jornal, revista, televisão, rádio)

Alguns consumidores também compram produtos como eletrodomésticos, eletroeletrônicos e informática anunciados pela mídia – jornal, revista, televisão e rádio – às vezes pelo correio e outras pelo telefone. Esse tipo de compra cresceu tanto que o canal Shoptime, criado especialmente para vendas, tem tanta audiência que atualmente muitos dos seus produtos são anunciados em outros canais de televisão por representantes ou pelos próprios apresentadores. O consumo é orientado pelos valores funcional e simbólico.

6.4.5.5 O consumo por catálogo

Alguns consumidores compram produtos como cosméticos, perfumaria e roupas íntimas por catálogo, tanto que os maiores vendedores desse tipo de canal, no Brasil, são a Avon e a Natura. Nos Estados Unidos, muitas lojas de roupas também vendem por catálogo, particularmente para clientes especiais, como é o caso da Victoria's Secret e da Gap. Em ambos os casos, o consumo é orientado pelos valores funcional e simbólico dos produtos.

6.4.6 Os Consumidores Segundo a Freqüência de Consumo

Os consumidores foram segmentados em cinco categorias segundo a freqüência do consumo, devido a diferenças de gênero, estado civil, papel social, constituição da família, classe de renda, ocupação, posição social e fatores psicossociais, e normalmente é determinada pelo tipo de produto.

6.4.6.1 O não-consumo

Algumas pessoas não consomem alguns tipos de produto devido a motivos tão diversos quanto o impedimento cultural – consumo de carne de cachorro pelos povos que têm esses animais como bichos de estimação; crença religiosa – consumo de carne de vaca, considerada sagrada pelos hindus; convicção – consumo de carne por vegetarianos; falta de vontade – consumo de bichos como tartaruga, escargot, cobra; por falta de necessidade – consumo de remédios por quem não está doente. Nesses casos a orientação é simbólica.

6.4.6.2 O primeiro consumo

As pessoas consomem um produto pela primeira vez porque se dispõem ou porque passam a ter condição financeira para experimentar algo nunca consumido, caso das comidas étnicas ou do escargot. Também podem consumir devido a mudanças climáticas ou de compleição física como, por exemplo, esquimós que moram no gelo e nunca comeram churrasco ou gordos que nunca fizeram dieta. Em geral esse consumo é orientado por valores simbólicos hedônicos.

6.4.6.3 O consumo eventual

Alguns tipos de produto, como caviar e champanhe, são consumidos eventualmente porque são muito caros para quem não tem uma renda elevada. Na maioria das vezes está atrelado ao tipo de produto e acontece com bens caros ou muito diferentes que são comprados uma vez ou menos por ano; é orientado pelos valores simbólico e hedônico.

6.4.6.4 O consumo ocasional

Alguns tipos de produto são consumidos ocasionalmente devido à sazonalidade. Nesse caso estariam roupas muito direcionadas a uma finalidade específica, como para natação ou esqui, assim como alimentos como sorvete, que têm a sua fase áurea de consumo no verão. Em geral, o consumo é orientado pelos valores funcional e hedônico e, em menor escala, pelo simbólico.

6.4.6.5 O consumo habitual

A maior parte dos produtos perecíveis de primeira necessidade que fazem parte do dia-a-dia das pessoas é de consumo habitual, como por exemplo arroz, carne, leite. Em geral, é nas compras de supermercado que se encontra o maior número de produtos de consumo habitual, que normalmente é orientado pelo valor funcional.

6.4.7 Os Consumidores Segundo o Local de Consumo

Os consumidores foram segmentados em seis categorias com subcategorias segundo o local de consumo, e se comportam de maneira diferente nos diversos ambientes devido a diferenças de gênero, estado civil, papel, constituição da família, classe de renda, nível educacional, ocupação, posição social e fatores psicossociais.

6.4.7.1 O consumo nas lojas grandes

Supermercados, Shopping Centers, Lojas de Departamento, *Outlets*

Os consumidores costumam mexer nas mercadorias expostas nas lojas grandes. Um comportamento habitual nas lojas de roupas é o de experimentar os produtos no próprio local em que se encontram, deixando fora do lugar aqueles que não interessam. As características mais expressivas são ciclo de vida, gênero, compleição física, papel social, constituição da família, classe de renda, posição social e fatores psicossociais, que são bem diferentes nos diversos estratos de clientes. Apesar de os shopping centers serem constituídos por várias lojas diferentes, vamos utilizar o mesmo tratamento dado às lojas de departamento e *outlets*, que são compostos por várias seções, e porque mesmo nas lojas de luxo o comportamento dos clientes dos shoppings difere daquele das lojas de rua.

- **O Consumo nos Supermercados**

Os supermercados concentram-se basicamente em produtos de alimentação, apesar de alguns venderem roupas, perfumaria, remédios, eletrodomésticos, eletroeletrônicos e informática. As diferenças de consumo são tanto em termos do tipo de produto como em termos de qualidade, quantidade, marca, freqüência, significado e orientação. Por causa dessa diversidade é que muitas empresas de alimentos criaram embalagens menores para famílias pequenas e gigantes para as famílias grandes e para festas. A orientação depende da finalidade do consumo – para produtos usuais dá-se pelo valor utilitário, e para supérfluos, pelos valores hedônico e simbólico.

- **O Consumo nos Shopping Centers**

Os shopping centers concentram muitas lojas destinadas a públicos diversos com vários tipos de produtos como vestuário, sapatos, cosméticos, alimentação, esportes, brinquedos, eletrodomésticos e informática. Por causa disso, procuram ser funcionais para atender às necessidades de toda a família e proporcionar prazer nas compras. As diferenças de consumo devem-se aos tipos de loja e de produto, à qualidade, à quantidade, à marca, à freqüência, ao significado e à orientação de compra. Geralmente as lojas de bens de luxo situadas em shopping são do tipo empório, com produtos mais baratos, uma vez que a freqüência é bem diferente das lojas de rua. Atualmente, muitos shoppings estão se especializando por tipo de produto ou de consumidor; assim, existem os de material de construção, de decoração e de produtos de luxo. Os consumidores são orientados pelos valores hedônico, quando vão passear, e utilitário, quando realmente precisam dos produtos.

- **O Consumo nas Lojas de Departamentos**

As lojas de departamento vendem vários tipos de produto em uma mesma loja com ambientes separados. Aqui no Brasil, são orientadas para as classes mais baixas, e as principais diferenças de consumo são por tipo de produto, qualidade, quantidade, marca, canal, freqüência, significado e orientação. Os consumidores orientam-se pelos valores utilitário, quando precisam, e hedônico, quando vão passear.

- **O Consumo nos *Outlets* (Pontas de Estoque)**

Atualmente, os *outlets* – pontas de estoque – estão se diferenciando em função tanto do tipo de produto quanto de consumidor. Desse modo, existem os voltados para bens de luxo, os de móveis ou de material de construção. As diferenças de consumo vão se basear tanto no tipo de produto como na qualidade, quantidade, marca, atendimento, freqüência, significado e orientação de compra. Em geral, os consumidores estão mais orientados pelos valores utilitário, devido à economia que fazem, e hedônico, pois sentem prazer tanto pela compra quanto pela economia (barganha).

6.4.7.2 O consumo nas lojas pequenas

Lojas de Rua, Lojas de Bairro, Padarias e Açougues

Os consumidores nas lojas pequenas têm atendimento diferenciado, devido ao relacionamento que estabelecem e à freqüência com que compram, particularmente em bairros menores, em que os consumidores são avisados da chegada de mercadorias do seu gosto, e muitos até levam os produtos para experimentar em casa. As características mais expressivas são ciclo de vida, gênero, raça, compleição física, papel social, constituição da família, classe de renda, posição social e fatores psicossociais.

- **O Consumo nas Lojas de Rua**

As lojas de rua se diferenciam em função do tipo de produto e da região geográfica em que se localizam. Tanto as lojas de roupa quanto as de alimentação procuram se adequar ao gosto local; assim, lojas da mesma cadeia, como a Cantão, têm mercadorias diferentes nas filiais da Tijuca, Barra e Ipanema. Algumas ruas do Rio se especializaram, como a do Catete em móveis, a Garcia d'Ávila em joalherias e a Farme de Amoedo no público *gay*. Em geral quem consome nas lojas de rua são os moradores da vizinhança, orientados pelos valores funcional – proximidade de casa – e simbólico – marca e local.

- **O Consumo nas Lojas de Bairro**

Muitas lojas de bairros dão tratamento especial para os moradores locais. Alguns bairros do Rio estão se especializando, como Botafogo em consultórios médicos, Copacabana em pronta-entrega e Santa Teresa em ateliês de artistas. Como a Barra da Tijuca é um bairro constituído basicamente por condomínios, os incorporadores estão construindo shoppings nas proximidades, seguindo o modelo americano. Em geral, os consumidores são moradores, cuja orientação se dá pelos valores funcional, simbólico ou hedônico, dependendo do tipo de produto que consomem.

- **O Consumo nas Padarias e Açougues**

Atualmente, as padarias e açougues deixaram de vender só pão, leite e carne, transformando-se em minimercados dos bairros. Alguns deles passaram a oferecer café-da-manhã aos clientes e viraram locais da moda. Os consumidores orientam-se pelo valor utilitário, mas, devido às mudanças, também pelos valores hedônico e simbólico.

6.4.7.3 O consumo nas lojas de compras de emergência

Farmácias, Lojas de Conveniência

Os consumidores das lojas de compras de emergência têm atendimento diferenciado por causa da freqüência com que as utilizam, particularmente no bairro em que moram ou trabalham. As dimensões mais expressivas são ciclo de vida, gênero, constituição da família, classe de renda, posição social e fatores psicossociais, e a orientação é pelo valor funcional.

- **O Consumo nas Farmácias**

Como a maioria das farmácias trabalha com perfumes e cosméticos de marcas conhecidas, os consumidores também se orientam pelos valores hedônico e simbólico.

- **O Consumo nas Lojas de Conveniência**

Como a maioria das lojas de conveniência trabalha com produtos de marcas conhecidas, bebidas alcoólicas e *delicatessen*, os consumidores também se orientam pelos valores hedônico e simbólico.

6.4.7.4 O consumo nas lojas especializadas

Tecnologia (Eletroeletrônicos e Informática), Material de Construção, Esporte, *Delicatessen*, Bebida, Livraria

Os consumidores das lojas especializadas têm atendimento diferenciado devido ao relacionamento que estabelecem com vendedores e à freqüência com que compram, sendo até avisados da chegada de mercadorias. As características mais expressivas são ciclo de vida, gênero, constituição da família, renda, posição social e fatores psicossociais.

- **O Consumo nas Lojas de Tecnologia (Eletroeletrônicos e Informática)**

As lojas de produtos de tecnologia como eletroeletrônicos e informática são freqüentadas, em sua maioria, por homens jovens e maduros das classes média e alta, por isso têm muitos produtos expostos, dispõem de vendedores especializados e material explicativo. Os consumidores são mais orientados pelos valores hedônico e simbólico.

- **O Consumo nas Lojas de Material de Construção**

As lojas de material de construção são freqüentadas basicamente por pessoas jovens e maduras, de todos os gêneros, classes de renda, níveis educacionais e formação profissional, cuja principal orientação é pelo valor utilitário e, em menor escala, hedônico.

- **O Consumo nas Lojas de Esportes**

As lojas de esportes são freqüentadas por esportistas e "marombeiros", particularmente jovens e maduros, orientados pelos valores utilitário, hedônico e simbólico.

- **O Consumo nas Lojas de *Delicatessen***

Como vendem produtos exclusivos, sofisticados e de marca, as *delicatessen* são freqüentadas basicamente por pessoas de classe e posição social mais elevadas, que se orientam principalmente pelos valores simbólico e hedônico.

- **O Consumo nas Lojas de Bebidas**

Como as lojas de bebidas também vendem produtos exclusivos, caros e de marca, são freqüentadas basicamente por pessoas de classe e posição social mais elevadas, especialmente orientadas pelos valores simbólico e hedônico.

- **O Consumo nas Livrarias**

As livrarias nas grandes cidades deixaram de vender apenas livros, trabalhando com revistas, CDs e DVDs, além de ter bistrôs para venda de café, vinho e sanduíches, e passaram a ser freqüentadas até mesmo por pessoas que não gostam de ler, transformando-se em locais da moda dos *baby boomers*, orientados pelos valores simbólico e hedônico.

6.4.7.5 O consumo nas lojas de produtos de grande valor

Concessionárias de Veículos, Corretoras de Imóveis

Os consumidores foram segmentados de acordo com a categoria dos veículos e moradias por tamanho e estilo. As características mais expressivas são ciclo de vida, gênero, papel, constituição da família, renda, posição social e fatores psicossociais.

- **O Consumo nas Concessionárias de Veículos**

Em geral, as concessionárias são estruturadas com espaços para carros pequenos e simples, grandes e luxuosos e utilitários, e os consumidores orientam-se basicamente pelos valores utilitário – caso de veículos pequenos e simples – e de risco, simbólico e hedônico – caso de veículos grandes e luxuosos e dos utilitários.

- **O Consumo nas Corretoras de Imóveis**

Em geral, as corretoras possuem vendedores especializados em apartamentos e casas pequenas e em apartamentos e casas grandes e luxuosos, com alta tecnologia, que atendem basicamente pessoas com famílias grandes e/ou com posição social mais elevada. Os consumidores orientam-se pelos valores utilitário – moradias pequenas e simples – e de risco, simbólico e hedônico – moradias grandes e luxuosas.

6.4.7.6 O consumo nas lojas de bens e serviços de luxo

Joalherias, Lojas de Marca, Bens e Serviços de Luxo

Os consumidores das lojas de bens e serviços de luxo foram segmentados em quatro categorias, e as características mais expressivas são ciclo de vida, gênero, constituição da família, classe de renda, posição social e fatores psicossociais, e devem prestar atendimento personalizado e tratamento diferenciado para fidelizá-los, já que, em geral, compram no exterior. Orientam-se basicamente pelos valores simbólico e hedônico.

- **O Consumo nas Joalherias**

As joalherias são lojas com peças de preços elevados, muitas vezes objetos únicos, e direcionam-se ao público de classe de renda mais elevada.

- **O Consumo nas Lojas de Marca**

As lojas de marca normalmente têm modelos exclusivos de grandes costureiros ou marcas de renome, e os produtos têm preços elevados e direcionam-se ao público de classe de renda e posições sociais mais elevadas.

- **O Consumo nas Lojas de Bens de Luxo**

As lojas de bens de luxo como obras de arte, antiguidades, objetos de decoração sofisticados e outras mercadorias de luxo têm preços elevados e direcionam-se ao público de classe de renda mais alta ou aos aspirantes a executivos.

- **O Consumo nas Lojas de Serviços de Luxo**

As lojas de serviços de luxo como roupas e acessórios de alta costura, bufê, cerimonial e aluguel de carros de luxo com motorista têm preços elevados e direcionam-se ao público de classe de renda mais alta e aos aspirantes a posições sociais elevadas.

6.4.8 Os Consumidores Segundo os Serviços de Consumo

Os consumidores foram segmentados em cinco categorias e subcategorias segundo os serviços de consumo, devido a diferenças de gênero, estado civil, papel social, constituição da família, classe de renda, nível educacional, formação profissional, ocupação, posição social e fatores psicossociais, e comportam-se de acordo com elas.

6.4.8.1 O consumo de serviços financeiros

Bancos, Financeiras, Cartões de Crédito

Os consumidores de serviços financeiros foram segmentados em três categorias, orientando-se pelos valores utilitário e de risco e simbólico para valores altos.

- **O Consumo nos Bancos**

Os bancos foram segmentados em de varejo, investimento e exclusivo. De modo geral, as pessoas de classe social mais baixa preferem os bancos de varejo para suas transações financeiras porque os percebem como mais seguros. Já as pessoas maduras de posição social mais alta usam os de varejo apenas para serviços bancários e os de investimento para as aplicações, enquanto as mais novas e de posição social mais alta preferem fazer toda a movimentação financeira com os bancos exclusivos.

- **O Consumo nas Financeiras**

Em geral, as pessoas jovens e maduras de classe social mais elevada utilizam corretoras de valores e de câmbio para diversificar as suas aplicações.

- **O Consumo de Cartões de Crédito**

Os cartões de crédito são utilizados por pessoas de todas as classes sociais, com variação do limite de crédito determinada pela renda. As classes mais altas os usam como capital de giro, aplicando seu "limite" e rolando as dívidas, enquanto as mais baixas os usam como financiamento das compras. Atualmente, muitas crianças recebem a mesada em cartão porque os pais acreditam que, além de ser seguro, ensina a controlar as despesas.

6.4.8.2 O consumo de serviços estéticos

Academias, Cabeleireiros, Clínicas de Emagrecimento, Clínicas de Estética

Os consumidores de serviços estéticos foram segmentados em quatro categorias, e as características mais expressivas são ciclo de vida, gênero, constituição da família, classe de renda, posição social e fatores psicossociais. Em todos os casos os consumidores se orientam principalmente pelos valores hedônico e simbólico.

- **O Consumo nas Academias**

As academias de ginástica passaram a ser centros de lazer, com a prática de exercícios físicos *indoor* e *outdoor*. Como muitas pessoas passam um tempo nelas e para melhor atender a quem trabalha o dia inteiro, a maioria ampliou o horário de funcionamento, abrindo mais cedo e fechando mais tarde ou até abrindo 24 horas.

- **O Consumo nos Cabeleireiros**

Atualmente, uma boa parte dos cabeleireiros das grandes cidades passou a fazer tratamentos estéticos, mantendo espaços privativos para atender os homens, e ampliar o horário de funcionamento.

- **O Consumo nas Clínicas de Emagrecimento e Spas**

As clínicas de emagrecimento e spas localizam-se nas capitais dos grandes centros e em localidades no campo, praia ou cidade, atendendo a pessoas de todas as idades. Algumas oferecem programas de tratamento de apenas meio-dia ou de um dia inteiro, além dos semanais e de finais de semana.

- **O Consumo nas Clínicas de Estética**

As clínicas de estética oferecem tratamentos dados por um conjunto de profissionais como endocrinologista, dermatologista e cirurgiões plásticos, além de esteticistas, massagistas e depiladores. Geralmente os maiores consumidores são as pessoas jovens ou maduras, de todos os gêneros das classes de renda mais elevadas.

6.4.8.3 O consumo de serviços de lazer

Shows, Teatros e Cinemas, Bares e Restaurantes, Turismo e Diversão

Os consumidores de serviços de lazer foram segmentados em três categorias, e as características mais expressivas são ciclo de vida, gênero, renda, posição social e fatores psicossociais. Em todos os casos, orientam-se pelos valores hedônico e simbólico.

- **O Consumo em Shows, Teatros e Cinemas**

As crianças vão ao teatro e ao cinema ver shows, peças e filmes infantis. Já as pessoas mais novas e solteiras vão ao teatro ver shows de rock, comédias e peças de vanguarda e ao cinema ver filmes de ação, suspense, terror e comédia. As mais velhas e casadas preferem shows menores, de música clássica, jazz, bossa nova ou rock, comédias e peças de autores tradicionais e no cinema, ver filmes cult, policial, comédia e romance.

- **O Consumo em Restaurantes e Bares**

Em geral, as pessoas mais novas e solteiras preferem os bares e restaurantes mais badalados e de *fast food*, enquanto as mais velhas e casadas preferem os mais charmosos e aconchegantes, e os de posição social mais elevada, os mais badalados, de comidas caras e sofisticadas freqüentados pelas pessoas das classes sociais mais altas.

- **O Consumo em Turismo e Diversão**

No caso de serviços de turismo, as pessoas mais novas e solteiras preferem viagens à praia e montanha, enquanto as mais velhas e com posição social alta escolhem viagens culturais ou para compras aqui e no exterior. No caso de diversão, as crianças gostam de circos e parques de diversão, as pessoas mais novas e as solteiras preferem a prática de esportes radicais, enquanto as mais velhas e casadas preferem esportes tranqüilos, e as de posição social alta praticam tênis, golfe e hipismo, onde também fazem negócios.

6.4.8.4 O consumo de serviços básicos

Transporte, Telefonia, Luz, Gás e Água, Correio, Postos de Gasolina

Os consumidores de serviços básicos foram segmentados em seis categorias, e as características mais expressivas são ciclo de vida, gênero, constituição da família, classe de renda, posição social e fatores psicossociais. Em todos os casos, os consumidores são orientados principalmente pelo valor utilitário.

- **O Consumo dos Serviços de Transporte**

Os serviços de transporte incluem trem, ônibus, metrô e táxi. Em geral, as pessoas de posição social mais baixa utilizam trem e ônibus, e as de posição social mediana utilizam ônibus e metrô no dia-a-dia e táxi à noite ou para compromissos mais afastados de casa ou mais importantes. Já as pessoas de posição social mais elevada utilizam seus carros com motorista ou táxi para evitar problemas de segurança e de estacionamento. Atualmente, devido à violência, as pessoas mais velhas das classes média e alta utilizam táxi para todos os seus compromissos, especialmente quando são à noite.

- **O Consumo dos Serviços de Telefonia**

Os serviços de telefonia incluem as operadoras de telefonia fixa e celular, que atualmente têm mais assinantes que a primeira porque as pessoas, inclusive as de classes sociais mais baixas que prestam serviço domiciliar, querem poder ser acessadas a qualquer momento e onde estiverem. O celular é individual, está sempre com seu dono e pode ser atendido quando ele quiser, além de poderem ter pagamento por cartão pré-pago. Em geral, consumidores mais novos de posições sociais média e alta só usam celular de modelos com muitas funcionalidades. Grande parte também se orienta pelos valores hedônico e simbólico.

- **O Consumo dos Serviços de Eletricidade (Luz)**

Os serviços de luz são prestados por empresa privada, e, devido ao seu alto custo, os consumidores procuram economizar energia usando menos aparelhos eletrodomésticos e eletroeletrônicos e mantendo as luzes apagadas.

- **O Consumo dos Serviços de Gás e Água**

Tanto os serviços de gás como de água são prestados por empresas públicas, só que, enquanto os consumidores pagam a conta de gás individualmente, com exceção dos moradores de casas, a conta de água dos apartamentos é paga com o condomínio e rateada entre os moradores.

- **O Consumo dos Serviços de Correio**

Os serviços de correio são prestados por empresa pública tanto para pessoas físicas como jurídicas e incluem basicamente o envio de cartas, telegramas e encomendas. Os consumidores do correio também são orientados pelo valor hedônico.

- **O Consumo nos Postos de Gasolina**

Atualmente, os postos de gasolina deixaram de vender só combustíveis e transformaram-se também em lojas de conveniência, vendendo produtos de primeira necessidade, assim como bebidas e comestíveis, socorrendo motoristas e consumidores que não fizeram suas compras de mercado ou que recebem visitas inesperadas. Por causa disso, os consumidores também são orientados pelo valor hedônico.

6.4.8.5 O consumo de serviços domésticos

Empregados Domésticos, Bombeiros, Eletricistas, Pintores, Marceneiros, Consertos, Lavanderias, Sapateiro

Os consumidores de serviços domésticos foram segmentados em seis categorias, e as características mais expressivas são ciclo de vida, gênero, constituição da família, classe de renda, posição social e fatores psicossociais. Na maioria dos casos são orientados pelo valor utilitário.

- **O Consumo de Serviços de Empregados Domésticos**

Os consumidores de serviços de empregados domésticos no Brasil mudaram de perfil nos últimos anos. Atualmente, apenas as classes de renda elevada possuem empregados todos os dias que dormem na casa. A maioria das pessoas das classes média e alta possui diaristas uma a duas vezes por semana, o que provocou uma modificação no estilo de vida das famílias, inclusive a falta de dependências nos apartamentos lançados nas cidades grandes e a inclusão de muitos serviços nos empreendimentos. Orientam-se também pelo valor simbólico.

- **O Consumo de Serviços de Bombeiros, Eletricistas e Pintores**

Os consumidores dos serviços de bombeiros, eletricistas e pintores são pessoas de todas as classes de renda, que geralmente contratam a partir da recomendação de conhecidos e das lojas de material de construção e de tintas que costumam freqüentar. Atualmente, muitos condomínios contratam profissionais dessas especialidades, em base mensal, para fazer a manutenção dos prédios e apartamentos. Os consumidores de serviços de pintores também são orientados pelo valor hedônico.

- **O Consumo de Serviços de Marceneiros**

De modo geral, os consumidores de serviços de marcenaria são pessoas de classes de renda alta e posição social mais elevada, uma vez que são serviços caros. Normalmente, são profissionais recomendados por arquitetos, decoradores e lojas de decoração, e, nesse caso, os consumidores são mais orientados pelos valores de risco, simbólico e hedônico.

- **O Consumo de Serviços de Conserto (Eletrodomésticos/Eletrônicos/Informática)**

Os consumidores dos serviços de conserto de eletrodomésticos são pessoas de todas as classes de renda que contratam profissionais dos bairros em que moram ou trabalham. Já para conserto de eletroeletrônicos e informática, contratam profissionais recomendados por conhecidos ou lojas e orientam-se também pelo valor de risco.

- **O Consumo de Serviços de Lavanderia**

A maior parte dos consumidores das lavanderias é constituída por pessoas que, devido ao novo estilo de vida, contando apenas com diaristas, levam suas roupas para lavar e passar nas lavanderias, na modalidade de lavar por quilo e passar por peça. A maioria também leva as roupas mais finas para lavar e passar a seco, só que nesse caso pedem recomendações aos amigos e também são orientados pelo valor de risco.

- **O Consumo de Serviços de Sapateiro**

De modo geral, grande parte dos consumidores dos serviços de sapateiros é de classes de renda mais alta que costumam comprar sapatos de melhor qualidade que, por isso mesmo, valem a pena consertar. Normalmente usam profissionais dos bairros em que moram ou trabalham e também são orientados pelo valor simbólico.

6.5 O PERFIL DE RELACIONAMENTO

O perfil de relacionamento refere-se ao histórico dos programas de interação com os consumidores e deve ser armazenado em um banco de dados da empresa com informações de todas as transações, que devem ser atualizadas com freqüência. As estratégias de relacionamento dão-se pela manutenção de contatos com clientes e seu acompanhamento contínuo, de forma a criar vínculos e uma relação de confiança, estimulando sua fidelidade por meio do desenvolvimento e teste de idéias novas e soluções. Ele permite aprofundar o conhecimento sobre as características dos consumidores, acompanhando seus comportamentos de consumo a cada mudança de estágio de vida.

6.5.1 Os Consumidores Segundo o Tipo de Relacionamento

Os consumidores foram segmentados em duas categorias segundo o tipo de relacionamento, e em ambas todas as dimensões dos perfis psicológico, sociocultural e pessoal podem ser usadas para o desenvolvimento de produtos e campanhas.

6.5.1.1 O relacionamento racional

O relacionamento racional acontece quando os consumidores percebem os produtos por sua utilidade, funcionalidade e pelo risco que representa não os utilizar ou substituir por outro. É mais comum com produtos básicos – no caso de utilidade, com produtos de alta tecnologia – para funcionalidade e risco, e com produtos de alto valor ou com problemas com possibilidade de ocorrência de fraude – para risco.

6.5.1.2 O relacionamento emocional

O relacionamento emocional acontece quando os consumidores percebem os produtos por seu valor simbólico – representação de uma condição social existente ou almejada – ou hedônico – prazer que seu consumo representa e que é mais comum nos produtos mais sofisticados – para simbolismo, e muito desejados – no caso de hedonismo.

6.5.2 Os Consumidores Segundo a Aquisição de Informação

Os consumidores foram segmentados em 10 categorias segundo a aquisição de informação, e, também nesse caso, todas as dimensões dos perfis psicológico, sociocultural e pessoal podem ser usadas para o desenvolvimento de produtos e campanhas.

6.5.2.1 A informação adquirida e armazenada na memória

Os consumidores utilizam apenas a informação armazenada na memória, o que normalmente acontece com pessoas que já têm experiência da compra com aquele produto ou que repetem hábitos da casa materna. Orientam-se pelos valores utilitário, simbólico e hedônico.

6.5.2.2 A informação adquirida por intermédio de familiares

Os consumidores repetem hábitos da casa materna ou que pedem informação aos familiares para consumir produtos e marcas, orientando-se pelo valor simbólico.

6.5.2.3 A informação adquirida por intermédio de amigos/conhecidos

Os consumidores utilizam indicações de amigos e conhecidos porque não conhecem alguns produtos ou marcas e não querem repetir hábitos de consumo da casa materna. São orientados pelo valor simbólico, e, como essa forma é a mais confiável, algumas empresas estão inovando, criando um boca-a-boca eletrônico, o *buzzmarketing*.

6.5.2.4 A informação adquirida por intermédio de jornais

Os consumidores utilizam informações veiculadas nos jornais porque não conhecem o produto ou marca e querem inovar, orientando-se mais pelo valor hedônico.

6.5.2.5 A informação adquirida por intermédio de revistas/publicações especializadas

Os consumidores utilizam informações veiculadas em publicações especializadas e revistas porque não conhecem o produto ou marca e querem inovar, porém querem a opinião de especialistas. Orientam-se pelos valores utilitário e simbólico.

6.5.2.6 A informação adquirida por intermédio de rádio e TV

Os consumidores utilizam informações veiculadas no rádio/televisão porque não conhecem o produto ou marca, querem inovar e foram atraídos pela propaganda com a garantia de um artista. Orientam-se pelos valores hedônico e simbólico.

6.5.2.7 A informação adquirida na internet

Os consumidores utilizam informações veiculadas na Internet através de *pop up*, *spam* ou pesquisa, porque não conhecem o produto ou marca, querem inovar e foram atraídos pelas informações obtidas na rede. Orientam-se mais pelo valor utilitário.

6.5.2.8 A informação adquirida por intermédio de mala-direta

Os consumidores utilizam informações de folhetos recebidos por mala-direta porque não conhecem o produto ou marca. Orientam-se mais pelo valor utilitário.

6.5.2.9 A informação adquirida por intermédio de *outdoor*

Os consumidores utilizam informações veiculadas em *outdoors* porque não conhecem o produto ou marca. Orientam-se mais pelo valor hedônico.

6.5.2.10 A informação adquirida no ponto-de-venda

Os consumidores utilizam informações obtidas no próprio ponto-de-venda através de folhetos, vendedores ou experimentação do produto. Em geral querem inovar, e orientam-se pelos valores hedônico e utilitário.

6.5.3 Os Consumidores Segundo a Disposição das Lojas

Os consumidores foram segmentados em oito categorias segundo a disposição das lojas, de acordo com a facilidade para trafegar, achar produtos, pagar e reclamar de compras malsucedidas. Todas as dimensões dos perfis psicológico, sociocultural e pessoal também podem ser usadas para o desenvolvimento de produtos e campanhas.

6.5.3.1 A disposição dos ambientes

Os consumidores são atraídos pelos ambientes que incluem localização das lojas, cestas de compras, letreiros, vitrines e embalagens dos produtos, por isso devem ser projetados de acordo com ciclo de compras, forma de movimentação dos clientes, largura dos corredores, densidade da loja e das seções, *displays*, localização das mercadorias e material de divulgação, número de atendentes e locais que atraem e que intimidam as pessoas, de modo a facilitar o fluxo da compra dos consumidores.

As áreas do caixa e de embalagens devem dispor de distrações para os clientes esquecerem o tempo de espera para pagar, já que um caixa ineficiente afeta toda a experiência de compra. As adjacências das lojas e das seções devem ser otimizadas colocando-se próximas mercadorias para homens e mulheres para facilitar o fluxo quando comprarem juntos. Os consumidores orientam-se pelos valores hedônico e simbólico.

6.5.3.2 A disposição das seções

Os consumidores são atraídos por lojas com seções bem-definidas, sinalizadas com letreiros, corredores largos, temperatura agradável, locais específicos para informações, reclamações e trocas de mercadoria, para estimular sua permanência. As seções devem ser segmentadas por gênero, faixa etária e tipo de produto e oferecer conforto para experimentação e a espera dos acompanhantes. As seções de entrada e saída da loja devem fazer os clientes desacelerarem o passo, a sinalização deve ajudar na seleção das seções em que pretendem consumir, e as adjacências das seções devem ter juntos produtos que costumam ser comprados em conjunto para otimizar a compra.

As seções devem tornar produtos e ambientes masculinos ou femininos atraentes para os fregueses do outro sexo, e as seções de roupa masculina e feminina devem ficar próximas para facilitar a compra das famílias, já que os homens não gostam de fazer compras. Os consumidores orientam-se basicamente pelos valores hedônico e utilitário.

6.5.3.3 A disposição das alas

Os consumidores são atraídos por lojas com alas bem localizadas e sinalizadas, espaçosas, com corredores largos, seguindo o fluxo dos clientes e o ritmo de movimentação, a partir de pesquisas sobre o que fazem, olham e pensam em cada local, os lugares mais procurados, para analisar a sinalização e as adjacências mais adequadas para atrair atenção. Devem compreender seus hábitos e movimentos, de modo a terem espaço para trafegar livremente sem constrangimentos por alas com adjacências inadequadas como a criação de espaço masculino para a compra de produtos de beleza próximo ao das mulheres. Os consumidores orientam-se basicamente pelos valores utilitário e hedônico.

6.5.3.4 A disposição das gôndolas

Os consumidores são atraídos por gôndolas bem localizadas e arrumadas, de acordo com sua maneira de andar e com a direção natural dos olhos, o que aumenta a taxa de captura da visão. O espaço mais nobre dos produtos localiza-se de pouco acima do nível do olho até o nível do joelho. Como as pesquisas aferiram que a maioria dos clientes não vê os produtos, deve-se procurar colocá-los ao alcance das mãos dos interessados. Assim, produtos infantis devem ficar na parte mais baixa, os dos idosos, nas regiões intermediárias, e os dos adultos, nas partes superiores. A orientação básica é pelos valores utilitário e hedônico.

6.5.3.5 A disposição das prateleiras

Os consumidores são atraídos por lojas em que as mercadorias são colocadas nas prateleiras ao alcance dos olhos e das mãos, e a organização e disposição das mercadorias nas prateleiras devem facilitar a compra, já que muitas vezes há dificuldade de pegar um produto ou porque as mãos estão ocupadas ou porque ele foi colocado em posição muito alta ou inacessível. Os consumidores orientam-se basicamente pelo valor utilitário.

6.5.3.6 A disposição das marcas

Os consumidores são atraídos por lojas com muitos produtos de marcas conhecidas nas prateleiras. Apesar de terem diminuído sua influência por causa da individualidade dos clientes, as marcas menos conhecidas devem ser expostas junto às mais conhecidas para influenciarem a percepção e predisposição de compra, embora nem sempre redundem em venda. O acesso deve ser mais fácil, já que os consumidores não se dispõem a fazer esforço para atingir os produtos e orientam-se pelos valores utilitário e simbólico.

6.5.3.7 A disposição dos produtos

Os consumidores são atraídos por lojas que posicionem produtos mais usados, de marca conhecida ou em promoção, em local mais visível, fora das prateleiras e afastados dos locais em que competem em igualdade com os concorrentes. As mercadorias cujos rótulos e embalagens não sejam visíveis de perspectiva desvantajosa devem ser expostas em locais com mais visibilidade nas prateleiras, de modo que possam ser pegos de forma fácil, mesmo que os clientes estejam em movimento. Daí a importância do projeto das embalagens, em especial cor e estrutura, na concepção dos produtos.

As adjacências dos produtos devem otimizar as vendas, colocando próximos itens suplementares – cama e roupa de cama – ou como as pessoas os utilizam – montagem de uma estação completa e funcionando com computador, monitor, impressora e acessórios. Os produtos cuja compra se dá por impulso devem ser exibidos perto dos caixas–fósforos, pilhas. As adjacências também envolvem a ordem e seqüência sensata e lógica de produtos, a racionalidade das combinações de itens de venda e o agrupamento das seções por produtos complementares. As vitrines das lojas devem ser iluminadas em função da estação, do dia e da hora, para o produto ter maior visibilidade pelos consumidores, que se orientam basicamente pelos valores utilitário e hedônico.

6.5.3.8 A disposição das informações

Como os consumidores estão em movimento nas lojas, as informações devem estar disponíveis, com a colocação de cartazes visíveis, com letras grandes, nítidas, coloridas e com pouco texto e uso de linguagem objetiva para influenciar o comportamento das pessoas. Os cartazes devem informar sobre utilidades e benefícios dos produtos, apresentando a mensagem como as pessoas a absorvem – uma parte de cada vez, na seqüência correta, com início, meio e fim, de forma clara e lógica, comunicando a informação aos poucos, de forma encadeada, estimulando a entrada dos clientes nas lojas.

A comunicação deve ser feita por cartazes e *banners*, evitando excessos para não confundir os consumidores. Produtos mais complexos devem ter folhetos explicativos, com mensagens claras e adequadas aos locais de venda e público-alvo. O melhor local para a colocação de mensagens e pequenos produtos é na área atrás e ao lado dos caixas, já que muitos clientes estão parados e voltados para a mesma direção. Os consumidores orientam-se basicamente pelos valores utilitário e hedônico.

6.5.4 Os Consumidores Segundo a Despesa Média Mensal

Os consumidores foram segmentados em cinco categorias segundo a despesa média mensal, que foi definida de acordo com as classes de renda e as diferenças de gênero, estado civil, pape social, constituição da família, classe de renda, nível educacional, formação profissional, ocupação, posição social e fatores psicossociais. As empresas devem juntar com informações como número de transações que realizam, valor total e valor médio no mês e no ano para comparar com número, valor médio das transações e vendas por loja e região e rentabilidade por item a fim de direcionarem os seus programas.

6.5.4.1 Despesa média mensal irregular

Os consumidores com despesa média mensal irregular não são clientes, mas compram para aproveitar promoções ou quando as lojas oferecem um item interessante a um preço razoável para o seu bolso. Muitas vezes acontece em lojas que são muito caras ou estão acima do poder aquisitivo do cliente, que só pode aproveitar as promoções. Em geral são estimulados pelos valores hedônico e simbólico dos produtos, que devem ser examinados para montar programas de direcionamento visando torná-los assíduos.

6.5.4.2 Despesa média mensal baixa (até R$200/mês)

Os consumidores com despesa média mensal baixa são clientes regulares cujo valor das transações é baixo devido a sua renda ou tipo de produto vendido. São clientes de mercadorias específicas, orientados pelo valor funcional. As empresas devem pesquisar o tipo de produto que consomem para oferecer similares e aumentar sua despesa mensal.

6.5.4.3 Despesa média mensal média
(acima de R$200 até R$2.000/mês)

Os consumidores com despesa média mensal média são clientes regulares, que algumas vezes mantêm contas mensais em uma loja, orientados pelos valores hedônico e simbólico. As empresas devem pesquisar o tipo e o valor médio dos produtos que consomem e seu gasto mensal, para oferecer similares para aumentar a despesa mensal.

6.5.4.4 Despesa Média Mensal Alta
(acima de R$2.000 Até R$7.000/mês)

Os consumidores com despesa média mensal alta são clientes regulares que muitas vezes mantêm contas mensais em uma loja porque o produto é caro e eles não gostam de arriscar comprando em lojas desconhecidas, preferindo pagar mais caro por uma marca para não ter problemas. São orientados pelos valores de risco, hedônico e simbólico. As empresas devem conhecer bem o gosto e estilo desses clientes para oferecer similares e personalizar programas de relacionamento para manter ou aumentar sua despesa mensal.

6.5.4.5 Despesa média mensal muito alta (acima de R$7.000/mês)

Os consumidores com despesa média mensal muito alta freqüentam regularmente uma loja, exigindo programas de relacionamento personalizados para manter-se fiéis. Normalmente são clientes de bens e serviços de luxo, ou de supermercados, quando têm família grande nas fases da infância e juventude. No primeiro caso, são orientados pelos valores hedônico e simbólico e devem ser estimulados por presentes, vendedores especializados e entrega em domicílio. Já os de supermercado são orientados pelo valor utilitário e devem ser estimulados por programas direcionados a promoções, descontos, centrais de atendimento e de reclamações e entrega em domicílio.

6.5.5 Os Consumidores Segundo o Programa de Relacionamento

Os consumidores foram segmentados em oito categorias segundo o programa de relacionamento e diferenças de gênero, estado civil, papel social, constituição da família, classe de renda, nível educacional, formação profissional, ocupação, posição social, despesa média mensal e fatores psicossociais. A empresa deve manter um sistema de informações com dados atualizados para dar suporte a esses programas.

6.5.5.1 Os consumidores em relação às chamadas telefônicas freqüentes

Os programas de chamadas telefônicas freqüentes são mais adequados para empresas que prestam serviços regulares como bancos e companhias telefônicas, para demonstrar interesse oferecendo serviços e promoções especiais para conquistar e/ou manter clientes. Alguns consumidores acham esse tipo de abordagem invasiva e afastam-se das empresas, principalmente quando só querem obter informações e aumentar o faturamento, sem oferecer nada de substancial em troca. Orientam-se basicamente pelo valor utilitário.

6.5.5.2 Os consumidores em relação às malas-diretas

Os programas de envio de malas-diretas são adequados para empresas que prestam serviços como cartões de crédito e TV por assinatura, de modo a manter contato e oferecer serviços e promoções especiais para a fidelização. Esse programa é equivalente ao das chamadas telefônicas, sem a abordagem invasiva, na medida em que os clientes só vão ler os folhetos se tiverem vontade, orientando-se pelos valores utilitário e hedônico.

6.5.5.3 Os consumidores em relação às centrais de atendimento

As empresas devem disponibilizar uma central de atendimento aos clientes para prestar informações sobre seus produtos e serviços, resolver problemas e encaminhar sugestões. Os atendentes devem ser treinados para ouvir atentamente, encaminhá-los ao local adequado e enviar relatórios à gerência sobre problemas e sugestões apresentados, oferecendo subsídios para o desenvolvimento de produtos, campanhas publicitárias e programas de relacionamento. Orientam-se basicamente pelo valor utilitário.

6.5.5.4 Os consumidores em relação às centrais de reclamações

As empresas também devem disponibilizar uma central de reclamações aos clientes para alimentar um banco de informações sobre os problemas apresentados por seus produtos e serviços e soluções recomendadas, de modo a transformar uma situação de conflito em uma de fidelização. As centrais devem proceder imediatamente à troca de mercadorias e aproveitar para pesquisar produtos, serviços e nível de satisfação, de modo a subsidiar os departamentos responsáveis pelo desenvolvimento de produtos, campanhas publicitárias e programas de relacionamento. Orientam-se basicamente pelo valor utilitário.

6.5.5.5 Os consumidores em relação a promoções/liquidações

Os programas de promoções/liquidações só conquistam consumidores se forem oferecidos com freqüência, com descontos substanciais e produtos de qualidade, que grande parte das pessoas não tem condições financeiras de comprar, a um preço muito menor, como a liquidação após o Natal do magazine inglês Harrod's. As empresas devem fazer promoções personalizadas, como descontos por fidelidade no mês de aniversário, e em datas especiais, como Dia das Mães e dos Pais. Os consumidores orientam-se pelos valores simbólico e hedônico.

6.5.5.6 Os consumidores em relação aos presentes

Os presentes são os mais adequados para fidelizar consumidores, já que só são oferecidos a clientes regulares e geralmente se diferenciam de acordo com cada perfil. As empresas devem personalizar seus presentes de modo a colocar sua marca, como os cartões exclusivos de artistas gráficos enviados pela joalheria Antonio Bernardo em datas festivas. Os consumidores orientam-se pelos valores simbólico e hedônico.

6.5.5.7 Os consumidores em relação aos vendedores especializados

Os programas de vendedores especializados para atendimento aos melhores clientes também são bastante adequados para a fidelização dos consumidores, porque têm a incumbência de avisar os clientes da chegada de mercadorias e de liquidações, reservar e consertar produtos e até ir à casa ou ao trabalho do cliente com objetos do seu gosto pessoal para que experimentem, de modo a manter a fidelidade. Os consumidores orientam-se basicamente pelos valores simbólico e hedônico.

6.5.5.8 Os consumidores em relação aos programas de lealdade

Os programas de lealdade devem ser feitos sob medida de acordo com o perfil dos consumidores para conquistar sua fidelidade. As empresas devem pesquisar o gosto, o estilo e o perfil de consumo de seus clientes de modo a montar os programas mais adequados a eles. Normalmente misturam promoções, presentes e vendedores especializados para torná-los clientes fiéis. Orientam-se basicamente pelo valor simbólico.

6.6 O PERFIL DAS EMPRESAS

O perfil das empresas visa preencher o perfil dos clientes corporativos, classificando-os em sete categorias de acordo com suas características principais. As categorias não são excludentes, e assim uma empresa pode ser ao mesmo tempo de pequeno porte do setor de serviços e da região Sudeste. A percepção de um conjunto de características das empresas proporciona a criação de perfis específicos agrupados.

6.6.1 As Empresas Segundo o Porte

As empresas foram segmentadas em quatro categorias segundo o porte, de acordo com a classificação por faturamento utilizada pelo BNDES, e não pela de número de empregados utilizada pela Fiesp, observando todas as dimensões dos perfis psicológico, sociocultural e pessoal dos consumidores para o desenvolvimento de produtos e campanhas. Entretanto, é importante conhecer o porte nos dois níveis, de modo a mensurar a condição financeira e a quantidade de unidades que vão atuar no mercado.

6.6.1.1 As microempresas

As microempresas têm receita operacional bruta anual de até R$1,2 milhão, empregam pouca mão-de-obra, e grande parte delas é de alta tecnologia – áreas de consultoria, suporte e manutenção de hardware e software – ou artesanal – venda de peças de artesanato produzidas ou compradas de fornecedores e cooperativas do interior do Brasil em mercados e feiras. Recebem subsídios do governo, são protegidas pelo Estatuto das Micro e Pequenas Empresas, e o retorno financeiro em geral é pequeno, já que os preços unitários dos produtos são baixos. Na classificação por número de empregados, têm até nove empregados, seus proprietários têm perfil mais empreendedor e inovador, e estimulam valores simbólico e de risco devido à exclusividade dos produtos e serviços.

6.6.1.2 As empresas de pequeno porte

As empresas de pequeno porte têm receita operacional bruta anual superior a R$1,2 milhão até R$10,5 milhões, são basicamente das áreas financeira, de educação e de turismo e a grande maioria emprega pouca mão-de-obra ou tem mais empregados com salários baixos. Como são numerosas, recebem subsídios do governo e são protegidas pelo Estatuto das Micro e Pequenas Empresas, porque, somados, esses tipos empregam muita mão-de-obra. Geralmente o retorno financeiro é pequeno, devido aos baixos preços unitários dos produtos. Na classificação por número de empregados, têm de 10 até 99 empregados, seus proprietários têm perfil mais informal e paternalista, e estimulam valores utilitário e simbólico nos consumidores.

6.6.1.3 As empresas de médio porte

As empresas de médio porte têm receita operacional bruta anual superior a R$10,5 milhões até R$60 milhões e dão emprego a muita mão-de-obra. Pertencem basicamente aos setores secundário e terciário, particularmente financeiro, de comércio e serviços e seu retorno financeiro é maior na medida em que vendem produtos mais caros ou têm ganhos de escala com a venda de grande número de produtos baratos, no fenômeno chamado de "cauda longa" – mudança do foco de produtos que vendem muito para grande número de produtos com baixo volume de vendas. Na classificação por número de empregados, têm de 100 até 499 empregados, seus proprietários têm perfil mais descentralizador e integrador, e estimulam os valores simbólico e hedônico.

6.6.1.4 As empresas de grande porte

As empresas de grande porte têm receita operacional bruta anual superior a R$60 milhões, alto retorno financeiro, e empregam muita mão-de-obra em todas as faixas salariais. Atuam em vários setores de atividade econômica, particularmente nos que são intensivos em mão-de-obra – muitos produtos com baixos preços unitários – e nos de alta tecnologia – poucos produtos com valor unitário elevado. Na classificação por número de empregados, têm mais de 500 empregados, seus proprietários têm perfil mais flexível e descentralizador, e estimulam todos os valores nos consumidores.

6.6.2 As Empresas Segundo o Setor de Atividade Econômica

As empresas foram segmentadas basicamente em três categorias segundo o setor de atividade econômica, que se subdividem em vários segmentos, dos quais destacamos três devido a suas especificidades, observando todas as dimensões dos perfis psicológico, sociocultural e pessoal dos consumidores de acordo com as diferenças regionais para auxiliar o desenvolvimento de produtos, campanhas e relacionamento.

6.6.2.1 As empresas do setor primário (agricultura/pecuária/mineração)

As empresas do setor primário podem ser segmentadas em agricultura, mineração e pecuária, de modo geral situam-se no interior do Brasil, junto às plantações, jazidas e pastos, seus proprietários têm um perfil mais tradicional e rígido, e estimulam valores utilitários e simbólicos.

6.6.2.2 As empresas do setor secundário (indústria)

As empresas do setor secundário podem ser segmentadas em vários segmentos de atividade econômica, como material elétrico e eletrônico, papel e celulose e outros, e, de modo geral, as empresas e proprietários têm perfis mais empreendedores, inovadores e modernos. As empresas de bens de consumo estimulam valores funcional, hedônico e simbólico, enquanto as de bens intermediários estimulam os valores utilitário e de risco, e as de bens de capital, cujo valor unitário é muito alto, estimulam os valores de risco.

6.6.2.3 As empresas do setor terciário (serviços)

As empresas do setor terciário concentram a maior parte do PIB do Brasil e podem ser segmentadas nos setores financeiro, de comércio, de transportes, de comunicação e outros. Seus proprietários têm perfil mais inovador e moderno. As empresas financeiras estimulam os valores de risco e as de comércio, transportes e comunicação, os valores utilitário e hedônico.

- **Segmento Financeiro**

As empresas do segmento financeiro podem ser segmentadas em bancos, financeiras e cartões de crédito; seus proprietários têm perfil mais empreendedor e racional, e estimulam nos consumidores tanto o valor utilitário quanto o de risco.

- **Segmento de Educação**

As empresas do segmento de educação podem ser segmentadas em públicas e privadas; seus proprietários têm perfil mais inovador e social, e estimulam o valor simbólico.

- **Segmento do Comércio**

As empresas do segmento do comércio podem ser segmentadas em atacadistas e varejistas, seus proprietários têm perfil mais informal e centralizador, e estimulam os valores utilitário, hedônico e simbólico.

6.6.3 As Empresas Segundo a Origem do Capital

As empresas foram segmentadas em seis categorias segundo a origem do capital, de acordo com a formação do capital e o processo de tomada de decisão sobre compra e venda de produtos, e observando todas as dimensões dos perfis psicológico, sociocultural e pessoal dos consumidores conforme as diferenças regionais para auxiliar o desenvolvimento de produtos, campanhas e programas de relacionamento das empresas.

6.6.3.1 As empresas familiares

As empresas familiares são constituídas por capital privado de uma única família, que possui todos os direitos e as administra, mas devem seguir algumas normas estabelecidas pelo governo, em especial no que se refere à ecologia e responsabilidade social. Normalmente as decisões sobre compra e venda de produtos são mais simples porque necessitam apenas da decisão do proprietário, que em geral tem perfil mais tradicional e centralizador, e estimula o valor simbólico nos consumidores. Atualmente muitas estão contratando gestão profissional, por exemplo, a TV Globo e a Gerdau.

6.6.3.2 As empresas públicas

As empresas públicas são constituídas por 100% de capital público, e o lucro deve ser utilizado em prol da comunidade. Sua administração é feita por dirigentes nomeados pelo presidente da República, com perfil mais tradicional e integrador, e as decisões são mais demoradas, já que devem ser aprovadas pelo governo uma vez que as compras passam por licitação pública para evitar favorecimentos e as vendas seguem normas. Geralmente estimulam o valor utilitário nos consumidores. Exemplos, a CEF e a ECT.

6.6.3.3 As empresas privadas

As empresas privadas são constituídas por capital privado, ou seja, o proprietário ou o conselho de acionistas possui todos os direitos sobre elas sem nenhuma interferência do poder do Estado. Entretanto, devem seguir as normas estabelecidas pelo governo, em especial no que se refere a meio ambiente e responsabilidade social.

6.6.3.4 As empresas privadas nacionais

As empresas privadas nacionais são constituídas por capital nacional e estão sujeitas à legislação do país. Mesmo assim, as decisões sobre compra e venda de produtos são mais rápidas que as públicas. Seus proprietários têm um perfil mais descentralizador e moderno, e estimulam os valores utilitário e hedônico nos consumidores. Exemplos, a Vale do Rio Doce e a Perdigão.

6.6.3.5 As empresas privadas estrangeiras

As empresas privadas estrangeiras são constituídas por capital internacional, e não estão sujeitas à maioria da legislação do país em que se encontram instaladas, mas do país da origem do capital. Por isso e porque os proprietários têm um perfil mais flexível e descentralizador, as decisões sobre compra e venda de produtos são mais rápidas que as das públicas e privadas nacionais, exceto quando as normas das empresas se chocam com a legislação local. Estimulam os valores utilitário, hedônico e simbólico nos consumidores. Exemplos, a BMW e a Siemens.

6.6.3.6 As empresas multinacionais

As empresas multinacionais são as que operam e/ou fabricam em dois ou mais países diferentes, localizam-se em países desenvolvidos onde conduzem as pesquisas e para onde enviam os lucros, mas mantêm seus centros de decisão financeiros em paraísos fiscais para se livrarem de impostos nos países de origem. Geram empregos, tecnologia e investimentos, e muitas adquirem o controle de empresas em outros países para redução dos custos de produção, sem se preocupar com os cidadãos dos países onde se instalam.

São denominadas transnacionais porque têm a matriz em um país e atuam em inúmeros outros, e sua estrutura centralizada e o perfil moderno dos proprietários permitem rapidez nas decisões sobre compra e venda de produtos e uma grande mobilidade. Geralmente estimulam nos consumidores tanto o valor utilitário quanto os valores hedônico e simbólico. Exemplos, a IBM e a Xerox.

6.6.3.7 As empresas de capital misto

As empresas de capital misto são constituídas por uma entidade do governo – união, estado ou município –, que é o principal acionista, e por particulares, que são sempre minoritários. Em geral, as decisões sobre compra e venda de produtos são mais demoradas porque necessitam de decisão governamental, passam por licitação pública e seguem a legislação local. Os administradores têm perfil mais tradicional e centralizador, e estimulam o valor utilitário nos consumidores. Exemplos, Petrobras e Banco do Brasil.

6.6.4 As Empresas Segundo a Região Geográfica

As empresas foram segmentadas em cinco categorias segundo a região geográfica, observando todas as dimensões dos perfis psicológico, sociocultural e pessoal dos consumidores de acordo com as diferenças regionais para auxiliar o desenvolvimento de produtos, campanhas e programas de relacionamento das empresas.

6.6.4.1 As empresas da região norte

As empresas da região Norte devem estimular os valores hedônico e simbólico nas pessoas, cujo consumo é tanto de produtos artesanais como de alta tecnologia por causa dos indígenas e da Zona Franca de Manaus. Em geral, seus proprietários têm perfil mais tradicional e centralizador devido às características socioculturais da região, cuja economia é baseada nas extrações vegetal e mineral. A região tem a hidrelétrica de Tucuruí, e o governo federal oferece incentivos fiscais para a instalação de indústrias no Amazonas, em especial para montadoras de produtos eletroeletrônicos. A região corresponde a 45% do território brasileiro, tem clima equatorial, 7,6 milhões de habitantes, dos quais 58% urbanos, densidade demográfica de 2,9 habitantes por km^2 e expectativa de vida de 67 anos.

6.6.4.2 As empresas da região nordeste

As empresas da região Nordeste devem estimular os valores hedônico e simbólico nas pessoas, cujo consumo é basicamente de produtos artesanais, já que a renda média dessa população é baixa. Em geral, seus proprietários têm perfil tradicional e centralizador devido às características socioculturais da região, que se divide em quatro sub-regiões: médio norte, com clima mais úmido, economia baseada na agroindústria do açúcar e do cacau, cultivo de frutas para exportação e exploração de petróleo;

a zona da selva, com solo fértil, no qual se cultiva a cana-de-açúcar; o agreste, com mata úmida e sertão semi-árido, com gado leiteiro e cultivo de subsistência; e o sertão, com clima semi-árido, solo pedregoso, chuva escassa e caatinga e cuja economia se baseia na criação de gado.

A região corresponde a 18% do território brasileiro, tem 45,9 milhões de habitantes, dos quais 60% urbanos, uma densidade demográfica de 28,7 habitantes por km^2 e expectativa de vida de 64 anos. As principais cidades são Salvador, Recife e Fortaleza.

6.6.4.3 As empresas da região centro-oeste

As empresas da região Centro-Oeste devem estimular os valores utilitário e simbólico nas pessoas, cujo consumo é de produtos artesanais, agrícolas e importados. Como a capital do país se localiza nessa região, a renda média da população é das mais elevadas do Brasil. Em geral, seus proprietários têm perfil mais tradicional e centralizador devido às características socioculturais da região, cuja economia é baseada na criação de gado, extração de manganês e turismo para o pantanal matogrossense e as chapadas de Goiás e Mato Grosso. A região corresponde a 19% do território brasileiro, tem clima tropical e semi-úmido, 11 milhões de habitantes, dos quais 81% urbanos, densidade demográfica de 6,5 habitantes por km^2 e expectativa de vida de 68 anos.

6.6.4.4 As empresas da região sudeste

As empresas da região Sudeste devem estimular os valores hedônico e simbólico nas pessoas, cujo consumo básico é dos "lançadores de moda", que usam produtos importados, artesanais, agrícolas e de alta tecnologia porque a renda média da população é elevada. Em geral, seus proprietários têm perfil mais inovador e integrador devido às características socioculturais da região, cuja economia é a mais desenvolvida e industrializada de todas as regiões, concentrando mais da metade da produção do país, com rebanhos bovinos, produção agrícola significativa e reservas de manganês e petróleo. A região corresponde a 11% do território brasileiro, tem clima tropical, 69 milhões de habitantes, a maior parte urbanos, densidade demográfica de 72,3 habitantes por km^2 e expectativa de vida de 68 anos, e nela estão as mais importantes metrópoles nacionais, as cidades do Rio e São Paulo.

6.6.4.5 As empresas da região sul

As empresas da região Sul devem estimular os valores utilitário e simbólico nas pessoas, cujo consumo é de manufaturados, importados, produtos de alta tecnologia e agrícolas para uma alimentação saudável. Em geral, seus proprietários têm perfil mais empreendedor e social devido às características socioculturais da região, que concentra imigrantes alemães e italianos. Possui grande potencial hidrelétrico, e a economia especializou-se no cultivo de soja, arroz, milho e tabaco, criação bovina e suína e extração de madeira e carvão. Desenvolveu nas últimas décadas um parque industrial, em cidades do Rio Grande do Sul e Santa Catarina, atuando no mercado interno e externo.

A região Sul corresponde a 7% do território brasileiro, tem clima subtropical e tropical, 24 milhões de habitantes, dos quais 74% urbanos, densidade demográfica de 40,7 habitantes por km² e expectativa de vida de 69 anos.

6.6.5 As Empresas Segundo o Tipo de Produto/Serviço

As empresas foram segmentadas basicamente em 15 categorias segundo o tipo de produto/serviço, observando todas as dimensões dos perfis psicológico, sociocultural e pessoal dos consumidores de acordo com o que consomem para auxiliar o desenvolvimento de produtos, campanhas e programas de relacionamento das empresas.

6.6.5.1 As empresas de produtos de vestuário

As empresas de vestuário devem estimular os valores simbólico e hedônico mais do que a funcionalidade ou risco, já que as roupas estão muito ligadas à auto-estima das pessoas. Geralmente seus proprietários têm perfil mais empreendedor e flexível e utilizam as diferenciações de clima – calor, frio e meia-estação –, de uso – ir à praia, dormir, praticar exercício, trabalhar, passear e festejar – e do perfil psicossocial dos consumidores – identifica a "tribo" a que pertencem, no desenvolvimento de produtos, campanhas e relacionamento. Normalmente, as roupas cujas compras exigem mais cuidados em termos de posição social e tipo de loja são as usadas para trabalhar, passear e festejar, na medida em que têm alto valor simbólico para os consumidores porque são sinalizadoras da imagem que querem passar para os outros.

6.6.5.2 As empresas de produtos de perfumaria/cosméticos

As empresas de produtos de perfumaria e cosméticos devem estimular os valores simbólico e hedônico e, em menor escala, de risco, por causa do risco de alergias nas pessoas. Geralmente os proprietários têm perfil mais inovador e centralizador e utilizam as características mais expressivas para os consumidores, que são ciclo de vida, gênero, classe de renda e fatores psicossociais, assim como raça e origem cultural – devido às diferenças de tipo de pele, particularmente entre as pessoas originárias de países de climas frios e quentes, e diferenças de ocasião – mesmas seis utilizadas em vestuário –, no desenvolvimento de produtos, campanhas e relacionamento.

6.6.5.3 As empresas de produtos de alimentação

As empresas de produtos de alimentação devem estimular os valores hedônico e utilitário e, algumas vezes, o simbólico nas pessoas. Geralmente os proprietários têm perfil mais tradicional e centralizador e utilizam as características mais expressivas para os consumidores, que são ciclo de vida, compleição física, constituição da família, classe de renda, origem cultural e fatores psicossociais, no desenvolvimento de produtos, campanhas e relacionamento. As empresas também segmentam os consumidores de alimentação em carnívoros – que não vivem sem carne –, vegetarianos – que não comem carne, só legumes, verduras e frutas – e macrobióticos – que também não comem carne, só verduras, legumes, carboidratos e fibras – ou pessoas que comem de tudo.

6.6.5.4 As empresas de material de limpeza

As empresas de produtos de material de limpeza devem estimular os valores utilitário e simbólico nas pessoas. Geralmente os proprietários têm perfil mais imitativo e com apelo funcional e utilizam as características mais expressivas para os consumidores, que são ciclo de vida, classe de renda, constituição da família e fatores psicossociais, no desenvolvimento de produtos, campanhas e relacionamento, procurando criar uma marca forte, produtos mais baratos ou biodegradáveis, conforme orientações dos consumidores.

6.6.5.5 As empresas de produtos de casa e decoração

As empresas de produtos de casa e decoração subdividem seus produtos em cinco categorias, utilizando as características mais expressivas para os consumidores, que são ciclo de vida, constituição da família, classe de renda e fatores psicossociais, no desenvolvimento de produtos, campanhas e relacionamento. Em geral, os proprietários têm um perfil inovador e social, e estimulam valores de acordo com categorias:

   a. produtos de cozinha: valores funcional e, para alguns, simbólico e hedônico.
   b. roupas de mesa, cama e banho: valores hedônico e simbólico.
   c. móveis: valores funcional, simbólico e, em alguns casos, hedônico.
   d. iluminação: valores funcional e, em alguns casos, simbólico e hedônico.
   e. objetos de decoração: valores simbólico e hedônico.

6.6.5.6 As empresas de produtos eletrodomésticos

As empresas de produtos eletrodomésticos subdividem seus produtos em duas categorias, utilizando as características mais expressivas para os consumidores, que são ciclo de vida, constituição da família, renda e fatores psicossociais, no desenvolvimento de produtos, campanhas e relacionamento. Em geral, os proprietários têm um perfil moderno e flexível, e estimulam valores de acordo com categorias:

   a. eletrodomésticos portáteis – microondas, liquidificador, forno elétrico, grill, máquina de pão – valores utilitário e, em menor escala, hedônico e simbólico.
   b. eletrodomésticos de grande porte – geladeira, freezer, secadora de roupa – valores utilitário e de risco e, em menor escala, simbólico e hedônico.

6.6.5.7 As empresas de produtos eletroeletrônicos

As empresas de produtos eletroeletrônicos subdividem seus produtos em duas categorias, utilizando as características mais expressivas para os consumidores, que são ciclo de vida, constituição da família, renda e fatores psicossociais, nos produtos. Os proprietários têm perfil inovador e flexível e estimulam valores segundo categorias:

a. eletroeletrônicos portáteis – aparelhos de DVD, aparelhos fotográficos, filmadoras, som – valores utilitário e, em menor escala, hedônico e simbólico.

b. eletroeletrônicos de grande porte – televisores, *home theater*, aparelhos de som – valores de risco e simbólico e, em menor escala, hedônico e utilitário.

6.6.5.8 As empresas de produtos de informática

As empresas de produtos de informática subdividem seus produtos em duas categorias, utilizando as características mais expressivas para os consumidores, que são ciclo de vida, constituição da família, classe de renda e fatores psicossociais, no desenvolvimento de produtos, campanhas e relacionamento. Os proprietários têm um perfil inovador e rígido, e estimulam valores de acordo com categorias:

a. informática de pequeno porte – periféricos, teclado, mouse, cartuchos, papel, softwares – valor utilitário.

b. informática de grande porte – computador, laptop, notebook, monitor – valores de risco e utilitário e, em menor escala, simbólico e hedônico.

6.6.5.9 As empresas de brinquedos e material esportivo

As empresas de brinquedos e material esportivo utilizam as características mais expressivas para os consumidores no desenvolvimento de produtos, campanhas e relacionamento, que são ciclo de vida, gênero, classe de renda, origem cultural e fatores psicossociais, assim como nível educacional e formação profissional dos pais, uma vez que alguns gostam de dar aos filhos brinquedos educativos e outros jogos eletrônicos. Geralmente os proprietários têm um perfil inovador e flexível, e estimulam os valores hedônico e simbólico dos consumidores.

6.6.5.10 As empresas de produtos farmacêuticos

As empresas de produtos farmacêuticos utilizam as características mais expressivas para os consumidores, que são ciclo de vida, gênero, compleição física, nível educacional, classe de renda, origem cultural, já que há vários tipos de consumidores de remédios, como os que os utilizam porque necessitam, os hipocondríacos, os que têm mania de tomar vitaminas para o desempenho físico ou remédios para o desempenho sexual e os que consomem remédios naturais. Geralmente os proprietários têm perfil tradicional mas flexível, e estimulam os valores utilitário, simbólico ou hedônico, conforme o caso.

6.6.5.11 As empresas de veículos

As empresas de fabricação e venda de veículos se subdividem em três categorias utilizando as características mais expressivas para os consumidores, que são ciclo de vida, gênero, constituição da família, renda, posição e fatores psicossociais, no desenvolvimento de produtos, campanhas e relacionamento. Os proprietários têm perfil moderno e flexível, e estimulam valores de acordo com categorias:

a. veículos pequenos/grandes – valores de risco, utilitário, simbólico e hedônico. No caso de mulheres e pessoas mais velhas ou família pequena devem focar em carros pequenos, e para homens, famílias grandes ou posição social elevada, focar em carros grandes.

b. veículos simples/luxuosos – valores simbólico e hedônico e, em menor escala, de risco. No caso das mulheres e pessoas mais velhas ou família pequena devem focar em carros simples, e para homens ou posição social elevada, focar nos carros luxuosos com tecnologia ou nos esportivos.

c. veículos utilitários – valores hedônico, simbólico e, em menor escala, utilitário. No caso de homens, esportivos ou família grande que gosta de viajar devem focar em carros simples, e no de homens ou posição social elevada, focar nos carros maiores com recursos tecnológicos.

6.6.5.12 As empresas de construção civil e corretoras de imóveis

As empresas de construção civil e corretoras de imóveis se subdividem em três categorias utilizando as características mais expressivas para os consumidores, que são ciclo de vida, gênero, constituição da família, classe de renda, ocupação, posição social e fatores psicossociais, no desenvolvimento de produtos, campanhas e relacionamento. Os proprietários têm perfil informal e centralizador, e estimulam valores de acordo com categorias:

a. moradia em apartamento/casa – valores de risco e utilitário para os que preferem apartamento e simbólico e hedônico para os que preferem casas. No caso das pessoas que moram na cidade, devem focar mais em apartamento e segurança; nos subúrbios e zona rural, em casa e vizinhança.

b. moradia pequena/grande – valores utilitário para os que preferem as pequenas e simbólico para as grandes. No caso das pessoas mais velhas ou com família pequena, devem focar em pequena, e para famílias grandes ou com posição social mais elevada, devem focar em grande.

c. moradia simples/luxuosa – valores de risco e utilitário para os que preferem as simples e simbólico para as luxuosas. No caso das pessoas mais velhas ou lares solitários, devem focar em simples, e para lares cheios ou com posição social mais elevada, devem focar em luxuosa.

d. moradia em cidade/subúrbio/zona rural – valores de risco, utilitário e simbólico para os que preferem moradia na cidade e utilitário, simbólico e hedônico quando escolhem subúrbios e zona rural. No caso de pessoas mais novas e solteiras, focar mais na cidade, e no caso das mais velhas e aposentadas ou com família grande, nos subúrbios e zona rural, devido à qualidade de vida.

e. moradia de viver/temporada – valores funcional e simbólico para viver e hedônico e simbólico para temporada. No caso de viver, focar no comércio, vista, bairro e vizinhança, e no de temporada, na qualidade.

f. moradia em montanha/praia – valores simbólico, hedônico e de risco para ambos. No caso de pessoas mais velhas ou com família grande, focar na montanha, e no caso dos mais novos ou com lares com família nova, focar em praia.

6.6.5.13 As empresas de bens/serviços de luxo

As empresas de bens e serviços de luxo se subdividem basicamente em jóias, obras de arte e serviços de alta costura, decoração e bufês, e em todos os casos devem estimular os valores hedônico e simbólico. De forma geral, os proprietários têm um perfil tradicional e formal e utilizam as características mais expressivas para os consumidores, que são ciclo de vida, gênero, classe de renda, ocupação, posição social e fatores psicossociais, no desenvolvimento de produtos, campanhas e relacionamento.

6.6.5.14 As empresas de serviços de lazer

As empresas de serviços de lazer se subdividem em três categorias, e em todas devem estimular os valores hedônico e simbólico. De forma geral, os proprietários têm um perfil moderno e informal, e utilizam as características mais expressivas para os consumidores, que são ciclo de vida, gênero, classe de renda, posição social e fatores psicossociais, no desenvolvimento de produtos, campanhas e relacionamento.

   a. Show, teatro e cinema: No caso das pessoas mais novas e solteiras, devem focar nos shows mais badalados e de música mais agitada, nas peças de vanguarda e comédias e nos filmes de ação, terror, suspense e comédia. No caso das pessoas mais velhas e casadas, focar mais nos shows menores, de música clássica, jazz, bossa nova ou rock dos anos 1960, peças de autores mais tradicionais e comédias e filmes cult, policial, comédia e romance.
   b. Bar e restaurante: No caso das pessoas mais novas e solteiras, devem focar nos bares e restaurantes mais badalados e de *fast food*, enquanto para as mais velhas e casadas devem focar nos mais charmosos, e para os de posição social mais alta, nas comidas mais sofisticadas e caras.
   c. Turismo: No caso das pessoas mais novas e solteiras, os hotéis, agências de viagem e companhias aéreas devem focar mais nas viagens para esquiar e para a praia, enquanto para as mais velhas e com posição social alta devem focar em viagens culturais ao exterior ou para práticas esportivas.

6.6.5.15 As empresas de serviços financeiros

As empresas de serviços financeiros se subdividem em três categorias, e em todas devem estimular os valores utilitário, de risco e simbólico. De forma geral, os proprietários têm um perfil empreendedor e centralizador, e utilizam as características mais expressivas para os consumidores, que são ciclo de vida, gênero, constituição da família, classe de renda, ocupação, posição social e fatores psicossociais, no desenvolvimento de produtos, campanhas e relacionamento.

   a. Serviços bancários – No caso das pessoas mais novas e com posição social mais alta, devem focar mais nas transações e atendimento pela Internet e no atendimento personalizado, e para as mais velhas e com posição social mais baixa, devem focar mais nos caixas eletrônicos e pessoal de atendimento.
   b. Aplicações financeiras – No caso das pessoas mais novas e com posição social mais alta, devem focar mais no investimento em ações

ou em carteiras de maior risco dos bancos de investimento, e para as mais velhas e com posição social mais baixa, focar mais no investimento em CDB, renda fixa e em carteiras de menor risco dos bancos de varejo.

c. Cartões de crédito – No caso das pessoas mais novas e com posição social mais alta, devem focar mais no limite de crédito e nos juros cobrados, e para as mais velhas e com posição social mais baixa, focar mais no alongamento do parcelamento da dívida e no fechamento do mês com mais antecedência.

6.6.6 As Empresas Segundo o Perfil

As empresas foram segmentadas em 17 categorias básicas segundo o perfil, observando todas as características dos perfis psicológico, sociocultural e pessoal dos consumidores, e podem ter vários perfis ao mesmo tempo, como inovadoras, informais, flexíveis e descentralizadas. O conhecimento desses tipos e dos consumidores auxilia seu direcionamento de produtos, campanhas e programas de relacionamento.

6.6.6.1 As empresas empreendedoras

São empresas arrojadas, ativas, que percebem as tendências de mercado antes da concorrência, não temendo mudar totalmente o rumo ou utilizar uma boa idéia. Geralmente têm visão à frente de sua época, comprando e/ou vendendo produtos e idéias ou implantando processos diferentes do usual. Orientam-se para os valores simbólico e funcional.

6.6.6.2 As empresas inovadoras

São empresas que gostam de novidades, renovando-se a cada dia tanto em práticas e cultura organizacional quanto em tecnologia, adotando novas metodologias e tendências que surgem no mercado e comprando de fornecedores criativos e inovadores. Orientam-se para os valores simbólico e hedônico.

6.6.6.3 As empresas imitativas

São empresas que procuram reproduzir o que fazem as organizações que admiram ou as suas concorrentes, visando alcançar o status das melhores empresas. Costumam copiar a prática dos referenciais de excelência, e são o oposto das inovadoras. Orientam-se para o valor simbólico.

6.6.6.4 As empresas tradicionais

São empresas que se baseiam nas tradições e costumes arraigados na sociedade em que vivem, adotando metodologias e práticas transmitidas de geração em geração. Custam a adotar as novas metodologias e tecnologias que surgem no mercado, mas preocupam-se com os empregados e compram sempre com os mesmos fornecedores. Orientam-se para o valor simbólico.

6.6.6.5 As empresas modernas

São empresas atuais, sempre abertas para aceitar novas metodologias de trabalho e tecnologias, procurando ajustar-se rapidamente. Têm tendência a adotar as inovações e a comprar tecnologias, metodologias, produtos e marcas novas no mercado. Orientam-se para os valores hedônico e simbólico.

6.6.6.6 As empresas retrógradas

São empresas que se opõem à mudança, agindo quase sempre em função inversa ao progresso, mantendo velhas tecnologias e metodologias de trabalho e comprando produtos das marcas mais tradicionais. Normalmente fecham as portas depois de algum tempo se não optarem por mudar. Orientam-se para o valor simbólico.

6.6.6.7 As empresas formais

São empresas direcionadas pelas normas e regras vigentes, que procuram respeitar a práxis social e a cultura organizacional e são apegadas à burocracia. Suas compras são baseadas basicamente nos benefícios que os produtos oferecem. Orientam-se para o valor utilitário.

6.6.6.8 As empresas informais

São empresas guiadas pela praticidade, estão sempre introduzindo mudanças na cultura organizacional para adaptar-se às situações internas e externas, em especial no que diz respeito ao comportamento dos empregados, e suas compras baseiam-se na utilidade. Orientam-se para o valor funcional.

6.6.6.9 As empresas rígidas

São empresas cujo consumo é guiado pela austeridade e pelo rigor. Compram os produtos fabricados conforme as regras e procedimentos estabelecidos, rejeitando qualquer modificação das especificações. Também são inflexíveis com os empregados. Orientam-se para o valor utilitário.

6.6.6.10 As empresas flexíveis

São empresas cujo consumo é guiado pelos produtos que estão fazendo sucesso no mercado, mesmo que sejam diferentes do que planejaram comprar. Adaptam-se às novidades do mercado e aceitam as sugestões de procedimentos dos empregados. Orientam-se para os valores utilitário, simbólico e hedônico.

6.6.6.11 As empresas centralizadas

São empresas cujas atividades são centralizadas em um local e as decisões são tomadas por uma pessoa ou grupo. Suas compras têm que ser analisadas e aprovadas pelo proprietário/presidente ou pelo conselho. Orientam-se para o valor utilitário.

6.6.6.12 As empresas descentralizadas

São empresas cujas atividades são descentralizadas e que estimulam a participação dos empregados das áreas envolvidas nas decisões, particularmente de compra e venda de produtos e agilizam seus procedimentos para acompanhar as tendências do mercado. Orientam-se para os valores funcional, hedônico e simbólico.

6.6.6.13 As empresas com apelo ao luxo

São empresas cujas compras, desenvolvimento de produtos e elaboração de estratégias de vendas e campanhas publicitárias são guiados pela ostentação, pompa e fausto. O objetivo é estimular a compra de status e poder pelos consumidores ou fazer com que se sintam aceitos pela comunidade em que se inserem por meio de produtos. Orientam-se para os valores hedônico e simbólico.

6.6.6.14 As empresas com apelo emocional

São empresas guiadas para capturar a emoção dos consumidores no direcionamento dos produtos e publicidade. Suas vendas baseiam-se nos sentimentos que os produtos evocam e em atividades de responsabilidade perante a sociedade. Orientam-se para os valores hedônico e simbólico.

6.6.6.15 As empresas com apelo funcional

São empresas que direcionam seus produtos e publicidade para a utilidade e as funções que os produtos desempenham. Suas vendas baseiam-se nos benefícios que os produtos oferecem para as funções que desempenham e para resolver problemas. Orientam-se para o valor funcional.

6.6.6.16 As empresas com apelo simbólico

São empresas cujas compras são guiadas por fatores simbólicos e pelo sentido figurado, representativo de sinais externos. Desenvolvem seus produtos, estratégias e campanhas de venda baseados na simbologia, na função conotativa, no que os produtos podem representar para seus consumidores. Orientam-se para o valor simbólico.

6.6.6.17 As empresas com apelo hedônico

São empresas cujas compras, desenvolvimento de produtos e elaboração de estratégias de vendas e campanhas publicitárias são guiados pelo prazer que as mercadorias proporcionam aos consumidores. O objetivo principal é despertar alegria, que será conquistada por meio do consumo dos produtos.

6.6.7 As Empresas Segundo o Perfil do Proprietário

As empresas foram segmentadas em 17 categorias básicas segundo o perfil dos proprietários, observando todas as características dos perfis psicológico, sociocultural e pessoal dos consumidores. Os proprietários podem ter vários perfis ao mesmo tempo, como tradicionais, imitativos, flexíveis e paternalistas, e o conhecimento dos seus perfis e dos consumidores auxilia no direcionamento de produtos, campanhas e programas de relacionamento.

6.6.7.1 As empresas com proprietário de perfil empreendedor

São pessoas arrojadas, ativas, que tomam a iniciativa, procuram novas tendências de mercado e colocam em execução novas idéias nas quais acreditam, não temendo utilizar uma boa idéia de um empregado. Geralmente suas compras estão à frente de sua época, adotando os produtos e idéias mais diferentes do usual. Orientam-se para os valores simbólico e hedônico.

6.6.7.2 As empresas com proprietário de perfil inovador

São pessoas que gostam de novidades, renovando-se a cada dia tanto em termos de costumes quanto de hábitos e procedimentos de trabalho, adotando as novas idéias, tecnologias e produtos que surgem no mercado. Orientam-se para os valores simbólico e hedônico.

6.6.7.3 As empresas com proprietário de perfil imitativo

São pessoas que procuram reproduzir o estilo ou o que fazem aquelas que admiram, seguindo esses preceitos para alcançar sucesso. Costumam copiar as compras de empresas reconhecidas no mercado, e muitas vezes suas empresas acabam fechando por falta de originalidade. Orientam-se para o valor simbólico.

6.6.7.4 As empresas com proprietário de perfil tradicional

São pessoas baseadas nas tradições e costumes arraigados na sociedade em que vivem, adotando usos e hábitos transmitidos de geração em geração. Vivem de recordações, comprando produtos das marcas antigas e conhecidas no mercado. Geralmente acontece em empresas familiares, que muitas vezes quebram porque não acompanham as mudanças dos consumidores. Orientam-se para o valor simbólico.

6.6.7.5 As empresas com proprietário de perfil moderno

São pessoas atuais, que vivem nos dias de hoje e estão sempre prontas a aceitar novos hábitos e metodologias de trabalho. Têm tendência a aceitar as inovações e costumam desenvolver ou comprar produtos e marcas novas que surgem no mercado. Orientam-se para os valores hedônico e simbólico.

6.6.7.6 As empresas com proprietário de perfil retrógrado

São pessoas refratárias ou que se opõem às mudanças, adotando metodologias ultrapassadas e olhando somente para os resultados passados da empresas. Costumam comprar os produtos e marcas mais tradicionais, mesmo que eles não atendam mais às necessidades do mercado. Geralmente quebram depois de algum tempo se não mudarem. Orientam-se para o valor simbólico.

6.6.7.7 As empresas com proprietário de perfil formal

São pessoas direcionadas pelas normas e regras vigentes, que adotam burocracias e logísticas predeterminadas sem examinar os problemas. Suas compras são voltadas basicamente para os benefícios que os produtos oferecem. Orientam-se para o valor utilitário.

6.6.7.8 As empresas com proprietário de perfil informal

São pessoas guiadas pela praticidade, que estão sempre introduzindo mudanças na cultura organizacional para se adaptar às situações internas e externas vigentes e às reivindicações de seus empregados e clientes. Suas compras baseiam-se não só na real utilidade dos produtos como no atendimento aos clientes. Orientam-se para o valor funcional.

6.6.7.9 As empresas com proprietário de perfil rígido

São pessoas guiadas pela austeridade e pelo rigor, que baseiam suas compras nos produtos fabricados conforme as regras e procedimentos estabelecidos em contrato, rejeitando qualquer mudança mesmo que seja para melhorar o desempenho do produto. Orientam-se para o valor utilitário.

6.6.7.10 As empresas com proprietário de perfil flexível

São pessoas que orientam as suas compras para os produtos que estão fazendo sucesso no mercado mesmo que sejam diferentes do planejado. Procuram sempre a satisfação de seus empregados e dos clientes. Orientam-se para os valores utilitário, simbólico e hedônico.

6.6.7.11 As empresas com proprietário de perfil centralizador

São pessoas cujas atividades e decisões são centralizadas na sua figura ou no conselho diretor da empresa, assim como a logística de distribuição é centrada na matriz. Orientam-se para o valor utilitário.

6.6.7.12 As empresas com proprietário de perfil descentralizador/participativo

São pessoas cujas atividades e decisões são descentralizadas e que estimulam a participação dos empregados, particularmente no que se refere à compra de produtos. Orientam-se para os valores funcional, hedônico e simbólico.

6.6.7.13 As empresas com proprietário de perfil racional

São pessoas que racionalizam as compras, procedimentos e logística de acordo com as necessidades e os benefícios que os produtos podem oferecer. Suas compras são guiadas pela razão, na medida em que fazem uma relação custo/benefício dos produtos, cujos dados procuram analisar friamente. Orientam-se para o valor utilitário.

6.6.7.14 As empresas com proprietário de perfil emocional

São pessoas guiadas para o bem-estar e a satisfação das pessoas, visando capturar as suas emoções. Tanto as suas compras quanto as suas vendas baseiam-se nos sentimentos que os produtos podem evocar nos clientes. Orientam-se para os valores hedônico e simbólico.

6.6.7.15 As empresas com proprietário de perfil social

São pessoas guiadas pela ecologia e pela responsabilidade social e orientadas para o bem da sociedade. Preocupam-se com o bem-estar dos consumidores e a preservação do meio ambiente; suas compras se baseiam nas práticas sociais das empresas que fabricam os produtos e suas vendas, estimulando a consciência social. Orientam-se para os valores utilitário e simbólico.

6.6.7.16 As empresas com proprietário de perfil paternalista

São pessoas guiadas pelo bem-estar dos seus empregados porque acreditam que eles são a "cara" da empresa. Suas compras se baseiam nas práticas sociais e na interação com os empregados das empresas que fabricam os produtos. Orientam-se para os valores utilitário e simbólico.

6.6.7.17 As empresas com proprietário de perfil integrador

São pessoas guiadas pela preocupação com o bom relacionamento no trabalho e orientadas para o trabalho em equipe e a construção de um ambiente de cooperação e harmonia. Suas compras são orientadas para as empresas que fazem parte da cadeia logística de sua organização. Orientam-se para os valores funcional, hedônico e simbólico.

CAPÍTULO 7

O Relacionamento com os Consumidores

"O homem é a medida de todas as coisas."
Pitágoras

Os objetos são produzidos para disseminar as crenças e valores culturais da sociedade. No ato de consumir o homem escolhe aqueles em que acredita e, dessa maneira sua compra afeta e é afetada pelo comportamento do grupo social, já que o produto se torna desejável por todos. As classes sociais determinam a estrutura de consumo dos seus membros ao imporem padrões baseados em status e estilos de vida para manter os seus sistemas de valores. Desse modo, o sucesso das pessoas no desempenho de um papel vai aumentar quando houver um paralelo entre os produtos que consome e os seus valores.

Segundo Engel, Blackwell e Kollat, os estilos de vida são construtos com os quais as pessoas interpretam, predizem e controlam o ambiente e resultam em padrões de comportamento e estruturas de atitude mantidas para minimizar incompatibilidades e inconsistências na vida pessoal. Dessa forma, qualquer mudança nas instituições sociais repercute nos valores culturais e estilo de vida e, portanto, na estrutura de consumo.

Como o ser humano é competitivo, quando as classes sociais mais baixas começam a copiar os padrões de consumo das mais altas, os produtos começam a se sofisticar, ganhando novos significados simbólicos mais representativos – os atributos intangíveis – de modo a incutir prestígio social aos consumidores. À medida que a diferenciação entre os produtos diminui, eles passam a ser avaliados cada vez menos por seu valor utilitário e funcional e mais por seus valores simbólico e hedônico.

A fim de manter um relacionamento com o consumidor, uma empresa deve conhecer suas atitudes, motivações, crenças e as condições que o levaram a ter determinados comportamentos, fornecer informações sobre os produtos necessárias para sua avaliação e tomada de decisão, e manter contato permanente. O processo de relacionamento vai se dar em quatro níveis, quais sejam, aquisição da informação, avaliação dos produtos, tomada de decisão de compra e relacionamento pós-compra.

7.1 O PROCESSO DE AQUISIÇÃO DE INFORMAÇÃO DOS CONSUMIDORES

O processo de aquisição de informação dos consumidores é afetado pelas instituições – que criam normas para a manutenção de um padrão de interação, interpretação dos valores culturais e desempenho de atividades – e pelas crenças e atitudes dos consumidores – que para tomar qualquer decisão selecionam informações de acordo com a sua personalidade, motivação e valores e a cultura na qual se inserem.

Os consumidores selecionam os produtos ou marcas que acreditam satisfazer seus desejos, por meio de um mecanismo que combina atributos desejados, e experiência passada e situação almejada, valorizando os que são bem vistos socialmente, os que proporcionam mais satisfação e os que traduzem os seus valores. Quanto maior a sofisticação do produto, maior a quantidade de atributos intangíveis e de informações requeridas e maior o tempo de decisão.

Eles estruturam seu processo de aquisição de informação segundo sua classe social e estilo de vida, e, assim, quanto mais elevada a classe, maior a preocupação com padrões e prestígio social. Na primeira instância, vasculham as informações armazenadas na memória, e depois buscam dados em fontes externas de modo a avaliar as alternativas do mercado e comparar os benefícios que esperam com os que estão sendo oferecidos. A maior parte deles pesquisa a qualidade das mercadorias e os melhores preços e marcas não só pessoalmente nas lojas, como perguntando aos conhecidos, pela mídia e Internet.

Com o declínio da influência das instituições sociais tradicionais como as igrejas, partidos políticos, escolas e família, durante um certo tempo a propaganda passou a preencher essa lacuna com um discurso que mapeia a ordem social. Atualmente, a maioria das pessoas não acredita nos anúncios publicitários na medida em que expressam os desejos dos detentores dos meios de produção e não respeitam os direitos dos consumidores.

Para as pessoas absorverem melhor as mensagens publicitárias, elas devem ser feitas de forma clara e lógica, com a utilização de muitos recursos visuais e de uma linguagem simbólica e metafórica, particularmente importantes para driblar a censura dos meios de comunicação. De forma geral, as pessoas obtêm informações pela leitura de livros, jornais, revistas e publicações especializadas ou anúncios veiculados nos meios de comunicação convencionais, como televisão e rádio, ou navegando pela Internet, para encontrar os melhores produtos em conveniência, preço e idoneidade dos produtores.

Enquanto a mulher se informa sobre preços e marcas da maioria dos produtos – em especial roupas, sapatos, cosméticos e produtos alimentícios sofisticados –, a maioria dos homens só procura informações sobre produtos de tecnologia avançada. Nos equipamentos de informática, os homens enfatizam o hardware e o software e as mulheres, a facilidade de uso, a versatilidade e a conveniência, focalizando resultados e não o processo, preferindo aprender só o necessário para o equipamento funcionar. Nas lojas, durante a compra, de acordo com as pesquisas de Paco Underhill, enquanto as mulheres costumam perguntar informações sobre os produtos aos vendedores e a outros consumidores regulares, os homens preferem ler nos manuais de instrução e nos folhetos publicitários.

7.2 O PROCESSO DE AVALIAÇÃO DOS PRODUTOS DOS CONSUMIDORES

Geralmente, as necessidades dos consumidores são estabelecidas em termos de atributos ou benefícios dos produtos e diferem de acordo com a situação em que acontecem. Os atributos são construções pessoais ligadas aos seus sentimentos e crenças e geradores de atitudes em relação aos produtos, e podem ser tangíveis ou intangíveis. Os tangíveis são representações concretas e aparentes como cor, peso, utilidade, enquanto os intangíveis são representações simbólicas valorativas como sexualidade, papel, classe social, relacionadas a aspectos da personalidade e situação de vida dos consumidores.

Ao interagir com o ambiente, o homem sofre a ação de variáveis ambientais – físicas, sociais, econômicas; pessoais – valores, atitudes, habilidades, interesses; e mercadológicas – comunicação, força de vendas. Assim, quanto maior a experiência com os produtos, maiores a complexidade da cognição e o número de atributos e dimensões que os consumidores vão analisar. Quando não há familiaridade, orientam-se por sua utilidade, marca e/ou representações simbólicas, ligando o produto a signos de qualidade de vida e idoneidade do fabricante, ou seja, a intangibilidade aumenta a variação das cognições.

Os produtos são avaliados não somente por sua utilidade, mas pela capacidade de comunicar um papel social e provocar um comportamento em direção a um objetivo, uma vez que os objetos produzidos por uma cultura têm propriedades e significados simbólicos e propiciam o desempenho de papéis sociais. O uso dos produtos de forma apropriada é um modo de os consumidores serem aceitos como membros pelos grupos sociais, na medida em que os significados e rituais de consumo derivam da capacidade dos objetos de atuar como indicadores de status e posição social.

O objetivo dos consumidores ao consumir pode ser inserção/exclusão na cultura, melhoria de vida ou participação na comunidade em que vivem. Após reconhecerem suas necessidades, analisam a importância da posse desse bem e os problemas acarretados se não o comprarem. Normalmente, os consumidores mais velhos avaliam mais alternativas oferecidas no mercado em termos de benefícios, comparando as ofertas com suas expectativas e preferências sobre os produtos para decidirem pela compra, enquanto os mais jovens decidem ou pelo preço ou pelos hábitos de consumo de modo a diminuírem o tempo de decisão, particularmente de produtos de preços mais baixos.

As necessidades dos consumidores também são estabelecidas em termos dos benefícios dos produtos. Os consumidores mais velhos utilizam nas suas avaliações mais atributos intangíveis dos produtos, como a contribuição social e a defesa do meio ambiente, já que consideram que há pouca diferenciação entre os atributos tangíveis. Devido ao estágio de vida em que se encontram, são mais influenciados por argumentos emocionais e hedônicos do que por avaliações racionais. O seu consumo é mais simbólico e prazeroso do que utilitário, pois substituem as necessidades físicas pelas da "alma".

As pessoas mais velhas procuram simplificar o consumo, avaliando de forma rotineira os produtos de primeira necessidade cujos benefícios já conhecem. Reservam mais tempo para os demais, quando também analisam informações relativas às condições de produção e ecologia, daí a importância do posicionamento social das marcas.

As campanhas publicitárias destinadas aos consumidores das classes mais altas devem apresentar atributos intangíveis que estimulem as atitudes de responsabilidade social e preocupação com o meio ambiente e o bem-estar das pessoas, conscientizando-as dos problemas do mundo, transmitindo valores de solidariedade e transmitindo status nobre para se sentirem patrocinadores do bem em vez de ficarem com fama de consumistas.

7.3 O PROCESSO DE DECISÃO DE COMPRA DOS CONSUMIDORES

Os canais de compras usados pelos consumidores estão mudando, modificando o processo de decisão de compra, já que, devido à falta de tempo disponível, muitos utilizam a Internet para aquisição dos gêneros de primeira necessidade, compras habituais ou quando sabem produto e marca que querem. Desse modo, ganham tempo ao evitar filas nos caixas, falta de vaga nos estacionamentos e procura de mercadorias nas prateleiras. Essa economia permite a compra pessoal do que lhes dá prazer, como roupas, sapatos e cosméticos, já que as lojas oferecem ambientes confortáveis e locais para experimentação.

Uma grande parte das pessoas adere às compras *on-line* porque pode pesquisar mercadorias e preços, tem mais opções de escolha de locais de entrega e elas são mais convenientes e rápidas. No entanto, as pessoas não confiam no sigilo dos dados, particularmente as informações financeiras, e no cumprimento dos prazos de entrega dos produtos. A Internet também não dispõe de estímulos sensoriais como experimentação, tato e interação social, e, por isso, muitos preferem utilizar esse tipo de transação apenas para as compras utilitárias de CDs, DVDs e livros, e algumas vezes para aparelhos elétricos, eletrônicos e de informática que já tinham escolhido anteriormente.

Enquanto nas lojas os homens compram logo o que querem, pela Internet gastam tempo navegando de um site para o outro. Já as mulheres experimentam os produtos e pesquisam preços nas lojas, e na rede compram logo o que querem, depois se desconectam. Também costumam comprar pela Web ingressos para filmes e shows muito procurados, apesar do pagamento de uma taxa, para não só ganharem tempo como evitarem deixar de ver os espetáculos por causa de lotação esgotada.

As mulheres são as primeiras a adotar as inovações tecnológicas, avaliando sua utilidade, enquanto os homens compram porque se apaixonam pela própria tecnologia e sensação que provocam. Normalmente, as pessoas são atraídas pela livre experimentação dos produtos com o uso de todos os sentidos – visão, toque, olfato, audição e paladar – e não gostam quando os vendedores não as deixam tocar ou experimentar, chegando a desistir da compra quando isso acontece. Também não gostam das lojas que não colocam preço nas mercadorias, forçando-as a perguntar, o que consideram constrangedor.

Atualmente, a maioria dos consumidores compra no período das liquidações das lojas, de modo a levar mais quantidade pelo mesmo preço, e avalia os produtos por uma relação custo × benefício, em que o elemento desejo também faz parte da ponderação, juntamente com qualidade e preço. Normalmente compram aqueles com atributos e benefícios conforme as suas expectativas e personalidade.

7.4 O RELACIONAMENTO COM OS CONSUMIDORES

As práticas mais comuns de relacionamento com os clientes são o marketing de relacionamento, o *trade marketing*, as parcerias estratégicas e os programas de fidelização. O objetivo delas é criar um sentimento de confiança, lealdade e comprometimento dos clientes com as empresas, com ganhos para os envolvidos no relacionamento.

O marketing de relacionamento consiste na manutenção de uma relação personalizada com os consumidores, enquanto o *trade marketing* é mais adequado aos clientes corporativos, já que oferece um serviço sofisticado, em que um funcionário altamente especializado do produtor trabalha nas dependências do cliente para entender os seus desejos e necessidades, de modo a oferecer um serviço sob medida.

As parcerias estratégicas com os clientes e fornecedores visam ajudá-los a otimizar os recursos, oferecendo serviços estratégicos e desenvolvendo um relacionamento entre eles em toda a cadeia, com vistas à satisfação do cliente final. Atualmente há um estreitamento da relação entre empresas, fornecedores e consumidores.

Como a maioria dos produtos é indiferenciada, os programas de fidelização – que incluem presentes, promoções e centrais de atendimento – são um diferencial competitivo no momento da venda. É a melhor estratégia porque, quando os clientes estão satisfeitos com o tratamento que recebem, não só não mudam de empresa como fazem propaganda gratuita junto ao seu círculo de conhecidos.

A estratégia de conhecimento dá-se pelo armazenamento de informações sobre os clientes em um banco de dados e sua utilização nos contatos e é mais reativa que proativa, pois só se efetiva quando eles procuram a empresa. Já a estratégia de segmentação por similaridade dá-se por tratamento similar aos clientes com comportamentos de compra semelhantes. Os agrupamentos podem ser por características psicológicas, socioculturais, pessoais e de consumo como preferências, transações e especificações de produtos.

A estratégia de relacionamento dá-se pela manutenção de contatos freqüentes com os clientes e seu acompanhamento contínuo, de forma a criar vínculos e uma relação de confiança e a estimular sua fidelidade através de soluções inovadoras.

A compreensão do significado das compras influencia o modo de lidar com os clientes. De modo geral, as compras de produtos de primeira necessidade são vistas como castigo e por isso muitas vezes os consumidores compram supérfluos para se recompensar. Já as compras pessoais podem ser vistas como terapia ou recompensa – quando os consumidores estão com baixa auto-estima ou problemas, como passatempo – quando fazem hora para esperar alguém ou algum compromisso, como entretenimento – quando fazem parte de um programa com amigos, ou como meio de paquera – por causa dos vendedores ou da freqüência da loja.

A melhor estratégia para o relacionamento com os consumidores é a compreensão do seu estado de espírito e ritmo no momento da compra e a manutenção de um vendedor com disponibilidade para tirar dúvidas e ajudar na escolha, dando sua opinião sincera sempre que requisitado. Os vendedores devem estar atentos e acompanhar os clientes nas lojas, sem ser invasivos, porque estes não gostam de ser monitorados.

Muitos consumidores mantêm um relacionamento amigável com vendedores, de modo que avisem sobre liquidações ou coleções novas e separem mercadorias do seu tamanho. Também procuram relacionar-se nas lojas de conveniência da vizinhança, de modo a terem uma conta corrente e suas compras habituais separadas.

A distribuição dos espaços das lojas deve ser projetada para facilitar a compra, com áreas bem marcadas por famílias de produtos e com distribuição funcional separando as áreas em utensílios domésticos e seções femininas e masculinas, com setores específicos para crianças, jovens e adultos. Os produtos de conveniência devem ser colocados próximo às entradas, seguidos das áreas masculinas. No final das lojas ficam os produtos femininos, porque as mulheres não se incomodam de andar até a sua seção, enquanto os homens não têm paciência e acabam às vezes desistindo da compra.

De modo geral, os consumidores gostam das lojas que disponibilizam carrinhos ou cestas em vários locais, coloquem os produtos ao alcance das mãos, as pequenas mercadorias de conveniência perto dos caixas e criem caixas expressas para poucos itens. Apreciam lojas bem sinalizadas e evitam as que mudam com freqüência a localização dos produtos para forçá-los a mudar o caminho de modo a estimular a compra de artigos não-previstos.

Outro fator muito importante para cativar os clientes é a disponibilidade de centrais de atendimento telefônico com sistemas de informações atualizados, com dados não só sobre o histórico de compras e a faixa de gastos, mas também sobre a personalidade, o gosto e o estilo de vida dos consumidores. Eles também gostam de centrais de reclamação e de trocas eficientes, para que possam reclamar dos serviços e do atendimento, sabendo que as reclamações serão levadas em consideração.

De acordo com Underhill, a Internet está mudando o modo de fazer compras dos consumidores porque, à medida que envelhecem, fazem on-line as compras de mercadorias cujas principais diferenças consistam no tamanho da embalagem, na quantidade, no peso e na marca dos produtos, como por exemplo material de limpeza e de higiene pessoal, alimentos, refrigerantes e bebidas. Ele também observa que o crescimento do mercado para pessoas idosas vai exigir mudanças substanciais do marketing nos próximos anos, como letras maiores nos jornais, embalagens dos produtos e bulas dos remédios, uso de cores mais fortes e nítidas na publicidade e mais iluminação nas lojas.

CAPÍTULO 8

Um Exemplo de Análise de Comportamento dos Consumidores

> *"Feliz aquele que transfere o que sabe e aprende o que ensina."*
> Cora Coralina

A metodologia foi testada na análise de comportamento dos consumidores utilizando o ciclo de vida (50 aos 65 anos), os gêneros (masculino e feminino) e o papel social (filhos e pais) no perfil psicológico, as classes de renda (A e B), o nível educacional (médio, superior e pós-graduados) e a origem cultural (latino-americano, brasileiro) no perfil sociocultural, os tipos de produtos (todos) no perfil de consumo, e o tipo de relacionamento e aquisição da informação no perfil de relacionamento.

O estudo se propôs a apresentar um perfil das pessoas entre os 50 e os 65 anos da geração *baby boom*, que representam aproximadamente 40% do poder de consumo mundial, a partir da análise dos valores culturais e sociais que influenciam sua personalidade, crenças e atitudes e originam novos comportamentos de consumo, de modo a fornecer dados para a concepção de produtos, serviços e campanhas publicitárias para explorar esse segmento. Como metodologia de trabalho, fizemos pesquisas bibliográfica e qualitativa, com o uso de observação participante de pessoas das classes A e B da Zona Sul do Rio de Janeiro e entrevistas em profundidade com algumas delas.

Na primeira parte apresentamos seu perfil cultural, social, psicológico e pessoal, e na segunda avaliamos seu envolvimento e comportamento, focalizando formas de expressão como suas manifestações artísticas, religiosas e de linguagem, suas atividades profissionais, de lazer e sociais e seus padrões de aprendizagem, de beleza e sexuais que originam seus hábitos de vestuário, alimentação, moradia, transportes e consumo. Concluímos com a sugestão de formas de interação referentes a aquisição da informação, avaliação dos produtos, decisão de compra e relacionamento pós-compra, assim como de novos negócios e nichos de mercado com grande potencial de crescimento.

8.1 OS *BABY BOOMERS*

Os *baby boomers* – pessoas nascidas entre 1946 e 1964 – vêm ditando as tendências de consumo, já que detêm dois terços do poder aquisitivo no mundo. Em função da passagem pelos vários estágios do seu ciclo de vida, essa geração foi responsável pelo crescimento dos mercados de fraldas descartáveis, papinhas e brinquedos na década de 1950, quando eram bebês; jeans, tênis, discos e carros esportivos na década de 1960, quando adolescentes; imóveis na década de 1970, porque estavam na idade de casar; seguros-saúde e *fast food* na década de 1980, quando formavam suas famílias; computadores na década de 1990, quando os filhos aderiram às novas tecnologias; e Internet e telefone celular a partir do ano 2000, quando houve necessidade de comunicação virtual.

O comportamento de consumo das pessoas entre 50 e 65 anos modificou-se bastante devido não só aos avanços da medicina, que aumentaram a expectativa de vida, como ao tipo de vida saudável que escolheram adotar. Esses consumidores, próximos de entrar na "terceira idade", são bem diferentes da geração anterior, uma vez que a maioria ainda trabalha, pratica exercícios, mora sozinha, sai e namora como fazia aos 40 anos.

Eles passaram por várias mudanças porque vivenciaram experiências como o rock'n'roll, o movimento *hippie*, a revolta estudantil, o feminismo, o surgimento da pílula anticoncepcional e do Viagra e, mais recentemente, o uso de computadores e da Internet. As mulheres passaram a trabalhar em jornada integral para ganhar dinheiro e ficar independentes, e, por causa desse novo estilo de vida, muitos casamentos foram desfeitos. Algumas passaram a prover o lar e a educar os filhos, dando mais liberdade para prepará-los para gerenciar suas próprias vidas.

Também foram obrigadas a modificar sua forma de trabalhar, tendo que aprender rapidamente a usar computador e Internet, devido às mudanças tecnológicas que ocorreram nesse período. Recentemente iniciaram uma nova mudança, adotando um estilo de vida mais calmo, vestindo-se com roupas mais confortáveis e informais, passando a ingerir uma alimentação mais saudável e a praticar exercícios físicos mais relaxantes.

8.2 A CONSTRUÇÃO DO PERFIL DOS *BABY BOOMERS*

O perfil dessas pessoas foi montado a partir dos seus valores culturais, avaliações sociais, motivações psicológicas e predisposições pessoais, que foram percebidos por suas formas de expressão mais evidentes. Assim, o perfil cultural foi delineado por suas manifestações artísticas, religiosas e de linguagem; o comportamento social, por suas atividades profissionais, de lazer e sociais; o perfil psicológico, por seus padrões de aprendizagem, de beleza e sexual; e o comportamento de consumo, por seus hábitos de vestuário, alimentação, moradia, transporte e consumo.

8.2.1 Perfil Cultural

As pessoas dessa faixa etária sempre adotaram comportamentos alternativos aos vigentes, criando novas formas de arte e linguagem e aderindo a novas crenças religiosas que pregassem liberdade de expressão e questionassem o conhecimento oficial. Essa geração defende a inovação, a abertura e a cultura popular, e seu gosto pessoal vai da literatura parnasiana à pós-modernista, do teatro grego ao interativo, da pintura renascentista à pós-moderna, da música clássica à techno.

Tanto arte como ciência questionaram o modelo determinista da causalidade e da verdade absoluta. No campo científico surgiram as teorias da relatividade de Einstein e a física quântica, que revolucionaram as formas de interpretar o universo; no campo filosófico vieram as teorias de Sartre e Baudrillard, Lacan na psicanálise e Beckett no teatro. Na literatura, cujo destaque foi Kafka, fundiram espaço e tempo na narração, gerando uma percepção difusa de realidade e ficção, com liberdade de estilo e conteúdo.

Na arte simplificaram as formas, reduziram as barreiras entre os gêneros e fizeram uso de colagens, surgindo o neo-expressionismo e a *pop art*, a *op art*, o conceitual e o grafite, em que se destacaram Picasso, Dali, Lichtenstein e Andy Warhol e os móbiles de Alexander Calder. Na arquitetura, romperam com a estrutura urbana e renovaram as formas enfatizando a funcionalidade e a simplicidade das linhas das construções e mesclando praticidade e melhoria dos materiais, dando continuidade ao movimento da Bauhaus.

No cinema, as manifestações mais importantes foram o neo-realismo italiano com temática política e social de Rosselini e Fellini, a *nouvelle vague* francesa de François Truffaut e Goddard, o cinema japonês de Akira Kurosawa, e, no cinema americano, os *westerns* de John Ford e os desenhos animados de Walt Disney.

Na música, essa geração fez a mudança mais radical, especialmente na música popular, criando vários estilos em que misturaram diferentes tendências, como a música country, as de protesto de Bob Dylan e várias correntes de rock'n'roll como Elvis Presley, Beatles, Rolling Stones, Jimmi Hendrix, Janis Joplin, Pink Floyd e Led Zeppelin.

As crenças religiosas perderam influência na vida social das pessoas, que adotaram uma filosofia e estilo de vida que incorporava consciência científica a sua fé. Eles criaram novas comunidades, igrejas e tendências religiosas que refletiam os medos e ideologias pelos quais transitaram em suas vidas, como a desestruturação pelo álcool e pelas drogas. As principais características foram o sincretismo, a personalidade forte dos líderes, o questionamento das práticas estabelecidas e a implantação de um novo estilo de vida aberto a mudanças sociais como o desarmamento e o estreitamento das relações familiares e do relacionamento entre países ricos e pobres.

As pessoas dessa faixa etária sempre se preocuparam com a imagem, nela incluídos a aparência física, a postura, o gestual e a comunicação, principalmente a linguagem, na medida em que revelava seu caráter e suas crenças. A maioria é culta, expressando-se em linguagem mais erudita e procurando novos conhecimentos para aumentar seus horizontes intelectuais. Por isso mesmo, muitas vezes incorporaram hábitos de outras culturas que perceberam como mais adequados à vida que queriam levar.

A grande maioria engajou-se politicamente no período estudantil, participando de manifestações, e, quando as mulheres entraram no mercado de trabalho, reduziram o papel da família na socialização dos filhos, elevando os da igreja, dos sindicatos, dos partidos políticos e da mídia como formadores de opinião. Também modificaram a aparência física e a linguagem corporal, de modo a manter uma aparência jovial para ter seu valor reconhecido, já que, normalmente, a impressão inicial que se tem das pessoas é baseada em traços faciais como o rosto, os olhos e o sorriso, que só depois é reforçada pelo uso das palavras e dos gestos.

8.2.2 Comportamento Social

As pessoas dessa faixa etária nunca se conformaram aos comportamentos e papéis definidos como socialmente mais adequados, mas o medo da desaprovação social faz com que seguissem as tendências disseminadas pela mídia. Assim, apesar de enfatizarem a diferenciação, viveram em função dos valores e crenças dos outros e da competição por bens e posição social, transformando-se em *yuppies*, com situação financeira estável, mas sem tempo disponível para aproveitar a vida.

Grande parte das mulheres freqüentou universidade e trabalhou ou trabalha fora, em especial nas áreas de educação, psicologia e serviço social, acumulando carreira profissional com a responsabilidade pela casa e a educação dos filhos. Sempre receberam salário mais baixo que os homens na mesma função, e poucas ocupam cargos gerenciais. A maioria dos homens escolheu carreira em engenharia, informática e administração.

As pessoas dessa geração adaptaram-se rapidamente ao uso de computadores e Internet na vida profissional, e a maioria dos que se aposentaram do trabalho em empresas continua exercendo atividade profissional prestando consultorias, ensinando ou com negócios próprios virtuais. Uma das suas características é o exercício do aprendizado e, por isso, estão sempre recomeçando, buscando habilidades e experimentando novidades.

Atualmente, suas prioridades são a família, os amigos e qualidade de vida. Assim as suas atividades de lazer estão ligadas à natureza e à prática de exercícios ao ar livre para compensar o tempo que passaram fechados nos seus ambientes de trabalho. Em geral, quando se aposentam, muitos voltam a praticar esportes como vôlei, surfe, futebol e tênis, e alguns praticam atividades radicais como alpinismo e vôo de asa-delta.

Muitas pessoas dessa faixa etária começaram a aprender atividades que sempre tiveram vontade de fazer, como canto, dança de salão, tocar um instrumento musical e pintar. Vários começaram a estudar antropologia, história da arte, literatura e filosofia, para melhorar os seus conhecimentos culturais. Freqüentam cursos, palestras, academias de ginástica e clubes para fazer amizades e formar grupos para praticar essas atividades.

Costumam freqüentar concertos, shows, cinema e teatro, e gostam de viajar para conhecer novos lugares e pessoas no país ou no exterior. No entanto, o principal programa dessa geração sempre foi conversar e discutir problemas existenciais e novos modos de vida, bebendo, fumando e ouvindo música. Muitos participaram de algumas das tribos da época – boêmios, punks, motociclistas e roqueiros – e mantêm alguns hábitos.

Alguns dedicam-se a atividades de responsabilidade social, participando de Ongs, promovendo bazares e prestando serviços para ajudar orfanatos, asilos e hospitais, para não sentirem a "síndrome do ninho vazio", pois a maioria dos filhos já saiu de casa.

8.2.3 Perfil Psicológico

As pessoas dessa faixa etária têm sede de saber e curiosidade pela vida, hábitos e costumes dos demais povos. O acúmulo de informações recebidas pelos livros e meios de comunicação melhorou a sua formação intelectual, por isso possuem amplo vocabulário, têm habilidade para escrever e para expressar suas idéias e facilidade de comunicação. Ainda preferem as interações pessoais a fim de criar vínculos sociais, e para eles a linguagem imagética tem menos força que a escrita.

Essa geração sempre acompanhou as tendências da moda e mudou os padrões de beleza, praticando atividades relaxantes como meditação, ioga e pilates, em busca de interação entre corpo e mente. As mulheres passaram a fazer musculação e ginástica e os homens a freqüentar clínicas de emagrecimento e salões de beleza. Alguns fizeram plásticas reparadoras como *lifting*, lipoaspiração, bioplastia e aplicação de Botox.

Algumas mulheres colocaram próteses de silicone para melhorar as curvas do corpo que a musculação não conseguiu, outras resolveram assumir os cabelos brancos utilizando recursos como cortes de cabelo arrojados para evitar a aparência envelhecida. Aliás, essa geração modifica sistematicamente o estilo, a cor e o corte dos cabelos para ter uma vida mais prática, chamar atenção ou esconder a idade. Os homens passaram a pintar os cabelos e a fazer tratamentos de rejuvenescimento.

Os *boomers* também mudaram seu comportamento sexual, e os homossexuais assumiram sua sexualidade, inclusive artistas e políticos importantes, o que provocou um crescimento dos movimentos GLS. Por causa disso, várias cidades do mundo modificaram sua legislação para incorporar esses novos comportamentos, permitindo o casamento entre pessoas do mesmo sexo e reconhecendo os direitos legais dos cônjuges.

Criaram os filhos com liberdade, discutindo a importância dos relacionamentos, defendendo a experiência sexual antes do casamento e orientando sobre doenças sexuais e métodos anticoncepcionais, e agem com naturalidade diante do relacionamento dos filhos com seus parceiros sexuais. Têm uma vida sexual ativa e não mantêm relacionamentos insatisfatórios, e é comum a separação de casamentos longevos quando se aposentam.

Essa geração vive intensamente sua sexualidade com a ajuda da cosmética e de artifícios sexuais como roupas, pomadas e medicamentos para impotência sexual e melhoria da libido, desmistificando o sexo como algo proibido e instigando a mídia a discutir abertamente esse assunto.

8.2.4 Comportamento de Consumo

Essa geração, que seguiu todas as modas que se apresentaram ao longo dos anos, atualmente tem seu próprio estilo, vestindo roupas mais retas e usando a criatividade em detalhes como lenços, cintos, enfeites, jóias e bijuterias para modificar o visual.

Usaram roupas *prêt-à-porter*, saias godê, conjuntos de casaco e blusa de Banlon, vestido tubo e calças *cigarette* nos anos 1950; passaram a exibir as roupas de baixo, a usar jeans apertados, minissaias e saias longas e estampas com formas geométricas nos anos 1960; usaram túnicas e batiques indianos com calças pata-de-elefante em um visual *hippie* na década de 1970; adaptaram o vestuário masculino para a mulher nos anos 1980; e usaram roupas desconstruídas, com acabamentos aparentes, mesclando estilos, tecidos e cores em um conjunto aparentemente descombinado nos anos 1990.

Nos dias de hoje, as mulheres ainda usam saias curtas, jeans e camisetas brancas com *blazer* e os homens usam roupas mais informais.

Seu referencial é o estilo de vida que levam no momento. Desse modo, as roupas informais são confortáveis, ao passo que as roupas para trabalhar são formais. Os consumidores dessa faixa etária não modificaram seu estilo por causa da idade e muitas vezes trocam roupas com os filhos/filhas.

Adquiriram novos hábitos alimentares, como a ingestão de *fast food* e de comida congelada, criadas nos Estados Unidos para facilitar o preparo de uma refeição pela mulher que trabalha fora. Por causa da globalização, em qualquer lugar do mundo essas pessoas comem pizza, macarrão, purê de batata, hambúrguer e fritas.

Devido às altas taxas de colesterol e à quantidade de obesos gerada por esse tipo de comida, modificaram a sua alimentação, que agora é mais natural e balanceada, com frutas, verduras, legumes e fibras, de modo a melhorar o funcionamento do sistema digestivo. Muitos pararam de ingerir carne vermelha, seja para diminuir o colesterol ou por motivos filosóficos, como a matança dos animais.

Como procuram manter o corpo sempre em forma, fazem regularmente dietas alimentares para perder ou manter o peso estável, evitando alimentos que engordam como massas e carboidratos, sorvetes, doces e chocolates. Por causa da preocupação com a ecologia, muitos passaram a ingerir comida orgânica e a usar azeite virgem, sal marinho e açúcar mascavo. Tomam sucos de frutas naturais em vez de refrigerantes, mas ingerem bebidas alcoólicas, em especial cerveja, vinho, uísque e vodca.

Normalmente, nos dias de semana, fazem o café-da-manhã e o jantar em casa e almoçam fora, e nos finais de semana fazem pelo menos uma refeição em restaurante. Para os latinos, a refeição mais substancial é o almoço; já nos Estados Unidos e Inglaterra, é o café-da-manhã e em muitos países europeus, o jantar. Costumam pedir comida por telefone, particularmente pizza à noite e comida nos fins de semana e nos dias frios ou chuvosos.

Gostam de freqüentar restaurantes charmosos e agradáveis, e o tempo de permanência nos restaurantes varia de acordo com os países. Enquanto nos Estados Unidos as pessoas comem rápido, os franceses e os latinos gostam de comer devagar. As refeições com a família se restringem ao Natal e ao Dia de Ação de Graças, e nos países latinos também se reúnem no Dia das Mães e no Dia dos Pais e nos aniversários de família.

As pessoas dessa faixa etária em geral moram em bairros próximos ao do seu círculo social e evitam o centro das cidades, já que priorizam a qualidade de vida, entendida como tranqüilidade e segurança. Valorizam o conforto e a praticidade para facilitar o trabalho doméstico e ter mais tempo livre para a prática de exercícios e *hobbies*. Em geral, preferem apartamentos em condomínios na cidade e casas quando moram na periferia.

Gostam de linhas retas e simples e ambientes despojados, mas com objetos decorativos que contem sua história de vida, misturando estilos, com muitos móveis, tapetes, enfeites, quadros e fotos da família. Usam cores fortes ou branco, e possuem espaços comuns para reunir as pessoas e reservados para acomodar cada membro. A cozinha ganha importância na distribuição da casa, integrando-se à sala para que possam receber amigos e conversar, e, em geral, cada quarto tem o seu banheiro privativo.

Essa geração gosta de móveis e objetos com design, plantas, flores, fotos, livros, velas e objetos de arte na decoração. A maioria aprecia os aparelhos eletroeletrônicos de última geração, como televisão de tela plana, *home theater* e equipamento de som, já que gostam de programas caseiros como assistir filmes e shows, sozinhos ou com amigos. Alguns possuem equipamentos de ginástica, instrumentos musicais e equipamentos de segurança em casa. Alguns possuem casas de veraneio na praia ou nas montanhas para aproveitar os momentos de lazer e, quando se aposentam, costumam passar mais tempo nelas do que em suas residências.

Normalmente a rotina das pessoas que pararam de trabalhar ou abriram o próprio negócio é ir aos lugares e atividades informais caminhando, de bicicleta, metrô ou ônibus durante o dia e táxi à noite ou quando vão a lugares formais, como festas e reuniões de negócio, devido à preocupação com a segurança nas cidades grandes.

A visão dessa geração sobre automóveis modificou-se ao longo dos anos, pois na juventude o usavam como extensão do corpo, mas, enquanto os homens escolhiam por potência e arranque do motor, as mulheres viam durabilidade e tamanho do porta-malas.

Em geral, as famílias tinham uma caminhonete usada pelas mulheres para atender os filhos e pela família nos fins de semana e outro carro esportivo para os homens irem trabalhar. Quando os filhos cresceram, as mulheres trocaram seus carros por modelos menores para que eles pudessem dirigi-los, e os homens, por modelos mais confortáveis para os casais irem aos compromissos sociais. Atualmente, a maioria das pessoas que moram nas cidades grandes vendeu seus carros ou mantém apenas para quando viajam.

As pessoas dessa faixa etária costumam viajar de avião para lugares distantes, para terem mais tempo para visitar os lugares, porém também gostam de fazer cruzeiros marítimos com a família ou com amigos, quando querem uma viagem mais relaxante.

O trabalho feminino e o estímulo ao consumo pelos meios de comunicação provocaram modificações substanciais na vida social das famílias e no comportamento de compras dos homens e mulheres. Essa geração acabou com a divisão de papéis, em que os homens eram provedores da casa e as mulheres responsáveis pela família. Atualmente, como os homens também cozinham, lavam, passam e compram e as mulheres cuidam do carro e gerenciam reformas, as lojas e as mercadorias tiveram que se adaptar, de modo a envolver os homens nas compras "femininas", como roupas, alimentos e material de casa, e as mulheres nas compras "masculinas", como carro, material elétrico e ferragens.

Como a maior parte das pessoas dessa faixa etária sempre trabalhou, mudaram seus padrões de consumo, fazendo grandes compras mensais de alimentação nos supermercados e as menores nas lojas de bairro devido à proximidade e conveniência. Hoje em dia, por causa da facilidade e economia de tempo, também compram pela Internet. Como almoçam em restaurantes, reduziram as compras de alimentos e aumentaram as de objetos pessoais como roupas, sapatos, perfumes e jóias, muitas vezes usando o consumo para curar frustrações e problemas domésticos e profissionais.

Costumam freqüentar shopping centers pela facilidade de estacionamento, concentração de lojas e variedade de produtos, serviços e preços. Também freqüentam as lojas dos bairros onde moram para as compras ligeiras e as lojas de marcas para comprar exclusividade e design. As pessoas das classes mais baixas compram nas lojas de departamento, que são mais baratas e também atendem a toda a família.

De forma geral, fazem as compras habituais nas mesmas lojas, criando vínculos com os vendedores, que se tornam consultores. Eventualmente experimentam novas lojas, ou por indicação de amigos ou quando são atraídos por algum artigo exposto na vitrine. A maioria pesquisa as necessidades e os desejos das pessoas antes de comprar um presente, ponderando com seu orçamento pessoal, separando uma quantia maior para parceiros, parentes e amigos e observando o estilo e gosto pessoal das pouco conhecidas.

Essa geração está sempre se atualizando, usando Internet, telefone celular e máquinas digitais, baixando músicas em MP3 e participando de blogs, websites e da comunidade virtual mundial. Muitos usam remédios naturais e homeopáticos e tratamentos alternativos e preocupam-se com a origem das mercadorias, principalmente a fabricação com o uso de mão-de-obra escrava ou infantil dos países menos desenvolvidos e a higiene e o estado de conservação dos produtos.

8.3 O ENVOLVIMENTO DOS *BABY BOOMERS*

De forma geral, essa geração não procura a satisfação das necessidades nos produtos e serviços, mas na emoção da experiência e nos significados associados a eles, particularmente na experimentação dos prazeres vivenciados na imaginação. Procuram informação perguntando aos amigos e vendedores, na publicidade, jornais, revistas e Internet, de modo que possam avaliar os produtos antes de comprá-los. Seu envolvimento foi analisado através dos processos de aquisição de informação, avaliação dos produtos, decisão de compra e relacionamento com as empresas.

8.3.1 Processo de Aquisição de Informação

Os consumidores dessa faixa etária selecionam os produtos ou marcas que acreditam satisfazer seus desejos de consumo, por meio de um mecanismo que combina sua personalidade e seus valores com a avaliação de atributos, experiência passada e resultados esperados. Não se preocupam mais com melhoria do estilo de vida, consumo e prestígio social, uma vez que já atingiram o status que queriam.

Eles utilizam mais informações para avaliar os produtos, e seus padrões de consumo são mais influenciados por seus valores morais e éticos do que pelos transmitidos pela família ou grupos de referência. Após vasculharem na memória as informações que adquiriram ao longo dos anos, buscam dados na mídia e na Internet para avaliar as alternativas oferecidas no mercado e comparar com os benefícios que esperam.

Essa geração expressa sua identidade pelas preferências por bens de consumo e não acredita em publicidade, uma vez que expressa desejos e necessidades dos detentores dos meios de produção. Aprecia mensagens claras, lógicas e ordenadas, sem muitos recursos visuais, já que valoriza mais o conteúdo da mensagem que a forma visual.

Nas lojas, enquanto as mulheres perguntam informações sobre os produtos aos vendedores e a outros consumidores, os homens preferem ler os manuais de instrução e folhetos publicitários. Nos equipamentos de informática, eles enfatizam o hardware e o software e elas, a facilidade de uso, a versatilidade e a conveniência, focalizando os resultados.

8.3.2 Processo de Avaliação dos Produtos

Hoje em dia, os consumidores dessa faixa etária avaliam os produtos pela capacidade de expressarem suas preocupações sociais, na medida em que acreditam que o uso apropriado é um modo de responsabilidade social e melhoria da sociedade.

Após reconhecerem suas necessidades de compra, analisam a importância da posse daquele bem e os problemas acarretados se não o comprarem, avaliando as alternativas oferecidas no mercado e comparando com suas expectativas. Utilizam mais atributos intangíveis dos produtos como contribuição social e defesa do meio ambiente na sua avaliação, já que há pouca diferenciação dos atributos tangíveis entre os fabricantes.

Os argumentos emocionais e hedônicos influenciam mais que as avaliações racionais, pois seu consumo é mais simbólico e prazeroso que utilitário. Compram de forma rotineira os produtos que suprem as necessidades básicas, já que conhecem seus benefícios, reservando tempo para avaliar com mais vagar os que preenchem as demais necessidades. Quando não têm familiaridade orientam-se por sua utilidade, marca e representações simbólicas, ligando-os a signos de qualidade de vida.

As pessoas avaliam os produtos principalmente pela capacidade de comunicarem um papel social, ponderando tanto os elementos da personalidade que motivam seu comportamento em uma direção como os seus efeitos no meio ambiente. As campanhas publicitárias devem estimulá-las a exercer atitudes de responsabilidade social, conscientizando-as dos problemas do mundo, ressaltando valores de solidariedade e transformando uma situação de consumo em causa social.

8.3.3 Processo de Decisão de Compra

Grande parte dos consumidores busca informações sobre os produtos junto aos vendedores, exige os seus direitos e vai embora das lojas em que não é bem atendido, na medida em que acham que as compras devem proporcionar prazer e não estresse. A maioria não gosta de lojas desarrumadas, sem charme ou quando não conseguem encontrar os produtos, assim como detestam vendedores insistentes, que acompanhem seus movimentos ou "empurrem" produtos que não combinem com o seu gosto pessoal.

Como estão saturados de informação tanto pelos meios de comunicação como pelas campanhas e propagandas nos pontos-de-venda e na Internet, consultam os conhecidos que já experimentaram o produto ou pedem informação a um vendedor confiável que habitualmente os atenda para se decidir. Quando não têm dados suficientes, ou deixam de comprar ou escolhem produtos de marcas conhecidas. Quando ficam muito tempo em uma loja acabam comprando mesmo quando não tinham essa intenção.

Os consumidores dessa faixa etária costumam ter uma idéia clara do que querem. No entanto, às vezes compram por impulso, motivados pela visão de um produto que se encaixa perfeitamente a sua personalidade, gosto pessoal e estilo de vida. Como gostam de mudanças, são mais suscetíveis às impressões e informações adquiridas nas lojas do que à fidelidade a marcas ou à propaganda.

Essa geração aderiu às compras *on-line* porque lhes permitem pesquisar mercadorias e preços, oferecem mais opções de escolha, informações sobre os produtos, envio a qualquer lugar do mundo, e são mais convenientes e rápidas para gêneros de primeira necessidade, compras habituais ou quando sabem o produto e a marca que querem. Desse modo, evitam filas nos caixas, falta de vaga no estacionamento e procura de mercadorias nas prateleiras. Também compram pela Web ingressos para filmes e shows muito procurados, para evitar deixar de ver os espetáculos por falta de ingressos.

No entanto, como não dispõem de estímulos sensoriais como tato, experimentação e interação social, preferem ir comprar pessoalmente nas lojas os produtos de uso pessoal que realmente lhes dão prazer. As mulheres sentem prazer em comprar roupas, sapatos, perfumes e cosméticos, em lojas com ambiente confortável, em que possam experimentar para ver o tamanho e caimento das roupas e ajustar para suas medidas, a altura e o conforto dos sapatos, a textura e a cor dos cosméticos e o cheiro dos perfumes. Já os homens preferem que suas mulheres comprem para eles as suas roupas e sapatos.

Essa geração faz compras quando precisa de um produto para suprir uma necessidade em especial, avaliando por uma relação de custo × benefício ou quando estão carentes. Também compram nas liquidações, de modo a economizar, e sempre compram mais do que as suas necessidades, porque ficam entusiasmadas com as ofertas das lojas.

8.3.4 Processo de Relacionamento

Geralmente essa faixa etária vê as compras habituais de casa como castigo, levando supérfluos para se recompensar. Compram roupas, sapatos, cosméticos e perfumes como terapia ou recompensa – quando estão com problemas –, como passatempo – enquanto esperam – ou como entretenimento – quando fazem um programa com amigos.

As pessoas de 50 a 65 anos costumam manter um relacionamento amigável com alguns vendedores das lojas em que compram com mais freqüência, de modo a serem avisadas com antecedência das liquidações e coleções novas. As relações das empresas com elas devem ser mais sentimentais do que práticas, já que gostam de ser bem tratadas e apreciam as empresas que saibam o seu tamanho e as suas preferências e as presenteiem nas datas importantes, criando uma relação de amizade e confiança.

Essa geração também gosta de lojas projetadas para facilitar a sua compra, com áreas marcadas por família de produtos, pois detestam quando procuram alguma coisa e não acham. Também gostam da disponibilidade de carrinhos em vários locais, da colocação dos produtos ao alcance das mãos, das mercadorias de conveniência perto dos caixas e da criação de caixas expressos especialmente para as compras de poucos itens.

Essas pessoas só compram em sites amigáveis na Internet com fácil navegação e não apreciam as lojas que não tenham centrais de reclamação e de trocas eficientes porque gostam de saber que as lojas levam em consideração as suas reclamações.

8.4 PERSPECTIVAS DE CONSUMO DOS *BABY BOOMERS*

Essa geração tem uma vida bem diferente da de seus pais, pois as mulheres, além de trabalhar, são responsáveis pelas tarefas domésticas, criação dos filhos e muitas vezes tomam conta dos pais idosos. Quando os filhos saem de casa, preocupam-se mais com a saúde, a família, os amigos, o divertimento, e em manter uma ocupação e uma vida independente, já que a liberdade é um dos valores que procuram preservar.

A maioria das pessoas está sempre procurando ampliar e diversificar seus conhecimentos e melhorar sua qualidade de vida, e, por isso, exercem uma forte influência no comportamento das demais gerações. Seu consumo é movido por seus interesses de vida, e em nenhum momento incorporaram o comportamento esperado de pessoas dessa idade, fazendo com que suas compras se assemelhem mais às dos que têm 30 a 40 anos que às dos maiores de 60 anos. Rejeitam os símbolos tradicionais de velhice e reinventam o envelhecimento e as percepções sobre aposentadoria ao estabelecerem novas carreiras em escritórios virtuais ou trabalhando como consultores ou professores quando se aposentam.

Os *boomers* exercitam regularmente a mente e fazem dietas, massagens e os mesmos exercícios físicos praticados pelos mais novos. Buscam objetivos socialmente responsáveis e produtos que reflitam a juventude que sentem, estimulando a boa aparência e a conectividade para o compartilhamento de informações. Sentem-se jovens porque estão em constante evolução para acompanhar as novas tecnologias, usando computador, Internet e celulares na vida cotidiana. Gostam de blogs, websites e telefones gratuitos (0800) que disponibilizem informações sobre produtos.

Desde 1996, mais de quatro milhões de pessoas por ano atingem 50 anos de idade, com a melhor situação monetária da história, demandando novos produtos e serviços e provocando impacto no consumo em todos os setores econômicos. Estão impulsionando o setor de desenvolvimento pessoal nas áreas de finanças, saúde, carreira, espiritualidade e comida porque têm dinheiro e tempo disponíveis.

Esse novo estilo de vida mais zen das pessoas dessa faixa etária, priorizando a aquisição de novos conhecimentos e os relacionamentos, está abrindo um mercado com características diferentes do atual, com grande potencial de crescimento. Um dos nichos com crescimento esperado é o dos sites de relacionamento, já que, na maioria dos países desenvolvidos, à medida que envelhecem, utilizam mais a Internet.

O turismo também apresenta um grande potencial para essa faixa etária, uma vez que gostam de fazer viagens tanto de lazer – para conhecer as belezas naturais e praticar esportes – quanto culturais – para estudar, visitar monumentos e museus, conhecer vinhedos e *caves* e experimentar a gastronomia local.

O crescimento do mercado para pessoas com mais de 50 anos nos próximos anos exigirá mudanças substanciais do marketing, na medida em que elas gostam de anúncios objetivos, que estabeleçam benefícios e necessidades. Os jornais, as embalagens dos produtos e as bulas dos remédios terão que usar letras maiores, a publicidade deverá utilizar cores mais fortes e nítidas e as lojas deverão ter mais iluminação.

O envelhecimento da população também impõe que as empresas absorvam pessoas acima de 60 anos no mercado de trabalho, de modo que continuem a alavancar o consumo, e que os governos desenvolvam políticas sociais para melhorar a saúde pública e a previdência social.

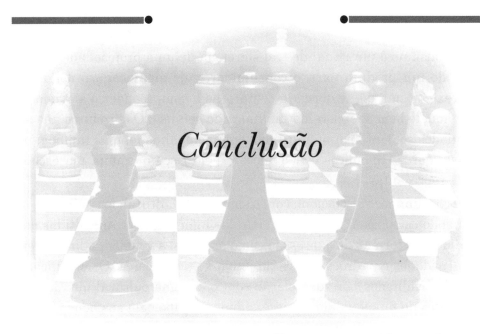

Conclusão

*"Somos o que repetidamente fazemos.
A excelência, portanto, não é um efeito, mas um hábito."*
Aristóteles

As variáveis sociais e culturais tornam bem mais complexa a compreensão do comportamento do consumidor já que o ser humano constantemente se reinventa, usando os produtos na construção de uma identidade e para o desempenho de papéis sociais. Assim, as empresas só vão desvendar o perfil dos consumidores se apreenderem o significado dos produtos na sua utilização na prática social e no contexto da vida cotidiana.

Tanto a função quanto a utilidade dos produtos são culturais e sociais, e os atributos nomeados pelos grupos sociais lhes dão um significado simbólico. Desse modo, passam a ser percebidos como posicionais, designando status e classificando as pessoas na vida social a partir da roupa que vestem, da alimentação que comem, da casa em que moram, do transporte que utilizam e dos hábitos de consumo.

O consumo é uma forma de mediação com outras áreas do mundo social, já que existem regras sociais para a inserção de um objeto em função de posicionamentos simbólicos como moda e diferenciação social. Como os consumidores se definem em função dos relacionamentos sociais, procuram sempre uma identidade única, e todas as vezes que algum produto vira moda migram para outro para continuarem a se diferenciar.

O consumo é um ritual de transferência de uma propriedade expressiva de um produto para o consumidor, cujo significado é dado pelo contexto social, o que obriga as empresas a compreender o sistema em que aquele bem se insere na dinâmica do seu uso. Os produtos não são avaliados somente por sua utilidade e funcionalidade, mas também por seus valores simbólicos e hedônicos e pelo risco que uma má escolha pode representar.

O consumidor se relaciona com o significado cultural dos produtos, escolhendo-os ou rejeitando-os a partir das informações transmitidas pela mídia e por formas de expressão como as artes, a religião, a linguagem, as atividades e padrões acerca do universo que o cerca. Os significados são determinados por sua relação com o sistema cultural que designa atributos de funcionalidade, necessidade e simbologia aos bens.

O consumo envolve tanto as atitudes e personalidade dos envolvidos como a situação, o local, a freqüência e a época em que ocorre, fazendo com que ele varie bastante. Pode ser tanto um ato simples como complexo, impulsivo como reflexivo, utilitário como simbólico, prazeroso como arriscado, já que está inserido em um contexto cultural e social. Não pode ser analisado apenas com enfoque econômico, comercial ou psicológico porquanto define a identidade social da pessoa.

O consumo é um processo social que conecta questões da vida cotidiana com a forma pela qual queremos viver e como a sociedade é ou deveria ser organizada. Os produtos têm dimensões simbólicas, além de aspectos funcionais e utilitários, ativando signos sociais significativos e representativos da cultura na qual as pessoas se inserem ou à qual querem pertencer, que são usados nas práticas cotidianas das épocas para produzir e reproduzir culturas e para construir e manter relações sociais, refletindo a ordem social.

O consumo foi evoluindo e se modificando ao longo do tempo, acompanhando e, como decorrência das manifestações artísticas, religiosas e de linguagem, das atividades profissionais, de lazer e sociais e dos padrões de aprendizagem, de beleza e sexuais das pessoas, criando hábitos que os consumidores expressam através do seu vestuário, alimentação, moradia, transportes e do próprio consumo. As pessoas de camadas sociais mais baixas reivindicam um status mais elevado quando imitam o estilo de vida de uma classe social mais alta, comprando produtos consumidos por ela e indicativos de prestígio.

O ritmo das mudanças tecnológicas, políticas, socioeconômicas, culturais e ambientais que vêm ocorrendo no mundo inteiro exige que as empresas conheçam bem o mercado para responder às demandas. Os comportamentos dos consumidores estão se sofisticando em função da quantidade de variáveis que os influenciam e das informações a que estão expostos na mídia, na Internet e na própria vida cotidiana, dificultando a criação de produtos que satisfaçam suas necessidades e desejos e as maneiras de abordá-los.

Em função das pressões sociais, os consumidores estão modificando seus padrões de consumo, transformando suas atividades profissionais, ao estabelecer novas carreiras com o uso de escritórios virtuais, e sociais, ao praticar responsabilidade social e preservar o meio ambiente. Estão modificando os padrões de aprendizagem ao criar blogs e websites, de beleza ao reinventar o envelhecimento, e sexuais ao assumir sua sexualidade perante a sociedade. Dessa forma, estão impulsionando setores de atividade econômica ligados ao desenvolvimento pessoal, não previstos em análises quantitativas.

O envelhecimento da população, por exemplo, exige que os governos adotem medidas como o desenvolvimento de políticas sociais para melhorar a saúde pública, a educação e a previdência social e que as empresas repensem seu conceito de idoso, reabsorvendo-os no mercado de trabalho, assim como modificando a forma de abordá-los, se quiserem capturar a sua lealdade e afeição.

Houve uma mudança de hábitos dos consumidores, que nos anos 1980 tinham menos opções e menor percepção de custo/benefício, sendo mais influenciados por preço e qualidade e passando, a partir de 2000, a ser influenciados por experiência agradável de compra, pela garantia dos seus direitos, responsabilidade social e respeito à ecologia.

Os perfis de consumidores levantados neste livro apresentam conceitos genéricos para auxiliar no desenvolvimento de produtos e campanhas publicitárias e de vendas, mas em geral não vêm exatamente como no formato exposto, devendo ser usados apenas como uma referência pelos pesquisadores, publicitários e gerentes de produtos e clientes. As características nunca serão puras como apresentado, mas misturadas, na medida em que as pessoas, ao entrarem em contato com outros grupos sociais, sofrem influências, modificando seus conceitos. Ao conhecer os diversos ângulos que compõem a identidade do consumidor, bem como a sua inserção na cultura em que vive, as empresas estão mais aptas a desenvolver produtos, serviços e campanhas.

Percebe-se, por exemplo, que pessoas de uma família que tiveram a mesma educação vão mudando ao longo dos anos com suas experiências, vivências e influências dos grupos de referência. A tal ponto que alguns chegam a rejeitar a grande família com a qual não se identificam, passando a conviver mais com a pequena família e com os amigos que consideram sua verdadeira família, já que os escolheram. Isso acontece com freqüência com pessoas que moraram no exterior e trazem alguns valores e hábitos da cultura em que passaram algum tempo.

Ninguém imaginou também o grande crescimento do mercado de celular, que já ultrapassou em muito os telefones fixos, na medida em que o foco do lançamento era o de atendimento emergencial como o dos médicos. Os gerentes de produto brasileiros não perceberam mercados como o das pessoas que trabalham na rua atendendo clientes e dos pais que usam como instrumento de controle da segurança dos filhos.

Como observação final, vale ressaltar que perceber o consumidor em suas múltiplas inserções na vida social permite que os profissionais de marketing tenham uma visão estratégica, com vantagem em relação à concorrência, na medida em que percebem antecipadamente as tendências que vão afetar os negócios e as organizações.

Bibliografia

ARIÈS, P. e DUBY, G. (Dir.) *Do império romano ao ano mil*. Paul Vayne (Org.). São Paulo; Companhia das Letras, 1990. (História da Vida Privada, 1.)
_____. *Da europa feudal à renascença*. Georges Duby (Org.). São Paulo; Companhia das Letras, 1990. (História da Vida Privada, 2.)
_____. *Da renascença ao século das luzes*. Phillipe Ariès; Roger Chartier (Org.). São Paulo: Companhia das Letras, 1991. (História da Vida Privada, 3.)
_____. *Da revolução francesa à primeira guerra*. Michelle Perrot (Org.). São Paulo: Companhia das Letras, 1991. (História da Vida Privada, 4.)
_____. *Da primeira guerra a nossos dias*. Antoine Prost; Gérard Vincent (Org.). São Paulo; Companhia das Letras, 1992. (História da Vida Privada, 5.)
ARMESTO, F. F. *Comida* – uma história. Rio de Janeiro: Record, 2004.
BADDELEY, G. *Goth chic* – um guia para a cultura dark. Rio de Janeiro: Rocco, 2005.
BADINTER, E. *Um amor conquistado*: o mito do amor materno. Rio de Janeiro: Nova Fronteira, 1985.
_____. *Um é o outro* – relações entre homens e mulheres. Rio de Janeiro: Nova Fronteira, 1986.
_____. *XY* – sobre a identidade masculina. Rio de Janeiro: Nova Fronteira, 1993.
BARBOSA, L. e CAMPBELL, C. (Org.). *Cultura, consumo e identidade*. Rio de Janeiro: FGV, 2006.
_____. *Sociedade de consumo*. Rio de Janeiro: Jorge Zahar Editor, 2004. (Ciências Sociais Passo a Passo, 49.)
BARTHES, R. *Elementos de semiologia*. São Paulo: Cultrix, 1964.
_____. *O sistema da moda*. Lisboa: Edições 70, 1999. (Signos, 35.)

BAUDRILLARD, J. *O sistema dos objetos*. São Paulo: Perspectiva, 2000. (Debates, 70.)

_____. *A sociedade de consumo*. Lisboa: Edições 70, 1995. (Arte & Comunicação, 54.)

BAUMANN, Z. *Amor líquido* – sobre a fragilidade dos laços humanos. Rio de Janeiro: Jorge Zahar Editor, 2004.

BECKWITH, H. *Selling the invisible* – a field guide to modern marketing. New York: Warner Books, 1997.

BONVILLAIN, N. *Language, culture, and communication* – the meaning of messages. New Jersey: Prentice Hall, 1993.

BOURDIEU, P. *Dominação masculina*. Rio de Janeiro: Bertrand Brasil, 2005.

_____. *Poder simbólico*. Rio de Janeiro: Bertrand Brasil, 2005.

BRIZENDINE, L. *Como as mulheres pensam*. Rio de Janeiro: Campus, 2006.

CALDAS, D. *Observatório de sinais* – teoria e prática da pesquisa de tendências. Rio de Janeiro: Senac, 2004.

CASTARÈDE, J. *O luxo* – os segredos dos produtos mais desejados do mundo. São Paulo: Barcarolla, 2005.

COOK, M. *Uma breve história do homem*. Rio de Janeiro: Jorge Zahar Editor, 2005.

CORRIGAN, P. *Sociology of consumption*. London: Sage Publications, 1998.

COUTINHO, M. L. R. *Tecendo por trás dos panos*. Rio de Janeiro: Rocco, 1999.

CRANE, D. *A moda e seu papel social* – classe, gênero e identidade das roupas. São Paulo: Senac, 2006.

DA MATTA, R. *A casa & a rua* – espaço, cidadania, mulher e morte no Brasil. Rio de Janeiro: Rocco, 1997.

DE CERTEAU, M. *Artes de fazer*. Petrópolis: Vozes, 1990. (A Invenção do Cotidiano, 1.)

_____; GIARD, L.; MAYOL, P. *Morar, cozinhar*. Petrópolis: Vozes, 1994. (A Invenção do Cotidiano, 2.)

DIMITRIUS, J.; MAZZARELLA, M. *Decifrar pessoas* – como entender e prever o comportamento humano, São Paulo: Alegro, 2000.

DOUGLAS, M.; ISHERWOOD, B. *The world of goods* – towards an anthropology of consumption. New York: Routledge Publisher, 2002.

DUMAZEDIER, J. *Sociologia empírica do lazer*. São Paulo: Perspectiva, 1999. (Debates, 164.)

ECO, U. (Org.). *A história da beleza*. Rio de Janeiro: Record, 2004.

ELIAS, N. *O processo civilizador* – uma história dos costumes. Rio de Janeiro: Jorge Zahar Editor, 1990, 1993. v. 1 e 2.

FLANDRIN, J.-L.; MONTANARI, M. (Dir.). *História da alimentação*. São Paulo: Estação Liberdade, 1998.

FREIDSON, E. *Renascimento do profissionalismo* – teoria, profecia e política. Clássicos 12, São Paulo: Edusp, 1998.

GAARDER, J.; HELLERN, V.; NOTAKER, H. *O livro das religiões*. São Paulo: Companhia de Bolso, 2005.

GARNSEY, P. *Food and society in classical antiquity*. Cambridge: Cambridge University Press, 2002.

GIUCCI, G. *Vida cultural do automóvel* – percursos da modernidade cinética. Rio de Janeiro: Civilização Brasileira, 2004.

GOLDENBERG, M. *Ser homem, ser mulher dentro e fora do casamento* – estudos antropológicos. Rio de Janeiro: Revan, 1991.

_____. (Org.). *Os novos desejos* – das academias de musculação às agências de encontros – seis visões sobre mudanças de comportamento de homens e mulheres na cultura brasileira contemporânea. Rio de Janeiro: Record, 2000.

_____. (Org.). *Nu & vestido* – dez antropólogos revelam a cultura do corpo carioca. Rio de Janeiro: Record, 2002.

HAUSER, A. *A história social da arte e da literatura*. São Paulo: Martins Fontes, 2003.

HOLLANDER, A. *O sexo e as roupas* – a evolução do traje moderno. Rio de Janeiro: Rocco, 1994.

JOHNSON, L.; LEARNED, A. *Por que as mulheres compram?* Estratégias de marketing para atingir um novo público. São Paulo: Futura, 2005.

JOHNSON, P. *Art* – a new history. New York: Harper Collins Publishers, 2003.

JUNG, C. G. *Aspects of the feminine*. New Jersey: Princeton University Press, 1982.

_____. *Aspects of the masculine*. New Jersey: Princeton University Press, 1991.

KEROUAC, J. *On the road*. Porto Alegre: L & PM Pocket Editores, 2004.

KÖHLER, C. *História do vestuário*. São Paulo: Martins Fontes, 2001.

LAVER, J. *Costume and fashion* – a concise history. London: Thames & Hudson World of Art, 2002.

Lipovetsky, G. *O império do efêmero* – a moda e seu destino nas sociedades modernas. São Paulo: Companhia das Letras, 1989.

_____.; CHARLES, S. *Os tempos hipermodernos* – a moda e seu destino nas sociedades modernas. São Paulo: Barcarolla, 2004.

_____.; ROUX, E. *O luxo eterno*: da idade do sagrado ao tempo das marcas. São Paulo: Companhia das Letras, 2005.

LURIE, A. *A linguagem das roupas*. Rio de Janeiro: Rocco, 1997.

McCRACKEN, G. *Culture & consumption* – new approaches to the symbolic character of consumer goods and activities. Indianapolis: Indiana University Press, 1990.

McNEIL, L.; McCAIN, G. *Mate-me por favor* – uma história sem censura do punk. Porto Alegre: L&PM Pocket, 2004. v. 1 e 2.

MENDES DE ALMEIDA, M. I.; TRACY, K. M. de A. *Espaço e subjetividade nas culturas jovens contemporâneas*. Rio de Janeiro: Rocco, 2006.

MILLER, D. *Material culture and mass consumption*. Oxford: Basil Blackwell, 1987.

_____. *A theory of shopping*. New York: Cornell University Press, 1998.

NUNAN, A. *Homossexualidade: do preconceito aos padrões de consumo*. Rio de Janeiro: Caravansarai, 2003.

OLIVEIRA, P. P. *Construção social da masculinidade*. Belo Horizonte: UFMG, 2004.

PEASE, A.; PEASE, B. *Por que os homens fazem sexo e as mulheres fazem amor?* Uma visão científica (e bem-humorada) de nossas diferenças. Rio de Janeiro: Sextante, 2000.

_____. *Desvendando os segredos da Linguagem Corporal*. Rio de Janeiro: Sextante, 2005.

ROCHA, E. *A sociedade do sonho* – comunicação, cultura e consumo. Rio de Janeiro: Mauad, 1995.

ROCHA, L. C. *Vendas criativas*. Rio de Janeiro: Impetus, 2003.

_____. *A consumer of many perspectives*. Artigo apresentado na Marketing Science Conference, Pittsburgh, 2006.

_____. *Sociologia do consumo*. Apostila adotada no Curso de Sociologia do Consumo do IBMEC/RJ, Rio de Janeiro, 2003.

_____. *Envolvimento do consumidor*. 1988. Tese (Mestrado em Marketing) – PUC/RJ, Rio de Janeiro.

RUBEN, B. D. *Communication and human behavior*. New Jersey: Prentice Hall, 1992.

SCHOENAUER, N. *6,000 years of housing*. New York: WW Norton and Company, 2000.

SLATER, D. *Cultura do consumo & modernidade*. São Paulo: Nobel, 2002.

SOLOMON, M. R. *O comportamento do consumidor* – comprando, possuindo e sendo. Porto Alegre: Bookman, 2002.

STANDAGE, T. *História do mundo em seis copos*. Rio de Janeiro: Jorge Zahar Editor, 2005.

STEELE, V. *Fetiche* – moda, sexo & poder. Rio de Janeiro: Rocco, 1997.

STONE, M.; WOODCOCK, N.; MACHTYNGER, L. *CRM* – marketing de relacionamento com os clientes. São Paulo: Futura, 2001.

STRICKLAND, C. *Arquitetura comentada* – uma breve viagem pela história da arquitetura. Rio de Janeiro: Ediouro, 2003.

_____.; BOSWELL, J. *Arte comentada* – da pré-história ao pós-moderno. Rio de Janeiro: Ediouro, 2004.

STRONG, R. *Banquete* – uma história ilustrada da culinária, dos costumes e da fartura à mesa. Rio de Janeiro: Jorge Zahar Editor, 2004.

UNDERHILL, P. *Why we buy* – the science of shopping. New York: Touchstone Book, 1999.

_____. *A magia dos shoppings* – como os shoppings atraem e seduzem/como tornar a compra irresistível. Rio de Janeiro: Campus, 2004.

VIGARELLO, G. *História da beleza* – o corpo e a arte de embelezar, do renascimento aos dias de hoje. Rio de Janeiro: Ediouro, 2006.

Artigos das revistas Journal of Consumer Research, Harvard Business Review, HSM Management, Exame e Época, de 2000 a 2006.
Artigos dos Jornais Valor Econômico e O Globo, de 2000 a 2006.
Pesquisas na Internet.

ANEXO

Teste de Identificação do Perfil dos Consumidores e Empresas

As organizações que conhecerem um perfil mais aprofundado dos consumidores e empresas podem desenvolver produtos e montar programas de relacionamento mais eficientes ou avaliar com mais precisão os já existentes. A fim de auxiliar as organizações que comercializam produtos corporativos, na identificação tanto dos consumidores como das empresas, assim como para estruturar sistemas de relacionamento (CRM), foi preparado um teste para a montagem dos perfis psicológico, sociocultural, pessoal, de consumo e de relacionamento dos consumidores e um perfil das empresas.

O teste não deve ser aplicado na sua totalidade, uma vez que as organizações devem testar apenas as características a que seus produtos atendem ou que acreditem ser fundamentais para o seu negócio. Dependendo do número de variáveis que se queira testar, deve ser aplicado em mais de uma etapa, a fim de não prejudicar a confiabilidade das respostas, já que apresenta muitas classificações e os respondentes podem se cansar e começar a responder sem prestar muita atenção às perguntas.

De modo a facilitar a sua aplicação, o teste foi montado em quatro blocos; tendo o perfil dos consumidores três subitens, com classificações para avaliar as várias características dentro de cada categoria, como mostrado a seguir:

1. Perfil dos consumidores:
   a. Psicológico: ciclo de vida, gênero, raça, compleição física, estado civil, papel social, constituição da família e orientação da compra.
   b. Sociocultural: classe de renda, nível educacional, orientação religiosa, orientação política, formação profissional, ocupação, posição social, localização geográfica e origem cultural.
   c. Pessoal: fatores psicossociais (item único avaliado por várias perguntas).
2. Perfil de consumo: relação social, tipo de produto/serviço, experiência de compra, significado, canal, freqüência, local e serviço de consumo.
3. Perfil de relacionamento: tipo de relacionamento, aquisição de informação, disposição da loja, despesa média mensal e programa de relacionamento.
4. Perfil das empresas: porte, setor de atividade econômica, origem do capital, região geográfica, tipo de produto/serviço, perfil da empresa e do proprietário.

As características de cada perfil estão no Capítulo 6, classificadas em tipos de comportamento dos consumidores, de consumo, de relacionamento e das empresas. Todo o planejamento de produtos/serviços, programas de relacionamento e sistemas de informação deve ser estruturado para satisfazer o público-alvo que as empresas escolherem para se direcionar, levantado segundo esses perfis. O teste está bem aberto, mas deve ser grupado segundo a conveniência de quem o utilizar.

As perguntas mais complexas são as relativas às características psicossociais dos consumidores e aos perfis das empresas e dos proprietários, que devem ser feitas através de um bloco de perguntas para avaliar com mais precisão os tipos de consumidores, as empresas e os proprietários, na medida em que são mais subjetivas.

O teste permite mapear o perfil dos consumidores/empresas, de consumo e de relacionamento. Esses quadros podem ser utilizados para a marcação das características do perfil que as organizações querem trabalhar para desenvolver os seus produtos, montar as suas estratégias e elaborar as suas campanhas publicitárias e de vendas, marcando com uma cruz ou cor os itens que serão trabalhados.

Perfil do Consumidor							
Perfil psicológico							
1	2	3	4	5	6	7	8
Ciclo vida	Gên.	Raça	Fis.	Est. civil	Papel soc.	Const. família	Orient. compra
1	1	1	1	1	1	1	1
2	2	2	2	2	2	2	2
3	3	3	3	3	3	3	3
4	4	4	4	4	4	4	4
5			5		5	5	
6			6		6	6	
7					7	7	
8					8		
9							

Nota: As Características do Perfil encontram-se na horizontal e a diferenciação de categorias, na vertical.

Perfil do Consumidor									
Perfil sociocultural									Perfil pessoal
9	10	11	12	13	14	15	16	17	18*
Classe renda	Nível educ.	Orient. relig.	Orient. polit.	Form. educ.	Ocup.	Pos. soc.	Loc. geo.	Orig. cult.	Psico-soc.
1	1	1	1	1	1	1	1	1	1
2	2	2	2	2	2	2	2	2	2
3	3	3	3	3	3	3	3	3	3
4	4	4	4	4	4	4	4	4	4
5	5	5	5	5	5	5	5	5	5
6		6	6	6	6	6		6	6
7		7		7		7		7	7
8		8		8		8			8
		9		9					9
				10					10
				11					11
				12					12
									13
									14
									15
									16
									17

*Enquadrar o perfil no(s) tipo(s) que tiver(em) mais características dos Consumidores, Empresas e Proprietários. Marcar todas as características que eles tiverem.

Perfil de Consumo								
19	20	21	22	23	24	25	26	
Rel. soc.	Tipo prod.	Exp. compra	Sign.	Canal	Freq.	Local	Serv.	
1	1	1	1	1	1	1	1
2	2	2	2	2	2	2	2
3	3	3	3	3	3	3	3
4	4	4	4	4	4	4	4
	5	5	5	5	5	5	5
	6					6	
	7						
	8						
	9						
	10						
	11						
	12						
	13						
	14						
	15						

Perfil de Relacionamento				
27	28	29	30	31
Tipo	Aquis. inform.	Disp. loja	Desp. média	Progr. relac.
1	1	1	1	1
2	2	2	2	2
	3	3	3	3
	4	4	4	4
	5	5	5	5
	6	6		6
	7	7		7
	8	8		8
	9			
	10			

Nota: As Características do Perfil encontram-se na horizontal e a Diferenciação de Categorias, na vertical.

Perfil das Empresas						
32	33	34	35	36	37*	38*
Porte	Setor ativ. econ.	Origem capital	Região geográfica	Produto	Perfil empresa	Perfil propriet.
1	1	1	1	1	1	1
2	2	2	2	2	2	2
3	3	3	3	3	3	3
4		4	4	4	4	4
		5	5	5	5	5
			6	6	6	6
				7	7	7
				8	8	8
				9	9	9
				10	10	10
				11	11	11
				12	12	12
				13	13	13
				14	14	14
				15	15	15
					16	16
					17	17

*Enquadrar o perfil no(s) tipo(s) que tiver(em) mais características dos Consumidores, Empresas e Proprietários. Marcar todas as características que eles tiverem.

Nota: As Características do Perfil encontram-se na horizontal e a Diferenciação de Categorias, na vertical.

Perguntas:

1. Faixa etária
   - (1) ( ) Até 2 anos de idade (Bebê)
   - (2) ( ) Mais de 2 anos até 13 anos de idade (Criança)
   - (3) ( ) Mais de 13 anos até 18 anos de idade (Jovem I)
   - (4) ( ) Mais de 18 anos até 30 anos de idade (Jovem II)
   - (5) ( ) Mais de 30 anos até 40 anos de idade (Maduro I)
   - (6) ( ) Mais de 40 anos até 50 anos de idade (Maduro II)
   - (7) ( ) Mais de 50 anos até 65 anos de idade (Meia-idade)
   - (8) ( ) Mais de 65 anos até 80 anos de idade (Idoso I)
   - (9) ( ) Mais de 80 anos de idade (Idoso II)

2. Gênero
   - (1) ( ) Masculino
   - (2) ( ) Feminino

(3) ( ) GLS
(4) ( ) Indiferenciado
3. Raça
   (1) ( ) Branca
   (2) ( ) Preta
   (3) ( ) Amarela
   (4) ( ) Miscigenada
4. Compleição física (duas respostas obrigatórias ou dividir em Estatura e Peso)
   (1) ( ) Estatura acima do normal (muito alto/alto)
   (2) ( ) Estatura normal
   (3) ( ) Estatura abaixo do normal (baixo/muito baixo)
   (4) ( ) Peso acima do normal (muito gordo/gordo)
   (5) ( ) Peso normal
   (6) ( ) Peso abaixo do normal (magro/muito magro)
5. Estado civil
   (1) ( ) Solteiro
   (2) ( ) Casado (mora junto)
   (3) ( ) Separado (divorciado)
   (4) ( ) Viúvo
6. Papel social
   (1) ( ) Avós
   (2) ( ) Pais
   (3) ( ) Filhos
   (4) ( ) Netos
   (5) ( ) Irmãos
   (6) ( ) Cônjuges
   (7) ( ) Tios/sobrinhos/primos
   (8) ( ) Amigos
7. Constituição da família
   (1) ( ) Lares solitários
   (2) ( ) Lares comunitários (parentes/amigos)
   (3) ( ) Lares de casal
   (4) ( ) Lares de famílias com crianças

(5) ( ) Lares de famílias com jovens
(6) ( ) Lares de famílias com adultos
(7) ( ) Lares de famílias com idosos

8. Orientação da compra
   (1) ( ) Valor utilitário
   (2) ( ) Valor hedônico
   (3) ( ) Valor simbólico
   (4) ( ) Valor de risco (produtos/pagamento)
       ( ) Probabilidade do risco
       ( ) Importância do risco

9. Classe de renda
   (1) ( ) Até R$500/mês   (E) (Baixa)
   (2) ( ) Acima de R$500 até R$1.000/mês   (D) (Baixa)
   (3) ( ) Acima de R$1.000 até R$2.200/mês   (C) (Média)
   (4) ( ) Acima de R$2.200 até R$4.000/mês   (B2) (Média)
   (5) ( ) Acima de R$4.000 até R$6.200/mês   (B1) (Média)
   (6) ( ) Acima de R$6.200 até R$10.200/mês   (A2) (Alta)
   (7) ( ) Acima de R$10.200 até R$20.000/mês   (A1) (Alta)
   (8) ( ) Acima de R$20.000/mês   (R) (Rico)

10. Nível educacional
    (1) ( ) Analfabeto
    (2) ( ) Nível básico
    (3) ( ) Nível médio
    (4) ( ) Nível superior
    (5) ( ) Pós-graduação (especialização/mestrado/doutorado)

11. Orientação religiosa
    (1) ( ) Orientação católica
    (2) ( ) Orientação protestante
    (3) ( ) Orientação espírita
    (4) ( ) Orientação judaica
    (5) ( ) Orientação muçulmana
    (6) ( ) Orientação pelas religiões africanas
    (7) ( ) Orientação budista

(8) ( ) Com orientação religiosa
(9) ( ) Sem orientação religiosa
12. Orientação política
    (1) ( ) Orientação liberal
    (2) ( ) Orientação conservadora
    (3) ( ) Orientação de esquerda
    (4) ( ) Orientação de direita
    (5) ( ) Orientação de centro
    (6) ( ) Sem orientação política
13. Formação profissional
    (1) ( ) Área de ciências tecnológicas
    (2) ( ) Área de ciências médicas
    (3) ( ) Área de ciências econômicas
    (4) ( ) Área de ciências sociais
    (5) ( ) Área de ciências humanas
    (6) ( ) Área de ciências jurídicas
    (7) ( ) Área de educação
    (8) ( ) Área de esportes
    (9) ( ) Área de comércio
    (10) ( ) Área de serviços
    (11) ( ) Área da indústria
    (12) ( ) Área da agricultura
14. Ocupação
    (1) ( ) Profissional desocupado/desempregado
    (2) ( ) Profissional ocupado em trabalho temporário
    (3) ( ) Profissional ocupado em nível inferior e fora da área de formação
    (4) ( ) Profissional ocupado no nível e fora da área de formação
    (5) ( ) Profissional ocupado em nível inferior na área de formação
    (6) ( ) Profissional ocupado no nível e área de formação
15. Posição social
    (1) ( ) Consumidor empregado em serviços auxiliares
    (2) ( ) Consumidor empregado em assistência administrativa
    (3) ( ) Consumidor empregado em nível superior júnior

(4) ( ) Consumidor empregado em nível superior sênior
(5) ( ) Consumidor em nível de supervisão
(6) ( ) Consumidor em nível de gerência
(7) ( ) Consumidor em nível de diretoria
(8) ( ) Consumidor em nível de presidência

16. Localização geográfica da moradia
    (1) ( ) Consumidor da Região Norte
    (2) ( ) Consumidor da Região Nordeste
    (3) ( ) Consumidor da Região Centro-Oeste
    (4) ( ) Consumidor da Região Sudeste
    (5) ( ) Consumidor da Região Sul

17. Origem cultural
    (1) ( ) Consumidor de origem européia – Europa Ocidental
    (2) ( ) Consumidor de origem européia – Europa Oriental
    (3) ( ) Consumidor de origem norte-americana
    (4) ( ) Consumidor de origem latino-americana
    (5) ( ) Consumidor de origem asiática
    (6) ( ) Consumidor de origem africana
    (7) ( ) Consumidor de origem da Oceania

18. Perfil psicossocial
    (1) ( ) Consumidor empreendedor
        ( ) Gosta de tomar a iniciativa
        ( ) Busca informações para estar à frente da sua época
        ( ) Executa idéias arrojadas
        ( ) Assume riscos
    (2) ( ) Consumidor inovador
        ( ) Gosta de novidades
        ( ) Questiona o conhecimento preestabelecido
        ( ) Procura inovar
        ( ) Está sempre se renovando
    (3) ( ) Consumidor imitativo
        ( ) Toma os outros por modelo
        ( ) Gosta de reproduzir o estilo de quem admira

( ) Faz da mesma maneira que os outros
( ) Imita o que os outros fazem
(4) ( ) Consumidor tradicional
( ) Baseia-se nas tradições
( ) Conserva os hábitos familiares
( ) Transmite costumes de geração em geração
( ) Utiliza as recordações
(5) ( ) Consumidor moderno
( ) Aceita as novidades
( ) Tem tendência a inovar
( ) Vive nos dias atuais
( ) Segue as tendências
(6) ( ) Consumidor retrógrado
( ) É contra mudança e/ou progresso
( ) Age de acordo com os ensinamentos dos pais
( ) Gosta de coisas ultrapassadas
( ) Costuma implicar com as coisas novas
(7) ( ) Consumidor formal
( ) Guiado pela cerimônia
( ) Procura sempre respeitar a práxis social
( ) Orienta-se pela etiqueta social
( ) Decide pelas normas de educação
(8) ( ) Consumidor informal
( ) Orienta-se pela praticidade
( ) Não observa a etiqueta social
( ) Baseia-se nas normas dos amigos
( ) Tem procedimento social sem cerimônia
(9) ( ) Consumidor simples
( ) Vive sem complicação
( ) Guiado pela clareza
( ) Age sem segundas intenções
( ) Não gosta de ostentação
(10) ( ) Consumidor sofisticado
( ) Guiado pela sofisticação

( ) Voltado para a artificialidade
( ) Orienta-se pelos padrões clássicos
( ) Utiliza as últimas novidades com classe
(11) ( ) Consumidor do supérfluo
( ) Gosta das coisas desnecessárias
( ) Orienta-se para o supérfluo
( ) Gosta dos pequenos detalhes
( ) Importa-se com os enfeites
(12) ( ) Consumidor do luxo (bens e serviços)
( ) Guiado pelas coisas luxuosas
( ) Voltado para a ostentação
( ) Orienta-se pelo aparato
( ) Gosta de coisas pomposas
(13) ( ) Consumidor racional
( ) Pondera os custos e os benefícios
( ) Pensa muito no que faz
( ) Usa a razão para decidir
( ) Decide conforme a razão
(14) ( ) Consumidor emocional
( ) Busca seus sonhos
( ) Guiado pelas emoções
( ) Impressiona-se com as sensações que os produtos provocam
( ) Comove-se com pequenas coisas
(15) ( ) Consumidor funcional (utilitário)
( ) Guiado pela utilidade dos produtos
( ) Procura sempre as coisas mais práticas
( ) Orienta-se pelo desempenho dos produtos
( ) Decide pelas funções dos produtos
(16) ( ) Consumidor do simbólico
( ) Guiado pelo sentido simbólico
( ) Voltado para os sinais externos
( ) Orienta-se pelo gosto das pessoas que admira
( ) Guiado pelo que o produto representa em status

(17) ( ) Consumidor do hedônico
   ( ) Guiado pelo prazer
   ( ) Tem o prazer como objetivo de vida
   ( ) Gosta de se divertir com os produtos
   ( ) Procura o prazer nas compras

19. Relação social
   (1) ( ) Profissional
   (2) ( ) Pessoas especiais
   (3) ( ) Pessoas conhecidas
   (4) ( ) Pessoas desconhecidas

20. Tipo de produto
   (1) ( ) Vestuário
   (2) ( ) Perfumaria/cosméticos
   (3) ( ) Alimentação
   (4) ( ) Material de limpeza
   (5) ( ) Casa e decoração
   (6) ( ) Eletrodomésticos
   (7) ( ) Eletroeletrônicos
   (8) ( ) Informática
   (9) ( ) Brinquedos e material esportivo
   (10) ( ) Remédios
   (11) ( ) Veículos
   (12) ( ) Moradia
   (13) ( ) Bens e serviços de luxo
   (14) ( ) Serviços de lazer
   (15) ( ) Serviços financeiros

21. Experiência de compra
   (1) ( ) Escolha pelos atributos tangíveis
   (2) ( ) Escolha pelos atributos intangíveis
   (3) ( ) Escolha pelo apelo sensorial dos produtos
   (4) ( ) Escolha pela experimentação dos produtos
   (5) ( ) Escolha pelo atendimento dos vendedores

22. Significado do consumo
   (1) ( ) Necessidade

(2) ( ) Terapia
(3) ( ) Gratificação/punição
(4) ( ) Chantagem emocional
(5) ( ) Entretenimento/passatempo

23. Canal de consumo
    (1) ( ) Pessoal
    (2) ( ) Telefone
    (3) ( ) Internet
    (4) ( ) Mídia (jornal, revista, TV, rádio)
    (5) ( ) Catálogo

24. Freqüência
    (1) ( ) Não-consumo
    (2) ( ) Primeiro consumo
    (3) ( ) Consumo eventual
    (4) ( ) Consumo ocasional
    (5) ( ) Consumo habitual

25. Locais de consumo
    (1) ( ) Lojas grandes
        ( ) Supermercados
        ( ) Shopping center
        ( ) Lojas de departamento
        ( ) *Outlets*
    (2) ( ) Lojas pequenas
        ( ) Lojas de rua
        ( ) Lojas de bairro
        ( ) Padarias
        ( ) Açougues
    (3) ( ) Lojas emergenciais
        ( ) Farmácias
        ( ) Lojas de conveniência
    (4) ( ) Lojas especializadas
        ( ) Lojas de tecnologia (eletrônicos/informática)
        ( ) Lojas de material de construção

- ( ) Lojas de esportes
- ( ) *Delicatessen*
- ( ) Lojas de bebidas
- ( ) Livrarias

(5) ( ) Lojas de bens de grande valor
- ( ) Concessionárias de veículos
- ( ) Corretoras de imóveis

(6) ( ) Bens e serviços de luxo
- ( ) Joalherias
- ( ) Lojas de marca
- ( ) Lojas de bens de luxo
- ( ) Lojas de serviços de luxo

26. Serviços de consumo

    (1) ( ) Serviços financeiros
    - ( ) Bancos
    - ( ) Financeiras
    - ( ) Cartões de crédito

    (2) ( ) Serviços estéticos
    - ( ) Academias de ginástica
    - ( ) Cabeleireiros
    - ( ) Clínicas de emagrecimento e *spa*
    - ( ) Clínicas de estética

    (3) ( ) Serviços de lazer
    - ( ) Teatros e cinemas
    - ( ) Bares e restaurantes
    - ( ) Turismo e diversão

    (4) ( ) Serviços básicos
    - ( ) Serviços de transportes
    - ( ) Serviços telefônicos
    - ( ) Serviços de eletricidade
    - ( ) Serviços de gás/água
    - ( ) Serviços de correios
    - ( ) Serviços de postos de gasolina

(5) ( ) Serviços domésticos
   ( ) Empregados domésticos
   ( ) Bombeiros/eletricistas/pintores
   ( ) Marceneiros
   ( ) Lojas de conserto (eletrodomésticos/ eletrônicos/ informática)
   ( ) Lavanderia
   ( ) Sapateiro

27. Tipo de relacionamento
    (1) ( ) Racional
    (2) ( ) Emocional

28. Aquisição da informação
    (1) ( ) Por meio da memória
    (2) ( ) Por meio de familiares
    (3) ( ) Por meio de amigos/conhecidos
    (4) ( ) Por meio dos jornais
    (5) ( ) Por meio de revistas/publicações especializadas
    (6) ( ) Por meio de rádio/televisão
    (7) ( ) Por meio da Internet
    (8) ( ) Por meio de mala-direta
    (9) ( ) Por meio de *outdoors*
    (10) ( ) Por meio do ponto-de-venda

29. Disposição das lojas
    (1) ( ) Disposição dos ambientes
    (2) ( ) Disposição das seções
    (3) ( ) Disposição das alas
    (4) ( ) Disposição das gôndolas
    (5) ( ) Disposição das prateleiras
    (6) ( ) Disposição das marcas
    (7) ( ) Disposição dos produtos
    (8) ( ) Disposição das informações

30. Despesa média mensal dos consumidores
    (1) ( ) Gastos irregulares   (Irregular)
    (2) ( ) Até R$200/mês   (Baixa)

(3) ( ) Mais de R$200 até R$2.000/mês (Média)
(4) ( ) Mais de R$2.000 até R$7.000/mês (Alta)
(5) ( ) Acima de R$7.000/mês (Muito alta)

31. Programa de relacionamento
    (1) ( ) Chamadas (telefônicas) freqüentes
    (2) ( ) Mala-direta
    (3) ( ) Central de atendimento
    (4) ( ) Central de reclamações
    (5) ( ) Promoções/liquidações
    (6) ( ) Presentes
    (7) ( ) Vendedores especializados
    (8) ( ) Programas de lealdade

32. Empresa segundo o porte
    (1) ( ) Microempresa
    (2) ( ) Empresa de pequeno porte
    (3) ( ) Empresa de porte médio
    (4) ( ) Empresa de grande porte

33. Empresa segundo o setor de atividade econômica
    (1) ( ) Empresa do setor primário (agricultura)
    (2) ( ) Empresa do setor secundário (indústria)
    (3) ( ) Empresa do setor terciário (serviços)

34. Empresa segundo a origem do capital
    (1) ( ) Empresa familiar
    (2) ( ) Empresa pública
    (3) ( ) Empresa privada nacional
    (4) ( ) Empresa privada estrangeira
    (5) ( ) Empresa multinacional
    (6) ( ) Empresa de capital misto

35. Empresa segundo a região geográfica
    (1) ( ) Empresa da Região Norte
    (2) ( ) Empresa da Região Nordeste
    (3) ( ) Empresa da Região Centro-Oeste
    (4) ( ) Empresa da Região Sudeste
    (5) ( ) Empresa da Região Sul

36. Empresa segundo o tipo de produto/serviço
    - (1) ( ) Empresa de produtos de vestuário
    - (2) ( ) Empresa de produtos de perfumaria/cosméticos
    - (3) ( ) Empresa de produtos de alimentação
    - (4) ( ) Empresa de produtos de material de limpeza
    - (5) ( ) Empresa de produtos de casa e decoração
    - (6) ( ) Empresa de produtos eletrodomésticos
    - (7) ( ) Empresa de produtos eletroeletrônicos
    - (8) ( ) Empresa de produtos de informática
    - (9) ( ) Empresa de brinquedos e material esportivo
    - (10) ( ) Empresa de produtos farmacêuticos
    - (11) ( ) Empresa de veículos
    - (12) ( ) Empresa de construção civil e corretora de imóveis
    - (13) ( ) Empresa de bens/serviços de luxo
    - (14) ( ) Empresa de serviços de lazer
    - (15) ( ) Empresa de serviços financeiros

37. Empresa segundo seu perfil
    - (1) ( ) Empresa empreendedora
        - ( ) Estimula a criatividade dos funcionários
        - ( ) Busca informações para estar à frente da sua época
        - ( ) Implanta idéias arrojadas dos seus funcionários
        - ( ) Assume riscos
    - (2) ( ) Empresa inovadora
        - ( ) Gosta de novidades
        - ( ) Questiona o conhecimento preestabelecido
        - ( ) Procura inovar
        - ( ) Está sempre se renovando
    - (3) ( ) Empresa imitativa
        - ( ) Toma as outras por modelo
        - ( ) Gosta de reproduzir o estilo de outras que admira
        - ( ) Faz da mesma maneira que as outras
        - ( ) Imita o que as outras fazem
    - (4) ( ) Empresa tradicional
        - ( ) Baseia-se nas tradições

( ) Conserva os hábitos anteriores
( ) Transmite costumes de geração para geração
( ) Utiliza as idéias anteriormente implantadas
(5) ( ) Empresa moderna
( ) Aceita as novidades
( ) Tem tendência a inovar
( ) Vive nos dias atuais
( ) Segue as tendências da nova administração
(6) ( ) Empresa retrógrada
( ) É contra mudança e/ou progresso
( ) Mantém a forma de administração
( ) Mantém a mesma estrutura funcional
( ) É contra as novidades
(7) ( ) Empresa formal
( ) Guiada pelas regras vigentes
( ) Procura sempre respeitar a práxis social
( ) Orienta-se pela cultura organizacional
( ) Respeita as normas sociais vigentes
(8) ( ) Empresa informal
( ) Orienta-se pela praticidade
( ) Introduz mudanças na cultura organizacional
( ) Procura adaptar-se às situações internas/externas
( ) Usa práticas baseadas em procedimentos informais
(9) ( ) Empresa rígida
( ) Guiada pela austeridade no trabalho
( ) Voltada para a exatidão das atividades da empresa
( ) Não se adapta com facilidade às novidades do mercado
( ) Orientada pela pontualidade e rigor
(10) ( ) Empresa flexível
( ) Está sempre mudando conforme o mercado
( ) Tem "jogo de cintura" para seguir o mercado
( ) Orientada pela situação
( ) Procura sempre se adaptar às novidades

(11) ( ) Empresa centralizada
   ( ) Guiada pela centralização do poder
   ( ) Tem orientação de cima para baixo
   ( ) Costuma concentrar as decisões na figura do presidente
   ( ) Voltada para a imposição das idéias do presidente
(12) ( ) Empresa descentralizada
   ( ) Guiada pela participação dos funcionários
   ( ) Usa poder compartilhado do presidente com empregados
   ( ) Orienta-se de baixo para cima
   ( ) Estimula a participação dos funcionários nas decisões
(13) ( ) Empresa com apelo ao luxo
   ( ) Procura proporcionar luxo aos consumidores
   ( ) Voltada para a ostentação
   ( ) Orienta-se pelo aparato
   ( ) Procura a pompa nas suas instalações
(14) ( ) Empresa com apelo emocional
   ( ) Estimula os sonhos dos empregados
   ( ) Procura apelos comoventes para sua publicidade
   ( ) Busca provocar sensações nos consumidores
   ( ) Orientada para causar emoção
(15) ( ) Empresa com apelo funcional
   ( ) Estimula a noção de utilidade dos produtos
   ( ) Procura apelos voltados para a funcionalidade
   ( ) Orienta-se pelo desempenho dos produtos
   ( ) Guiada pelos benefícios dos produtos
(16) ( ) Empresa com apelo simbólico
   ( ) Estimula a noção de status dos produtos
   ( ) Procura apelos voltados para os sinais externos
   ( ) Orienta-se pelo gosto das classes mais altas
   ( ) Guiada pelo que representa no sentido simbólico
(17) ( ) Empresa com apelo hedônico
   ( ) Procura divertir os seus consumidores
   ( ) Orienta-se para o bem-estar dos funcionários

( ) Procura proporcionar prazer aos consumidores
( ) Estabelece o prazer como objetivo
38. Empresa segundo o perfil do proprietário
   (1) ( ) Empresa com proprietário empreendedor
      ( ) Gosta de tomar a iniciativa
      ( ) Busca informações para estar à frente da sua época
      ( ) Executa idéias arrojadas
      ( ) Assume riscos
   (2) ( ) Empresa com proprietário inovador
      ( ) Gosta de novidades
      ( ) Questiona o conhecimento preestabelecido
      ( ) Estimula a inovação
      ( ) Está sempre se renovando
   (3) ( ) Empresa com proprietário imitativo
      ( ) Toma os outros por modelo
      ( ) Gosta de reproduzir o estilo de quem admira
      ( ) Faz da mesma maneira que os outros
      ( ) Imita o que os outros fazem
   (4) ( ) Empresa com proprietário tradicional
      ( ) Baseia-se nas tradições
      ( ) Conserva os hábitos familiares
      ( ) Transmite costumes de geração para geração
      ( ) Utiliza as suas recordações
   (5) ( ) Empresa com proprietário moderno
      ( ) Aceita as novidades
      ( ) Tem tendência a inovar
      ( ) Vive nos dias atuais
      ( ) Segue as tendências
   (6) ( ) Empresa com proprietário retrógrado
      ( ) É contra mudança e/ou progresso
      ( ) Age de acordo com os ensinamentos dos pais
      ( ) Gosta de coisas ultrapassadas
      ( ) Costuma implicar com as coisas novas

(7) ( ) Empresa com proprietário formal
   ( ) Guiado pelas normas e regras
   ( ) Procura sempre respeitar a práxis social
   ( ) Orienta-se pela cultura organizacional
   ( ) Decide pelas normas sociais vigentes
(8) ( ) Empresa com proprietário informal
   ( ) Orienta-se pela praticidade
   ( ) Introduz mudanças na cultura organizacional
   ( ) Procura adaptar-se às situações internas/externas
   ( ) Usa práticas baseadas em procedimentos informais
(9) ( ) Empresa com proprietário de perfil rígido
   ( ) Guiado pela austeridade no trabalho
   ( ) Voltado para a exatidão das atividades da empresa
   ( ) Não se adapta com facilidade às novidades do mercado
   ( ) Orientado pela pontualidade e rigor
(10) ( ) Empresa com proprietário de perfil flexível
   ( ) Está sempre mudando para seguir o mercado
   ( ) Tem "jogo de cintura"
   ( ) Orientado pela situação
   ( ) Procura sempre adaptar-se às novidades
(11) ( ) Empresa com proprietário centralizador
   ( ) Guiado pela centralização do poder
   ( ) Orienta-se de cima para baixo (top/down)
   ( ) É partidário da concentração das decisões
   ( ) Voltado para a imposição de idéias
(12) ( ) Empresa com proprietário descentralizador
   ( ) Guiado pela participação dos seus funcionários
   ( ) Compartilha o poder com seus gerentes e subordinados
   ( ) Orienta-se de baixo para cima (bottom/up)
   ( ) É partidário da participação dos funcionários nas decisões
(13) ( ) Empresa com proprietário de perfil racional
   ( ) Pondera os custos e os benefícios
   ( ) Pensa muito no que faz

( ) Usa a razão para implantar uma atividade
( ) Decide conforme a razão
(14) ( ) Empresa com proprietário de perfil emocional
( ) Busca implantar seus sonhos
( ) Guiado pelas emoções
( ) Impressiona-se com sensações que produtos provocam
( ) Comove-se com pequenas coisas
(15) ( ) Empresa com proprietário de perfil social
( ) Guiado pela responsabilidade social
( ) Preocupado com a ecologia
( ) Voltado para o bem-estar da sociedade
( ) Implanta atividades de responsabilidade social
(16) ( ) Empresa com proprietário de perfil paternalista
( ) Guiado pelos direitos dos seus funcionários
( ) Age como um pai para resolver os problemas
( ) Preocupa-se com a qualidade de vida dos funcionários
( ) Importa-se com o bem-estar dos funcionários
(17) ( ) Empresa com proprietário de perfil integrador
( ) Guiado pelo bom relacionamento no trabalho
( ) Voltado para a integração das atividades da empresa
( ) Estimula a cooperação entre as áreas da empresa
( ) Orientado por planejamento e resultados

Cromosete
Gráfica e editora Ltda.
Impressão e acabamento
Rua Uhland, 307 - Vila Ema
03283-000 - São Paulo - SP
Tel/Fax: (011) 6104-1176
Email: adm@cromosete.com.br

1 2 3 4 5 6 7 8 9 10